民之天

粮食安全法治保障体系研究

李蕊 著

教育部人文社会科学研究项目『粮食安全的农田保障制度构建研究』（20YJA820010）阶段性研究成果

法律出版社
LAW PRESS·CHINA

序　　言

“粟者，王者大用，政之本务。”确保粮食安全始终是治国理政的头等大事。当下，粮食安全已然超越能源安全、金融安全，列为国家“三大经济安全”之首。2020年年初随着新冠疫情在全球迅速蔓延，部分农产品出口国开始限制农产品出口，再叠加席卷东非、中东以及南亚的蝗灾，更加引发全社会对粮食安全的关注。

粮食安全问题不是一个纯粹的法律问题，它更多的是一个政治问题、社会问题和国家问题。法律制度以及法治秩序对于粮食安全的保障，扮演着非常重要的角色。我国《国家安全法》明确提出了“国家健全粮食安全保障体系”，“保障粮食供给和质量安全”的任务。正因如此，关于粮食安全的讨论，不应当、也不可能垄断在法学者手中；但法学者对粮食安全的讨论，却是不可或缺的学术贡献，更是责无旁贷的专业担当。但是，在我个人阅读范围之内，少有专业的法学者专门就粮食安全问题提供特有的法学讨论——学术论文固然有一些，但相应的专著似乎一直付之阙如。直到看到李蕊教授这部《民之天：粮食安全法治保障体系研究》（以下简称《保障》），感觉填补了法学界的空白，这令我欣慰。通读《保障》全书，有如下感受，愿与关心国家粮食安全乃至耕地保护制度的读者分享。

首先，宏大目标导引下的细节化研究。

《保障》一书的题目注定了其追求的必然是一个宏大目标。按照作者构想，紧密围绕3个核心问题递进展开：(1)粮食安全法治保障的现实根源和制度基础何在？（2）着眼于“确保谷物基本自给、口粮绝对安全”的新粮食安全观，当下我国粮食安全法治保障面临的关键问题有哪些？（3）引致前述问题的根源何在，如何解决？这些问题所指向的，乃是新时代中国在国际环境与国内市场复杂现实中所面临的巨大挑战。但宏大的目标必须要以细节化研究作为夯实理论的有效工具。为了实现这一目标，《保障》一书从我国粮食安全保障法治化现实需求出发，以保障粮食安全为目标，以粮食安全法治保障为研究对象，将粮食安全法治保障所面临的问题作为主线，在中观乃至微观层面对粮食安全保障制度进行了全面梳理，深入研判地方典型实践，充分借鉴域外制度构建经验，作品目标当然是对于中国粮食安全保障法治化和有中国特色的粮食安全保障道路建设提出学理建议，但这个建议不是单纯价值性判断，而是在具体数据与细节支撑下系统性的操作建议。这也是我个人一直支持并着力践行的学术理念：理论的重要性并非来自概念，而是首先来自实践经验，且一定要能够回到经验与实践之中，才能走远行稳。从这个角度来讲，《保障》一书无疑彰显了强烈的现实关照与实践取向。

其次，多重方法支持下的法律人本色。

在《保障》一书中，我们能够看到多重学术方法与研究成果共存。比如，在该书第二章第一节、第三节中，作者明显利用了经济学与管理学方法，借鉴新公共管理、担保国家、激励相容等理论，提出构建政府、市场、社会组织多元协同保障机制；在该书第四章第二节中，我们又能够看到财政学以及农业经济学的蛛丝马迹。这是法学这门学科所独有的理论特性：它能够、同时也必须利用其他学科的研究成果与范式，否则就注定会陷入空洞的概念之争。而对于粮食安全制度这样的复杂战略问题，这一点尤其突出。但我同时看到，李蕊教授虽然使用了其他学科的方法与理论，但她并没有“忘本”，其最终结论与分析模式，仍然是法学式的。这并不是因为自己是一位法学研习者，而是对法学有所偏爱（尽管法学研究终究是我一生的学术追求），我始终认为，无论何种社会问题，法学和法律制度都能够提出与众不同的方案；法制以及法治的建设，对国家运行与政策实践是不可或缺的重要工具。作为法学家，就不能躲避这个职责，这才是法律人的本色。《保障》一书从“粮食权”概念出发,从粮食安全生产、流通、储备、财税以及金融等领域切入,最终落脚于不同阶段与不同层面的法治保障,着眼于公平、效率、秩序等多维度统筹考量粮食安全保障中政府与市场、社会角色定位,优化配置各方权责,平衡粮食主产区与非粮食主产区利益,协调政府、土地所有权人、土地承包经营权人、粮食生产者、粮食销售者、粮食消费者权责,侧重保障农民权益,这些都彰显了作者作为法律人的良好素养与理论功力。

最后,强调创新背景下的稳健型结论。

学术研究的一个辩证法,就是理论创新与实践操作之间的永恒矛盾。学者总是希望让自己的理论更加“尖锐”,但实践却有着千头万绪的考虑因素。如何协调二者之间的平衡,一代又一代学人(亦包括我自己)的探索拷问无处不在。《保障》一书无疑是有学术野心的,然作者自己认为,粮食安全法治保障应是渐进式制度变迁,而不是全新制度安排。粮食安全法治保障应当是体系化、结构化制度设计,而非单纯寄希望于出台一部粮食安全保障法,企图通过一部法律解决与粮食安全保障有关的所有问题不现实。在粮食安全保障制度构建中涉及生产、流通、储备、应急等诸多肯綮环节,需要关联政府与市场、中央与地方、国际与国内等多个维度,平衡协调粮食生产者、销售者、消费者,粮食主产区、主销区等不同层面、多元主体的利益。粮食安全法治保障离不开对既有法律政策的检视和反思,以及对于未来粮食安全保障法及后续相关立法的预判,需要对于相关法律政策进行统合协调,方能构建具有包容性、开放性、系统性的粮食安全法治保障体系。作为粮食安全保障法治体系的“龙头法”,若制定一部粮食安全保障法,最需要考虑与《民法典》《农业法》《国家安全法》《土地管理法》《农产品质量安全法》《种子法》《农业技术推广法》《食品安全法》《粮食流通管理条例》《中央储备粮管理条例》等立法的衔接协调问题。既要发挥其作为粮食安全保障基本法和“龙头法”的作用,对现行法律法规进行系统梳理和协调,对既有法律法规中过时的、不适当的制度予以修正,对缺失的制度予以补充,对于有冲突的规定进行修订和整合,还要对现存立法中已有涉及,但是尚未细化的规则制度等,在既有框架内进行解释细化,亦应避免叠床架屋甚至越俎代庖,方能构建适应社会主义市场经济要求、由粮食安全保障基本法统领的、协调有序的粮食安全法治保障体系。

李蕊教授这部作品,能够让我先睹为快,寄予莫大信任,于我个人是开心的。我耕耘“三农”问题(尤其是农村土地制度问题)多年,深知粮食问题对农民、对社会以及对国家的重要意义。如今看到后辈能够针对这样重大战略问题,奉献出如此学术成果,深为能有这样出色的青年法学者而感到骄傲。特此祝福李蕊教授的学术之路一帆风顺,也希望《保障》一书能为我国粮食安全战略贡献绵薄之力,这应是学者的至高荣誉。

*

于 2020 年年初夏羊城

---

* 原中南财经政法大学副校长、国家级重点学科民商法学带头人,国家级精品课程《民法学》首席教师。享受国务院政府特殊津贴,司法部首届优秀教师,省级有突出贡献中青年专家,二级教授,博士研究生导师。

目录

绪　论　001

一、研究的缘起　001

二、对本书涉及基本概念的界定　002

三、粮食安全法治保障的路径考量　009

四、本书研究的思路和框架结构　013

第一章　我国粮食安全法治保障体系建构　015

第一节　我国粮食安全保障相关立法实然状况研判　016

一、粮食安全保障基本法的现状　016

二、粮食生产安全法治保障的现状　016

三、粮食流通与价格安全法治保障的现状　019

四、粮食储备与应急管理法治保障的现状　021

五、粮食质量与消费安全法治保障的现状　023

第二节 粮食安全保障法与既有立法的衔接与协调 023

一、与《国家安全法》的衔接与协调 024

二、与《农业法》的衔接与协调 025

三、与《土地管理法》《农村土地承包法》的衔接与协调 027

四、与《食品安全法》《农产品质量安全法》的衔接与协调 029

五、与应对突发事件相关立法的衔接与协调 031

六、与《粮食流通管理条例》《中央储备粮管理条例》的衔接与协调 033

第二章 粮食安全法治保障的理论基础 036

第一节 粮食安全法治保障的正当性证成 036

一、粮食安全的公共物品属性和正外部性 036

二、粮食安全保障中的政府失灵困境 038

三、粮食安全保障中的委托代理问题 039

四、粮食安全保障的国际性与粮食权实现 041

第二节 粮食安全法治保障的价值目标 044

一、粮食安全法治保障的秩序价值 044

二、粮食安全法治保障的公平价值 045

三、粮食安全法治保障的效率价值 046

第三节 粮食安全法治保障实施路径的理论推演 048

一、基于新公共服务理论的政府、市场与社会协同 048

二、基于委托代理理论的中央与地方协同 050

三、基于粮食权理论的国内与国际协同 051

四、基于激励相容约束理论的国家与个人协同 053

五、基于数字经济理论的信息技术与粮食安全保障法治协同 055

第三章 粮食安全的生产法治保障 057

第一节 我国粮食生产制度概述 058

一、粮食生产的基本概念与特质 058

二、粮食生产的定位与功能 058

三、我国粮食生产发展概况 060

四、我国粮食生产制度的演进 061

五、粮食安全目标下我国粮食生产面临的困境 065

第二节 粮食安全目标下的土地经营权流转制度 069

一、土地经营权流转制度概述 069

二、土地经营权流转对粮食安全的促进理路 072

三、土地经营权流转对粮食安全的负面影响 076

四、保障粮食安全的土地流转机制构建 078

第三节 粮食安全目标下的高标准农田建设制度 080

一、高标准农田建设对保障粮食安全的促进机理 081

二、高标准农田制度建设面临障碍之审视 082

三、高标准农田建设的法治保障制度建构 090

第四节 粮食生产环节的质量安全保障制度 099

一、粮食生产质量安全概述 099

二、粮食生产质量问题产生进路剖判 103

三、粮食生产环节的质量安全保障体系构建 106

第四章 粮食安全的流通法治保障 110

第一节 粮食流通制度概述 110

一、粮食流通的含义界定 110

二、粮食流通与粮食安全 111

三、粮食流通相关法律规范梳理 119

四、我国粮食流通体制的改革历程 122

第二节 粮食价格监管与调控制度 128

一、粮食价格监管制度 129

二、粮食价格调控制度 132

第三节 粮食收购制度 137

一、粮食收购主体市场准入制度 138

二、粮食最低收购价制度 143

第四节 粮食进出口制度 148

一、我国粮食进出口贸易现状 148

二、粮食进出口与粮食安全 150

三、跨国企业在粮食进出口中的重要作用 151

四、粮食进出口贸易中存在的问题和对策 152

第五节 粮食的社会储备制度 155

一、农户粮食储备 158

二、企业粮食储备 160

第五章 粮食安全的政府储备与应急管理法治保障 162

第一节 粮食的政府储备与应急管理制度概述 162

一、对于粮食安全应急状态的界定 162

二、粮食的政府储备与应急管理制度的功能定位 164

三、粮食的政府储备与粮食应急管理制度的独立性与关联性 166

四、我国粮食的政府储备与应急管理制度的演进 167

五、粮食的政府储备与应急管理制度存在的问题 171

六、粮食的政府储备与应急管理法治保障体系的构建 173

第二节 政府储备法治保障体系 174

一、政府储备计划制度 175

二、政府储备经营管理制度 177

三、政府储备吞吐制度 180

第三节 粮食应急管理法治保障体系 183

一、粮食应急管理的预警机制 183

二、粮食安全应急预案制度 187

第六章 粮食安全的财税法治保障 192

第一节 粮食安全的财税法治保障概述 192

一、粮食安全的财税法治保障制度演进 193

二、粮食安全的财税法治保障体系的总体构想 196

第二节 农业补贴制度 197

一、农业补贴基础理论 198

二、农业补贴面临的挑战及原因研判 201

三、完善农业补贴制度的建议 206

第三节 涉及粮食产业的税收优惠制度 212

一、粮食税收优惠法治保障概述 212

二、涉及粮食产业的税收优惠现状 213

三、涉及粮食产业的税收优惠存在的问题 215

四、对于涉及粮食产业税收优惠的完善建议 217

第四节 主产区利益补偿机制 220

一、主产区利益补偿机制概述 221

二、主产区利益补偿机制的实施现状 225

三、主产区利益补偿机制的完善建议 225

第七章 粮食安全的金融法治保障 229

第一节 粮食安全的金融法治保障概述 229

一、粮食安全的金融法治保障的研究范畴 229

二、粮食安全的金融法治保障的地位和价值 230

三、我国粮食安全的金融法治保障的现状 232

四、粮食安全的金融法治保障面临的问题 233

五、粮食安全的金融法治保障体系的总体建构 235

第二节 粮食安全的融资担保法治保障 236

一、农村信用体系建设的法治保障 237

二、土地经营权融资担保的法治保障 242

第三节 粮食安全的保险法治保障 253

一、粮食安全的保险法治保障概述 254

二、我国政策性农业保险制度发展现状与存在的问题 256

三、完善我国政策性农业保险制度的建议 261

第四节 粮食安全的期货法治保障 264

一、粮食安全的期货法治保障概述 265

二、粮食期货市场的实践路径及问题 266

三、完善粮食期货和期权制度的法律建议 270

第五节 粮食安全的信托法治保障 271

一、粮食安全的信托法治保障概述 271

二、粮食安全的土地信托法治保障 274

三、粮食安全的消费信托法治保障 276

后 记 280

绪　论

一、研究的缘起

“衣食足，仓廪实，天下安”此乃亘古不变之社会定律。不可置喙，粮食安全关涉经济发展、社会稳定、国家自立和民生福祉。[1] 国家一直高度重视粮食问题，把粮食安全列为国家“三大经济安全”之首。2020 年中央一号文件再次强调“确保粮食安全始终是治国理政的头等大事”。当下我国粮食结构性矛盾较为突出，粮食安全面临诸多挑战。我国在全球 113 个国家中粮食安全指数排名处于第 46 位，尤其是在“自然资源与韧性”方面仅位居 65 位。[2]

法者，国之权衡也，时之准绳也。保障粮食安全必须立足于法治。多数国家已然构建粮食安全法治保障体系，建立了科学有序的粮食市场监管和宏观调控制度。我国《国家安全法》已经明确提出国家健全粮食安全保障体系，保护和提高粮食综合生产能力，完善粮食储备制度、流通体系和市场调控机制，健全粮食安全预警制度，保障粮食供给和质量安全。目前，我国粮食安全保障立法层级还比较低。除《粮食流通管理条例》和《中央储备粮管理条例》两部专门性法规外，其他涉及粮食安全保障的规定大多散见于我国《农

[1] 参见韩俊：《提高粮食生产能力确保国家粮食安全》，载《农村经济》2013 年第 5 期。

[2] See The Economist Intelligence Unit, *Global Food Security Index* 2018, The Economist Intelligence Unit, 2019, pp. 30 – 33.

业法》《国家安全法》《土地管理法》《农村土地承包法》《农产品质量安全法》《种子法》《农业技术推广法》《食品安全法》等法律法规之中,并未形成完备的粮食安全保障法律体系。2018 年粮食安全保障法立法已然被列入第十三届全国人大常委会立法规划第一类项目。但是在中国粮食安全法治保障体系化构建过程中,还面临在粮食生产、流通、储备与应急管理等环节中,政府与市场、中央与地方权责如何配置,财税金融制度如何协调,国内与国际两种资源如何协同,主产区与主销区利益如何平衡,粮食生产者、销售者、消费者权益尤其是农民权益如何保障,风险防范和全过程监督机制如何完备等诸多问题,亟待着眼于法律制度层面进行系统梳理和研究。

二、对本书涉及基本概念的界定

问题研究的逻辑起点在于概念界定。概念比事实更有力量。正如毛泽东同志所言,“概念这种东西已经不是事物的现象,不是事物的各个片面,不是它们的外部联系,而是抓着了事物的本质,事物的全体,事物的内部联系了”。

(一)粮食

中国传统上对于粮食的定义存在广义和狭义之别。一般而言,狭义的粮食,是指谷物类,即禾本科作物,包括稻谷、小麦、玉米、大麦、高粱、燕麦、黑麦等,习惯上还包括蓼科作物中的荞麦。[1] 在广义上,中国则习惯于将传统上的主食统称为粮食,其中包括谷物、薯类、豆类。[2] 这个广义概念与国家统计局每年公布的粮食产量概念基本一致。《现代汉语词典》第 5 版对粮食的解释则是供食用的谷物、豆类、薯类的统称。

国外没有与中文“粮食”对应的概念。与之高度相近的是“Food”,其通用的词义是“食物”。英国 1982 年出版的《简明牛津字典》对“Food”的解释是:维持肌体生长、代谢和生命过程以及供给能量所必需的物质,属于固体形

---

〔1〕 参见肖春阳:《中外粮食、粮食安全概念比较》,载《黑龙江粮食》2009 年第 2 期。

〔2〕 薯类包括甘薯、马铃薯。豆类包括大豆、绿豆等,中国将大豆归为粮食,但是联合国粮农组织将其归类为油料。

态的营养物质。它基本上由蛋白质、碳水化合物和脂肪构成,还含有一些肌体所必不可少的矿物质、维生素和辅助物质。而英文“Grain”的词义则是谷物,《韦伯斯特二十世纪新词典》(*Webster's New Twentieth Century Dictionary*)将其解释为特指谷物植物,如小麦、稻谷、玉米等。联合国粮农组织每年会公布世界谷物总产量,这里并不包含豆类、薯类。本书所称“粮食”采用我国国家统计局统计标准,即采用广义的粮食概念,涵括了谷物、薯类、豆类。[1]

毋庸置疑,粮食作为食物,具有商品属性,可以作为私人物品,乃是市场交易的对象。但是由于其具有特殊使用价值,使它不仅是一种财产,更是一种战略物资。故而粮食又具有公益性、生态性、经济性、低效性、风险性、弱质性,在市场竞争中一般处于相对弱势地位。这就决定了粮食市场及其监管应具有迥异于一般商品市场的机制与构造。

(二)粮食安全

1974 年联合国粮农组织提出粮食安全概念,指出粮食安全乃是保证任何人在任何地方都能得到为了生存和健康所需要的足够粮食。1976 年生效的联合国《经济、社会和文化权利国际公约》第 11 条对此进一步予以阐释,在该条第 2 款中提出“人人有免除饥饿的基本权利”。[2] 1992 年国际营养大会强调,粮食安全是指任何人在任何时候都可以获得安全营养的粮食以维持健康能动的生活。1996 年第二次世界粮食首脑会议进一步明确,粮食安全是指这样一种状态,所有人在任何时候都有物质的和经济的能力获得充足的、安全的和富有营养的食物,以满足为保持健康而富有朝气的生活

〔1〕 参见曹宝明等:《中国粮食安全的现状、挑战与对策》,中国农业出版社 2014 年版,第 1 ~ 3 页。

〔2〕《经济、社会和文化权利国际公约》第 11 条规定:“一、本公约缔约各国承认人人有权为他自己和家庭获得相当的生活水准,包括足够的食物、衣着和住房,并能不断改进生活条件。各缔约国将采取适当的步骤保证实现这一权利,并承认为此而实行基于自愿同意的国际合作的重要性。二、本公约缔约各国既确认人人免于饥饿的基本权利,应为下列目的,个别采取必要的措施或经由国际合作采取必要的措施,包括具体的计划在内:(甲)充分利用科技知识、传播营养原则的知识、和发展或改革土地制度以使天然资源得到最有效的开发和利用等方法,改进粮食的生产、保存及分配方法;(乙)在顾到粮食入口国家和粮食出口国家的问题的情况下,保证世界粮食供应,会按照需要,公平分配。”

需要对饮食的需求和食物的偏好。[1] 这一定义揭示了粮食安全3个层面的内涵:一是粮食供应(food availability),即通过国内生产以及进口等策略,确保足够数量的粮食供给;二是家庭以及个人层面上获取粮食的能力(food access),确保家庭以及个人能够获得足够食物以及足够营养的膳食;三是粮食合理利用(food utilization),如重视健康以及卫生服务,营养和保健知识,正确的粮食加工与储藏技术。[2] 粮食安全3个层面的内涵广泛,关涉领域众多。其中,粮食供应(可供性)涉及未来粮食安全保障法立法中农田建设、土地权利、农技研发推广、农业经营方式、农业金融等为粮食生产提供土地、技术、资金、制度支持保障的内容;而获取粮食的能力(可获得性)则与粮食流通、粮食储备与应急管理、粮食补贴、粮食价格形成机制等紧密关联。粮食合理利用与粮食质量安全关系密切,与我国《食品安全法》《农产品质量法》等相互关联。

毋庸置疑,粮食安全是一个具有综合性、复杂性和动态性的体系化概念。根据我国《国家安全法》第22条的规定,粮食安全应囊括粮食供给安全和粮食质量安全。着眼于指标层面,粮食安全既包括粮食数量安全,也包括粮食质量安全和粮食可持续安全;着眼于产业链条层面,粮食安全既内蕴粮食生产安全,也含蕴粮食流通安全、粮食储备安全、粮食消费安全等。

粮食安全具有公共性、整体性、发展性、开放性的特质。(1)粮食安全属于经济、社会发展所必需的社会公共利益范畴。异于粮食的私人物品属性,粮食安全具有显著的公共物品属性。近于其他公共品,粮食安全亦具备显著的"非竞争性"和"非排他性"。即只要一个国家实现粮食安全,每个人粮食安全的获得不会减小其他人的获得,人们所能获得的粮食安全的数量都与其总量相等。[3] (2)粮食安全具有不可分割性。粮食安全应是整体

---

〔1〕 参见王耀媛:《评世界粮食安全首脑会议》,载《世界经济》1997年第2期。

〔2〕 参见世界粮食安全委员会第三十三次会议报告:《评估世界粮食安全形势》,2007年5月7~10日,罗马。转引自曹阳:《国际法视野下的粮食安全问题研究——可持续性国际粮食安全体系的构建》,中国政法大学出版社2016年版,第14页。

〔3〕 参见肖国安:《论粮食的弱质特征、本质属性与安全责任》,载《中国粮食经济》2005年第5期。

的,而非局部的、个体的,既包括口粮安全,也应包括饲料粮充足供应。(3)粮食安全是发展变化的。众所周知,粮食的供应受到自然、经济等多重因素掣肘,这就决定了粮食安全必然呈现动态性和发展性。(4)粮食安全具有开放性,不仅关涉当代人的生存和利益,也关涉后代人的生存和发展。实现粮食安全不能以破坏环境、牺牲资源为代价,必须坚持走可持续发展的道路。

(三)粮食安全保障

粮食安全保障乃是民生保障之根基。安民之本,必资于食。作为生存性消费品,粮食乃是与人类生存息息相关的一种战略产品。按照马斯洛的观点,生存的需要是人类最基本的需要。故而,生存权是最基本的人权,保障和实现生存权的基本要求就在于获得必要的食物权利的实现。1948 年联合国大会通过《世界人权宣言》,在第 25 条第一次阐述了适足食物权,该条第 1 款规定:"人人有权享受为维持他本人和家属的健康和福利所需的生活水准,包括食物。"当下,食物权已然成为国际人权宪章中规定的一项人权。联合国 2030 年可持续发展议程的第二个目标即为"消除饥饿,实现粮食安全,改善营养状况和促进可持续农业"。[1] "零饥饿"也被作为其第 2 项具体的可持续发展目标,20 个具体行动方案都致力于"零饥饿"的可持续发展目标的实现。[2] 正如孙中山先生所言,"可说民生就是人民的生活、社会的生存、国民的生计、群众的生命"。中国共产党是全心全意为人民服务的执政党,增进民生福祉,不仅是我们一切工作的出发点和落脚点,也是发展的根本目的。中华人民共和国成立 70 年来,我国坚定走中国特色社会主义道路,成功探索出了一条具有中国特色的农业现代化道路,早已解决中国人的温饱问题。"紧平衡"将是我国粮食供求的常态,保障粮食安全压力巨大。保障民生的要旨之一就在于保障粮食的有效供给,不仅要求粮食供给数量充足,也要求粮食

[1] 参见《变革我们的世界:2030 年可持续发展议程》,2015 年 9 月 25 日联合国大会第 70/1 号决议通过。

[2] FAO, *Transforming Food and Agriculture to Achieve the SDGs*, Food and Agriculture Organization of the United Nations FAO, 2018, pp. 12 - 61.

供给质量可靠。保障人民群众获得感、幸福感、安全感的前置要件是必须“确保谷物基本自给、口粮绝对安全”。

粮食安全保障乃是国家安全之根本。安谷则昌,绝谷则危。粮食事关国运民生,历来是治国安邦的头等大事。粮食安全是国家安全的重要基础。我国《国家安全法》已将粮食安全上升到国家安全的战略定位。粮食安全可以从政治安全、经济安全、军事安全、社会稳定等各个方面影响国家安全,需要从国家战略层面予以审视。[1] 美国前国务卿基辛格在20世纪70年代负责起草《国家安全研究备忘录第200号:世界人口增长对美国的安全及海外利益的意涵》时就指出,“谁控制了石油,谁就控制了所有国家;谁控制了粮食,谁就控制了所有的人”。[2] 作为一种特殊的产品,粮食不仅具有食物属性,亦具有政治属性、金融属性、能源属性乃至人权属性。联合国发布的《2019年全球粮食危机报告》显示,2018年全球仍有53个国家的大约1.13亿人处于重度饥饿状态,世界粮食需求与供给之间存在巨大缺口。公共性决定了粮食安全的实现不是单纯的经济学问题。故而将具有公共物品属性的粮食安全完全置于竞争性商品的框架内进行解释是不恰当的。国际政治、经济风险等对于粮食安全底线的冲击难以排除。[3] 2020年随着新冠肺炎疫情在全球蔓延,部分粮食出口国实施限制粮食出口的措施。联合国粮农组织在其官网表示,除非快速采取行动,保证全球粮食供应链通畅,缓解疫情蔓延对整个粮食体系的影响,否则全球将面临粮食危机迫近的风险。而粮食生产周期则长达4个月,一旦粮食出现危机,刚需若无法满足,对人类社会的冲击将远远大于一次全球疫情。

不可置喙,粮食安全保障是一项复杂庞大的系统工程。涉及生产、流通、储备、消费等诸多环节。粮食生产、流通、储备与应急管理,以及由它们所构成的粮食产业链体系具有鲜明的公共物品属性,直接关涉国家安全、

---

〔1〕 参见周冠华、王世海:《确保国家粮食安全需要处理好几个关系》,载《红旗文稿》2014年第9期。

〔2〕 转引自[美]威廉·恩道尔等:《粮食危机》,赵刚等译,知识产权出版社2008年版,第12页。

〔3〕 参见李文明:《大国粮食安全的底线思维:预警机制与实现路径》,中国农业出版社2014年版,序言,第28页。

民生幸福与社会稳定。此中,(1)粮食生产乃是粮食安全的基石,是国家粮食安全战略的基础环节。作为典型的投入产出活动,粮食生产不仅关系是否有足量数量和质量的粮食进入流通环节参与市场交易活动;关系能否形成有效粮食储备以平抑粮食市场价格波动,应对粮食安全突发事件;更关系能否满足人们对粮食消费的数量和质量需要,实现免于饥饿和自身发展的人权。粮食安全保障首要的是粮食生产保障,既要保障粮食生产数量也要保障粮食生产质量。故而中国提出"藏粮于地、藏粮于技"的发展战略。"藏粮于地",就要坚守耕地红线,以提升粮食产能为目标,突出抓好耕地保护、地力提升和高效节水灌溉,大力推进高标准农田建设,切实增强农田防灾抗灾减灾能力。"藏粮于技",就要坚持科技兴农,农业机械化与农业信息化齐头并进。(2)粮食流通是连接粮食生产、消费的桥梁和纽带。粮食流通包括粮食的收购、销售、储存、运输、加工和进出口等经营活动。为实现"藏粮于市"保障粮食安全,安全且高效的粮食流通不可或缺。安全意味着流通风险可控,高效则意味着流通成本与收益比例适当。粮食安全的评价指标,不仅包括粮食产量指标,还应当包括所有人对粮食的可获得性指标,即粮食的分配安全。[1] 作为连接粮食生产和粮食消费的中间环节,粮食流通需要保障粮食供需总体的平衡,实现粮食的分配安全。(3)粮食储备在促进粮食生产、稳定粮食价格、应对突发事件造成的粮食公共危机等方面发挥关键作用。作为"蓄水池",粮食储备可以有效调节粮食供给、平抑粮价波动。既要避免"谷贵伤民",确保消费者能够获得粮食,同时也要避免"谷贱伤农",确保农民种粮收益。粮食储备也是应对突发事件和粮食公共危机的有力保障,是粮食应急管理的基础。突发事件下粮食供给保障是重大的粮食安全问题,粮食应急管理制度是粮食安全保障体系的"保险丝"。在粮食储备的基础上,有效的应急管理能够在短时间内平息粮食不安全事件,实现社会稳定。

---

〔1〕 参见叶良芳:《无证收购粮食行为入刑的法理考察——基于规范论和立法论的双重视角》,载《法治研究》2017年第1期。

(四)粮食安全法治保障

“农为帮本,食为政首”,保障粮食安全不仅是保障免于饥饿的基本人权的基础,也是实现粮食安全公共利益的应有之义。对于国民的粮食权,国家负有尊重、保障和实现三重义务。为粮食安全提供法治保障环境并有效实施制度供给乃是国家义不容辞的责任。

首先,粮食安全法治保障应是渐进式制度变迁,而不是全新的制度安排。2018 年粮食安全保障立法已经被列入全国人大常委会立法规划第一类项目。作为粮食安全保障法治体系的“龙头法”,粮食安全保障法的制定首先需要考虑与既有《农业法》《国家安全法》《土地管理法》《农产品质量安全法》《种子法》《农业技术推广法》《食品安全法》,以及《粮食流通管理条例》和《中央储备粮管理条例》等立法的衔接协调问题。无可否认,粮食安全保障相关法律、法规和规范性文件共同构成了我国粮食安全法律保障体系,但是由于立法目标、立法主体、立法环境等差异,导致法律规范之间相互冲突、相互矛盾的情况时有发生。受立法技术、立法理念等制约,当前有关粮食安全保障立法规定得往往过于笼统,缺乏相配套的实施细则,尤其是缺少运行程序上的具体规定,可操作性亟待提高。

粮食安全保障法需要继往开来,对于现存立法中已有涉及,但是尚未细化的粮食安全预警机制、粮食质量安全认证制度、粮食质量安全全程可追溯制度、粮食贸易法律规则等在既有框架内进行解释细化,但也应避免叠床架屋甚至越俎代庖。要发挥其作为粮食安全保障基本法和“龙头法”的作用,对于现行法律法规进行系统梳理和协调,对于既有法律法规中过时的、不适当的制度予以修正,对缺失的制度予以补充,对于有冲突的规定进行修订和整合。以期构建适应社会主义市场经济要求的,由粮食安全保障基本法统领的,协调有序的粮食安全法治保障体系。

其次,粮食安全法治保障应当是体系化、结构化制度设计,而非单纯出台一部粮食安全保障法。寄希望于通过一部法律解决与粮食安全保障有关的所有问题是不现实的。如前所述,粮食安全内涵丰富,具有复杂性和多元性,粮食安全法治保障面临政府与市场、中央与地方权责如何配置,国内与国际两种资源如何协同，主产区与主销区利益如何平衡，粮食生产者、销售者、消费者权益尤其是农民权益如何保障，风险防范和全过程监督机制如何完备等诸多问题。在粮食安全保障制度构建中需要关联政府与市场、中央与地方、国际与国内等多个维度，平衡协调粮食生产者、销售者、消费者，粮食主产区、主销区等不同层面、多元主体的利益。这就决定了我国粮食安全保障法治化进程中必须有效发挥政府主导作用，基于公平、效率、自由和秩序等多维度综合考量政府与市场、中央与地方的权责配置，统筹利用国内、国际两种资源和市场，根据差别原则平衡协调不同主体利益，建立多元激励和综合保障机制。同时，也要顺应数字经济时代要求，眷注到粮食产业的数字化发展趋势，加快智慧粮食制度体系的构建。

三、粮食安全法治保障的路径考量

因由粮食安全的公共性和基础性，以及粮食安全保障的系统性、体系性特质，粮食安全法治保障建设需要秉持平衡协调的原则，着眼于实质正义的理念，坚持政府主导、市场运作、立足国内、适度进口，以粮食安全公共利益实现为价值目标，处理好政府与市场、中央与地方、主产区与主销区等多个层面的关系。

（一）粮食安全法治保障需要处理好政府与市场关系

着眼于粮食安全的公共性和正外部性，政府干预既不能过分压抑粮食市场的内在力量，影响私法权利的生长与创新，也不能放任无视市场缺陷及失灵，致使私人主体的经济行为偏离社会公共利益“野蛮生长”。故而需要政府与市场的协同合作、刚柔并济，以保障粮食安全为目标，从过往政府控制型向激励型、协商型的转化发展。一方面，粮食安全保障的市场化是改革的主要方向，要尊重粮食生产流通市场的交易法则和逻辑，以市场主体的可接受性为导向，以满足其基本需求为出发点。虽然粮食是一种特殊的商品，但毕竟属于商品范畴，因此，粮食安全的保障必须建立在尊重粮食市场运作规律的基础上，而不可能成为市场经济“域外之地”。尽管囿于其特殊的使用价值及公益性、生态性、低效性、风险性、弱质性等属性，粮食的市场化程度具有有限性，但市场化改革的方向是无可置疑的。若能够通过的自由处分、契约自由等非强制的私法性手段实现保障粮食安全的公共性目标，则无须求诸公权干预管制。另一方面，市场机制价格传递存在严重的滞后现象。由于粮食生产的周期长，生产者对于粮食市场价格作出的反应，往往要在下一个粮食生产周期才能得以体现。且需求信息在粮食供应链中发生了多次放大。粮食交易的调节滞后性不仅干扰农民在粮食生产环节及时作出有效的市场预期，而且滞碍粮食供给的平衡性与稳定性。

着眼于粮食安全的公共性和外部性，政府在粮食安全保障中必须负主责，市场化并不意味着政府放权弃责，公法责任遁入私法。具而言之，政府需要充分搜集获取公众对于粮食安全保障制度的需求，保证制度供给对于社会需求的有效回应性，促进供求平衡。为确保实现粮食安全的目标，政府在粮食安全保障中需要承担多重责任，包括制度供给责任、服务支持责任、担保责任，乃至极端粮食危机出现时的接管责任。

（二）粮食安全法治保障需要处理好中央与地方的关系

要合理划分中央地方粮食管理事权，中央地方共同负责粮食安全。其中，中央要承担粮食安全保障的首要责任，集中掌握粮食市场宏观调控权，主要承担宏观调控责任。就地方而言，主要是配合中央政府开展宏观调控，对于本地区粮食生产、流通、储备全面负责。国务院发布的《关于建立健全粮食安全省长责任制的若干意见》明确由省级人民政府承担本地区的粮食安全主体责任，由各级地方政府具体落实，保障粮食安全。

一方面，由于中央与地方对粮食安全的事权分配未明晰，激励机制不足，地方政府在满足本地区的粮食要求后倾向将保障责任推诿到中央一级；另一方面，权、责、利不对称也导致地方政府难以履行平衡粮食供求总量的职责。因此，粮食安全保障制度构建中必须遵循权责对等的原则，明确中央与地方对粮食安全保障的事权，并配以相应的财权保障政府履行职责。落实各省级人民政府之间和省、市、县人民政府之间的职责，协调各方、各级政府保障粮食安全，避免各自为政、多头执法、执行不利等问题。同时进一步完善粮食安全省长责任制和粮食市场监管体制。有鉴于粮食安全保障离不开对中央各部门及各省级人民政府之间进行协调，建议设立专门的议事协调机构，统筹指导保障粮食安全。

(三)粮食安全法治保障需要构建主产区与主销区的利益平衡机制

主销区和主产区划分源于我国2001年粮食流通体制改革。全国被划分为13个粮食主产区、7个主销区和11个基本平衡区。[1] 据统计，全国70%以上的粮食产量、80%以上的商品粮以及90%以上的粮食调出量都来自13个主产区。[2] 易言之，粮食主产区承担了维护粮食安全的主要责任。与之相对的是，我国粮食主销区往往是一些人多地少、粮食自给率较低并且消耗量较大的地区，主要集中在东南沿海地区以及一些较大的城市。这就使粮食主产区与主销区所负担的粮食安全保障责任严重不平衡，再叠加产销区利益协调机制不完善，使粮食主产区种粮比较收益低下、利益流失严重。尤其是2000年后粮食主产区与主销区省均财政收入差距日益加大，呈明显"剪刀差"态势，产粮大县事实上成为财政穷县。主产区与主销区的利益平衡问题实然属于粮食安全保障的外部效应内部化问题。固然中央政府可以通过财政转移支付以粮食主产区生产者补贴、粮食主产区区位补贴等多种方式进行机会成本补偿，构建粮食主产区粮食生产能力的保障机制和激励机制。但是由于中央政府财政补偿能力有限，再加上《世界贸易组织协定》主要是《农业协定》对农业补贴的限制，中央政府的财政转移支付面临"天花板"。因而需要推动补偿方式由资金和实物等"输血式"补偿转为智力和政策等"造血式"补偿。

首先，要着眼于区域分工、比较优势等理论，落实产销协调制度，通过区域合作形成产销区互利互惠的利益分享机制。我国《农业法》第32条明确规定，国家在政策、资金、技术等方面对粮食主产区给予重点扶持，提高粮食主产区粮食生产、加工水平和经济效益，国家支持粮食主产区与主销区建立稳

---

〔1〕 我国粮食主产区为黑龙江、吉林、辽宁、河南、内蒙古、河北、安徽、山东、四川、湖南、湖北、江苏、江西13省(自治区)。主销区为北京、天津、上海、浙江、福建、广东、海南7个省(市)。平衡区为山西、广西、贵州、重庆、云南、西藏、陕西、甘肃、青海、宁夏、新疆11个省(市、自治区)。

〔2〕 参见郭庆海:《玉米主产区:困境、改革与支持政策——基于吉林省的分析》,载《农业经济问题》2015年第4期。

定的购销合作关系等。《粮食流通管理条例》也明确规定,建立粮食产销协调制度。国家鼓励粮食主产区和主销区以多种形式建立稳定的产销关系,鼓励建立产销一体化的粮食经营企业,发展订单农业,在执行最低收购价格时国家给予必要的经济优惠,并在粮食运输方面给予优先安排。需要通过产销合作建立主产区和主销区信息、利益共享和风险共担的伙伴机制。将粮食储备向主销区转移;将粮食加工企业尽量建在主产区,延长生产链条把粮食增值收益留在主产区。从而尽量减少主产区经济利益由于粮食调出而流失。(1)对于粮食主销区来说,要鼓励粮食企业到粮食主产区建立粮食生产基地、开展粮食委托收购以及建设粮食仓储设施。(2)对于主产区来说,要支持企业到粮食主销区建立粮食销售渠道、开展粮食加工等。建立粮食产销区间长期稳定的协作机制,通过不断完善粮食合同订购制度、合理布局粮食仓储设施、完善粮食物流体系等,缩小粮食产销区间的经济社会发展差距,促进粮食产销区合理承担粮食安全保障责任,在实现区域粮食安全基础上保障国家粮食安全。

其次,还需突破既往重行政补偿轻市场补偿的惯性思维之羁绊,推动建立土地发展权交易市场、健全交易机制。土地发展权是与土地所有权相对应的,为变更土地权利状态或提高土地使用价值,及于土地延伸和地表上下空间的权利。土地发展权交易是在国家确定给土地权利人土地发展权的基础上,通过跨区域土地发展权交易,实行异地有偿补充耕地的方式。基于政府土地规划,粮食主产区可以与粮食主销区交易土地发展权,也可以由政府收购。从而通过土地发展权市场化交易筹措粮食生产相关资金,不仅有利于减轻政府财政压力,建立多元参与,具有活力的主产区可持续发展长效机制。也有利于平衡协调粮食主产区与粮食主销区利益,促进区域经济协调发展以及保障代际公平,实现经济发展与粮食安全协调的良性互动。从而推动粮食主产区与粮食主销区一同发展并分享收益。基于此,相关立法应当明确土地发展权内涵及构造,因地制宜、恰当地厘定土地发展权交易模式及程序,同时构建跨区域的土地发展权交易市场,并辅以相应竞争政策和监管措施确保土地发展权市场的有序健康发展。

四、本书研究的思路和框架结构

本书从我国粮食安全保障法治化现实需求出发,以保障粮食安全为目标,以粮食安全法治保障为研究对象,将粮食安全法治保障所面临的问题作为主线。紧密围绕3个核心问题递进展开:(1)粮食安全法治保障的现实根源和制度基础何在?(2)着眼于“确保谷物基本自给、口粮绝对安全”的新粮食安全观,当下我国粮食安全法治保障面临的核心问题是什么?(3)引致前述问题的根源何在,如何解决?

着眼于继承和发展,粮食安全法治保障离不开对既有法律政策的检视和反思,以及对于未来粮食安全保障法及相关立法的预判。需要对相关法律政策进行统合协调,方能构建具有包容性、开放性、系统性的粮食安全法治保障体系。本书第一章系统梳理检视我国既有粮食安全保障相关立法,眷注粮食安全保障法的制定,权衡其与相关法律法规的衔接、协调,同时考量粮食安全保障政策入法的可能性及路径,以期一体化构建粮食安全法治保障体系。

着眼于理论和实践的统一,粮食安全法治保障离不开理论体系作支撑。要构建科学的粮食安全法治保障制度必须首先厘括蕴藏其后的理论根源。本书第二章基于粮食安全法治保障的正当性、价值目标和实施路径3个维度,系统进行理论梳理和研判,以期探究构建粮食安全法治保障的理论基础。

着眼于粮食安全保障的肯綮环节,本书第三章、第四章、第五章分别着眼于粮食安全的生产法治保障、粮食安全的流通法治保障、粮食安全的储备与应急管理法治保障的实然状况,判别面临的现实问题,提出建构以粮食供给数量和质量安全为核心的粮食生产法治保障体系;完善粮食价格监管与调控,改革粮食收购制度、适度发展粮食进出口贸易;构建以稳定为核心的粮食储备制度,架构权责分明的粮食应急管理制度等建议。

粮食安全保障离不开财税、金融制度的支持,离不开财政政策、货币政策、产业政策等调控手段的综合运用。粮食安全的公共物品特质,粮食价格调节的发散性、滞后性和农业生产的低效性、弱质性等都决定了粮食安全仅靠市场机制无法保障,必须依靠国家干预的力量对于市场失灵加以矫治。[1] 政府对于粮食安全保障宏观调控的两个重要手段在于财税制度和金融制度。故而本书在第六章和第七章分别围绕粮食安全的财税法治保障和粮食安全的金融法治保障展开阐述。

---

〔1〕 参见肖国安、王文涛:《中国粮食安全报告——预警与风险化解》,红旗出版社 2009 年版,第 172~174 页。

第一章　我国粮食安全法治保障体系建构

粮食安全是国家三大经济安全之首，关系全体公民免于饥饿的基本人权。即使我国尚无直接以“保障粮食安全”为名的法律，但在粮食生产、流通、储存、消费等各个环节，均已有法律法规为粮食安全提供法治保障。要建立完备的粮食安全保障法治体系，应当在厘清既有法律法规，做好解释、修改、废止等工作的基础上，再针对需要，制定有关粮食安全保障的法律法规，才能保障粮食安全保障法治体系的协调有效。本章将整理审视有关粮食安全保障的既有法律法规，指出当前立法的问题并提出原则性完善建议。

1996 年世界粮食峰会的行动计划，将“食物安全”（food security）界定为：所有人在任何时候都能够在物质上和经济上获得足够、安全和富有营养的食物来满足其积极和健康生活的膳食需要和食物喜好。在英文语境中，“food”一词同时具有“食物”和“粮食”的含义，本书将“粮食安全”界定为“食物安全”的基础，强调其保障免于饥饿的基本人权的重要作用，强调粮食保障生存权的基本地位。粮食安全应当具有普遍性，无论在常规还是紧急状态下，都应当保障粮食的充分供应，因此，粮食安全保障立法应当包括粮食生产安全法治保障、粮食流通安全法治保障、粮食储备和应急管理安全法治保障；无论经济状况好坏，都应当保障安全有营养的食物可被所有人获取，因此粮食安全保障立法应当包括粮食价格安全法治保障、粮食质量与消费安全法治保障；为保证与粮食安全有关的制度能够落地，还应当包括粮食安全支持法治保障。

第一节　我国粮食安全保障相关立法实然状况研判

一、粮食安全保障基本法的现状

我国虽尚无名为"粮食法"的法律,但粮食作为农业提供的重要产品,保障粮食安全是发展和保护农业的应有之义,因此我国《农业法》规定:"国家采取措施,保障农业更好地发挥在提供食物、工业原料和其他农产品,维护和改善生态环境,促进农村经济社会发展等多方面的作用。"[1]并在该法第五章专章规定保障粮食安全,就粮食生产方面规定保护和提高综合粮食生产能力,建立耕地保护制度;就粮食流通方面规定在粮食主产区和主销区之间建立稳定的购销关系;就粮食储备和应急管理方面规定建立粮食安全预警制度,中央和地方分级储备调节制度;就粮食消费方面,提倡珍惜和节约粮食;就粮食价格调控方面,实行粮食保护价制度;就支持方面,在政策、资金、技术等方面对粮食主产区给予重点支持,组织财政、金融等部门及时筹足粮食收购资金,建立粮食风险基金,几乎涵盖粮食安全保障法治体系的各个方面。[2] 同时我国《农业法》其他各章对农业生产经营体制、农业生产、农产品流通和加工、农业投入与支持保护、农业科技与教育、农业资源和环境保护、农民权益保护、农村经济发展各方面的规范保障也是农业领域的基本规范,对粮食安全提供间接保障。可以说,当前《农业法》是我国保障粮食安全的基本法。

二、粮食生产安全法治保障的现状

保障粮食生产安全是保障粮食安全的起点,只有保障粮食充分可持续生产才能满足任何人在任何时候都能够在物质上获得足够的粮食。影响粮食生产的政策外因子主要有科技、物质投入(包括土地、劳动、化肥、机械、资本

---

〔1〕 我国《农业法》第4条。

〔2〕 我国《农业法》第31条至第36条。

等)、环境与气候,粮食生产安全保障法应当包含以上各方面。[1]

我国《科学技术普及法》规定对科学技术普及的组织管理、社会责任和保障措施,《促进科技成果保护法》规定对促进科技成果转化的组织管理、保障措施和技术权益。这两部法律对各领域的科学技术普及和科技成果转化提供制度保障,是粮食生产技术普及和科技成果转化的一般法。由于农村农民较城市居民而言更难接触到先进科技、对新科技自主接受意愿较低,我国《农业技术推广法》专门规定农业技术推广机构与农业科研单位、有关学校以及群众性科技组织、农民技术人员相结合的农业技术推广体系和对农业技术的推广、应用和保障措施。[2]

我国《宪法》规定,“农村和城市郊区的土地,除由法律规定属于国家所有的以外,属于集体所有”。[3]《民法典》物权编进一步规定,集体所有的用于农业的土地实行土地承包经营制度,土地承包经营权人依法对其承包经营的土地享有占有、使用和收益的权利,有权从事农业生产。[4] 我国《农村土地承包经营法》规定,家庭承包的承包方是本集体经济组织的农户,通过上述制度保障农户可持续使用承包地进行粮食生产。[5] 我国新修订的《农村土地承包经营法》新设土地经营权,可通过流转土地经营权的方式,由土地经营权人在合同约定的期限内占有农村土地,自主开展农业生产经营并取得收益,并规定不得改变土地所有权的性质和土地的农业用途,不得破坏农业综合生产能力和农业生态环境且受让方须有农业经营能力或者资质,保障流转土地经营权的土地持续进行粮食生产。[6] 我国《土地管理法》规定,十分珍惜、合理利用土地和切实保护耕地是我国的基本国策并实行土地用途管制制度对耕地实行特别保护,于第四章专章规定耕地保护,严格控制耕地转为非耕地而实行耕地占用补偿制度以确保耕地总量不减少、质量不降低。实行永

---

[1] 参见梁子谦:《影响中国粮食生产的因子分析》,载《农业经济问题》(月刊)2006 年第 11 期。

[2] 我国《农业技术推广法》第 10 条。

[3] 我国《宪法》第 10 条。

[4] 我国《民法典》第 331 条。

[5] 我国《农村土地承包经营法》第 16 条。

[6] 我国《农村土地承包经营法》第 36 条至第 38 条。

久基本农田保护制度并禁止任何单位和个人闲置、荒芜耕地。[1] 我国《耕地占用税法》规定，占用耕地建设农田水利设施的，不缴纳耕地占用税；占用基本农田的，加按150%征收；农民居民占用耕地新建自用住宅的根据情况减半或免征耕地占用税。[2] 依此保障耕地，尤其是永久农田绝对用于农业生产，保障粮食安全。

我国《种子法》规定，对种质资源的保护，品种选育、审定与登记和新品种保护，保护投入粮食生产的种子的基因安全和进步，保障粮食生产稳中有增，可持续发展，同时规定种子生产经营、监督管理、进出口和对外合作及扶持措施，保障种子市场的稳定有序，以确保粮食生产的源头稳定。我国《农业机械化促进法》规定，农业机械的科研开发和质量保障，保证投入农业生产的机械的先进性和安全性；规定农业机械化的推广使用、社会化服务和扶持措施，保证现金农业机械化技术不停留在纸面，不停留在实验室，而真正能够为农民生产粮食所用，为农民所想用；保障粮食生产机械化保持在先进水平并不断提升，促进提升粮食综合生产能力，保障粮食安全。

我国《环境保护法》规定，应当保护和改善环境，防治污染和其他公害；我国《循环经济促进法》规定，经济生产应当促进循环经济发展，提高资源利用效率，保护和改善环境，实现可持续发展，实现减量化、再利用和资源化并给予激励措施。[3] 我国《清洁生产促进法》规定，应当促进清洁生产，提高资源利用效率，减少和避免污染物的产生，保护和改善环境，保障人体健康，促进经济与社会可持续发展，推行并实施清洁生产，同时给予鼓励措施。[4] 这3部与环境资源保护有关的法律是对保护环境、促进循环经济和促进清洁生产的一般法，粮食生产过程也应当遵守上述法律。另外，对于与粮食生产密切相关的土壤资源、水资源和大气资源，专门制定了《土壤污染防治法》《水污染防治法》《大气污染防治法》《防沙治沙法》《水土保持法》等保障土壤、

---

〔1〕 我国《土地管理法》第3条、第4条、第30条、第32条、第33条、第38条。

〔2〕 我国《耕地占用税法》第2条、第6条、第7条。

〔3〕 我国《循环经济促进法》第1条。

〔4〕 我国《清洁生产促进法》第1条。

水资源、大气不受污染，土地，尤其是耕地不出现沙化、水土流失等环境问题，保障环境与气候适宜粮食生产，进而保障粮食安全。

三、粮食流通与价格安全法治保障的现状

与小农经济时期粮食各家各户自给自足不同，市场经济下人们一般通过交易的方式购买在市场上流通的粮食。我国正不断推进深化粮食市场化改革，发挥市场对资源配置的决定性作用，只有完善粮食流通与价格安全法治保障，才能确保任何人在任何时候能够从市场中获得足够、安全且有营养的粮食。粮食流通包括粮食收购、销售、储存、运输、加工、进出口等经营活动（以下统称粮食经营活动），其中储备的吞吐对粮食流通来说可以被收购、销售所包含，本书更强调储备的计划、经营管理并用于应急管理保障、宏观调控的功能，因此在本节不加论述。价格是粮食市场反映粮食供求状况的信号，是反映流通状况的最佳表征之一，发现价格波动并加以平抑实质上是在平衡粮食市场供求关系，以保障粮食流通安全。

我国《公司法》《证券法》《企业破产法》等商事法律，为市场中粮食经营者参与经营提供组织形式、商行为等的制度保障；《反垄断法》《反不正当竞争法》等维护市场竞争秩序的法律为粮食市场提供粮食交易的有序市场。粮食市场是一种特殊的市场，上述维护并促进市场良性竞争的法律为粮食流通与价格安全提供了基础性制度保障。值得注意的是，我国《反垄断法》规定，农业生产者及农村经济组织在农产品生产、加工、销售、运输、储存等经营活动中实施的联合或者协同行为，不适用本法。[1] 其目的在于保障农业生产适度规模经营，使分散的农业生产者在粮食流通过程中，能够与产业链下游具有相对优势的从事加工、销售、运输等的粮食经营者交易，实施联合或者协同行为形成集体意志，从而避免单个农业生产者在交易过程中陷入劣势，保障农业生产者利益，促进粮食流通公平有序。

《粮食流通管理条例》是我国维护粮食流通秩序最重要的行政法规，维

---

〔1〕 我国《反垄断法》第56条。

护粮食流通秩序的同时保护粮食生产者的积极性,促进粮食生产,维护经营者、消费者的合法权益,保障国家粮食安全。[1] 该条例规定多种所有制市场主体从事粮食经营活动,国有粮食购销企业转变经营机制,提高市场竞争能力,使粮食价格主要由市场供求形成,为深化粮食市场化改革保驾护航。[2] 规定经营粮食收购应当取得行政许可,粮食经营行为应当进行登记。任何粮食经营行为都应当遵守市场秩序,保障粮食质量和卫生安全,其中,从事粮食收购、加工、销售的经营者,必须保持必要的库存量,同时粮食行业协会以及中介组织应当加强行业自律,在维护粮食市场秩序方面发挥监督和协调作用。[3] 规定国家采取储备粮吞吐、委托收购、粮食进出口等多种经济手段和价格干预等必要的行政手段,加强对粮食市场的调控,保持全国粮食供求总量基本平衡和价格基本稳定,鼓励粮食主产区和主销区以多种形式建立稳定的产销关系,鼓励建立产销一体化的粮食经营企业,发展订单农业。通过及时有效的宏观调控手段保障直接协调市场流通粮食数量以维持粮食供求平衡,通过建立稳定产销关系,在供求关系较稳定的区域之间使粮食流通常态化、模式化,促进粮食供给更有效,保障粮食流通效率和安全。[4] 地方各省级人民政府根据《粮食流通管理条例》因地制宜地制定地方《粮食流通管理条例》的实施办法。

我国《价格法》规定,粮食价格市场化下粮食经营者的市场定价权和不得为之的不正当价格行为。在价格总水平调控中,规定当重要商品和服务价格显著上涨或者有可能显著上涨时,国务院和省、自治区、直辖市人民政府可以对部分价格采取限定差价率或者利润率、规定限价、实行提价申报制度和调价备案制度等干预措施;当市场价格总水平出现剧烈波动等异常状态时,国务院可以在全国范围内或者部分区域内采取临时集中定价权限、部分或者全面冻结价格的紧急措施。[5] 针对粮食具有保障免于饥饿的准公共产品的

---

〔1〕《粮食流通管理条例》第1条。

〔2〕《粮食流通管理条例》第3条、第4条。

〔3〕参见《粮食流通管理条例》第二章。

〔4〕《粮食流通管理条例》第25条、第28条、第30条。

〔5〕我国《价格法》第30条、第31条。

重要性，进一步规定政府可以建立重要商品储备制度，设立价格调节基金以调控价格、稳定市场；为适应价格调控和管理的需要，政府价格主管部门应当建立价格监测制度，对重要商品、服务价格的变动进行监测；在粮食等重要农产品的市场购买价格过低时，可以在收购中实行保护价格，并采取相应的经济措施保证其实现，通过粮食储备和粮食价格调节基金从粮食流通数量和投入资金直接和间接地调控粮食价格，并密切监测以保障价格调控措施的及时有效。[1]《粮食流通管理条例》也对粮食最低收购价格和一般价格调控措施有所重申。[2]

四、粮食储备与应急管理法治保障的现状

在发生粮食安全突发事件时，粮食储备制度为粮食应急管理能够动用保质保量的粮食提供制度保障，粮食应急管理制度为粮仓中储备的粮食的有效动用提供制度保障，在防止和应对粮食安全突发事件的问题上，这两项制度应当结合起来共同研究。因此，建立粮食储备与应急管理安全法治保障体系是回应现实的重要需要，也是粮食安全的重要保障。

《中央储备粮管理条例》规定，国家实行中央储备粮垂直管理体制，国务院发展改革部门及国家粮食行政管理部门会同国务院财政部门，负责拟订中央储备粮规模总量、总体布局和动用的宏观调控意见，对中央储备粮管理进行指导和协调；国家粮食行政管理部门负责中央储备粮的行政管理，对中央储备粮的数量、质量和储存安全实施监督检查，中国储备粮管理总公司具体负责中央储备粮的经营管理，并对中央储备粮的数量、质量和储存安全负责。中国储备粮管理集团有限公司（以下简称中储粮集团公司）直属企业为专门储存中央储备粮的企业，中央储备粮也可以依照本条例的规定由具备条件的其他企业代储，形成以国务院发展改革委员会与国家粮食和物资储备局为中心的政府管理，中国储备粮管理总公司及其直属企业专门储存，其他具备条

[1] 我国《价格法》第27条至第29条。
[2] 《粮食流通管理条例》第28条。

件的企业代储的中央粮食储备体系。[1] 应当根据规模、总体布局和意见制定中央储备粮收购、销售计划和轮换计划,严格经营管理储备粮,保障储备粮数量、质量安全。当有全国或者部分地区粮食明显供不应求或者市场价格异常波动,发生重大自然灾害或者其他突发事件需要动用中央储备粮或国务院认为需要动用中央储备粮的其他情形时,由国务院发展改革部门及国家粮食行政管理部门会同国务院财政部门提出动用方案,报国务院批准动用中央储备粮,并由中国储备粮管理总公司具体组织实施,在紧急情况下,国务院直接决定动用中央储备粮并下达动用命令。[2] 各省级人民政府参照《中央储备粮管理条例》制定省内的地方储备粮管理办法,与《粮食流通管理条例》实施办法一同规范地方粮食的储备。

我国《突发事件应对法》规定,对突发事件的预防与应急准备、监测与预警、应急处置与救援、事后恢复与重建,是应对所有类型突发事件的基本法律规范。针对粮食安全突发事件,应根据该法建立统一领导、综合协调、分类管理、分级负责、属地管理为主的应急管理体制,实行预防为主、预防与应急相结合的原则。[3] 基于应对粮食安全突发事件的需要,国务院制定了《国家粮食应急预案》,以应急状态涉及的范围和实际情况为标准,将粮食应急状态分为Ⅰ级、Ⅱ级和Ⅱ级以下3个等级。[4] 确定统一领导、分级负责,科学监测、预防为主,反应及时、处置果断的工作原则,要求在粮食应急状态下成立国家粮食应急管理工作指挥部和地方粮食应急管理机构,应用粮食应急管理风险监测、粮食储备、粮食应急管理保障系统和应急设施应对粮食应急状态,保障粮食应急状态下的粮食供应稳定和质量安全,保障粮食安全。

---

〔1〕《中央储备粮管理条例》第4条、第6条、第8条、第18条。

〔2〕《中央储备粮管理条例》第14条至第16条,第23条至第28条,第38条至第40条。

〔3〕我国《突发事件应对法》第4条、第5条。

〔4〕两个以上省、自治区、直辖市出现粮食应急状态为Ⅰ级,在一个省、自治区、直辖市较大范围或省会等大中城市出现粮食应急状态为Ⅱ级,省级人民政府可以根据本地区实际情况,研究制订省级(Ⅱ级)以下粮食应急状态分级。

五、粮食质量与消费安全法治保障的现状

粮食安全最终要保障任何人在任何时候对粮食的需要，以保障免于饥饿的基本人权和实现自身的发展，因此保障粮食质量和消费安全是粮食安全保障的最终端，粮食质量和消费安全实现与否决定了前述法治保障能否有效实现。

我国《消费者权益保护法》是消费者权益保护的基本法，规定了消费者的基本权利和经营者的一般义务，明确保护消费者的合法权益是全社会的共同责任，确定经营者职责和侧重保护消费者的争议解决责任配置，消费者在市场中购买、食用粮食当然应当受该法保护。此外，我国《广告法》《标准化法》等法律规范在各个领域弥补消费者面对经营者的信息劣势，以保障消费安全，粮食生产经营也应当遵守上述一般规范，以保障粮食质量和消费安全。

针对直接供消费者食用或饮用的食品，由于食品安全与否与消费者的生命健康权密切相关，因此进一步制定《食品安全法》以保障消费者消费的食品质量安全，《食品安全法》规定食品安全监测、评估和标准制定，食品经营记录和全程回溯制度，要求食品标签、说明书和广告真实，并规定关于食品检验、进出口和安全事故处置的规范，为消费食品的消费者的合法权益提供比《消费者权益保护法》中对一般消费者更大力度的保护。粮食属于可食用的农产品，当然也属于食品，粮食经营者应当按照《食品安全法》的规定合法经营，保障粮食消费者的合法权益。但由于粮食作为农产品事关所有人温饱的基础问题，因此就农产品质量专门制定《农产品质量安全法》，规定农产品的特别安全标准，出于农产品质量与产地、投入化学品、基因资源等有特殊关系，而对农产品的产地及生产、包装和标识提出特别要求，以便在保障食品安全的基础上，进一步保障粮食的质量和消费安全。

第二节　粮食安全保障法与既有立法的衔接与协调

我国向来重视粮食安全，几十年来，在粮食生产、流通、储备、应急管理和财税、金融、技术支持等各个领域，均有不同位阶的规范性文件。虽然由于我

国对保障粮食安全的重视,在粮食安全法治保障体系初步形成后,我国再未发生较大的粮食安全公共事件,危害我国所有人免于饥饿的基本人权,但较低的法治水平和为落实政策或解决具体问题的立法动机,导致我国粮食法治保障体系散乱而不成体系,且往往“政策先行”,粮食安全保障法治化程度较低。

粮食安全保障法已列入第十三届全国人大常委会立法规划第一类项目,立法条件日臻成熟,作为我国粮食安全法治保障体系的基本法,粮食安全保障法应当吸收实践经验,规定保障粮食安全的基本原则和在各层面的国家义务,使粮食安全保障进入“立法先行”的时代。良好的粮食安全法治保障体系首先要求法律体系内部规范不冲突、不缺漏,故而粮食安全保障立法需要注意与既有规范的衔接和协调。

一、与《国家安全法》的衔接与协调

“国家安全并不是表达法律调整具体结果的法律关系,而是表达法律调整之整体结果的一种有序的状况,即是一种特殊的法律秩序。它是法律调整的整体抽象的、宏观的、本质的结果,而不像法律调整具体结果的法律关系是具体分析的、微观的、形式的。”[1] 因此,国家安全的具体内涵需要其他法律进行规范,而无法在我国《国家安全法》中作具体规定。我国《国家安全法》于“维护国家安全的任务”一章中规定了国家安全的各种具体内涵,其中之一即为粮食安全。传统的国家安全主要是指军事和政治安全,而新型的国家安全观则在传统国家安全观的基础之上,认为经济安全是国家安全的基石。粮食安全具有鲜明的公共产品属性,一方面,粮价为百价之基,“同期的粮食价格变化对 CPI 波动具有决定性作用”。[2] 另一方面,粮食关乎国运民生,粮食供应不足将会导致大范围饥饿甚至饥荒,进而引起社会动荡,甚至将经济命脉交于他国之手。因此,粮食兼具经济性和政治性,粮食安全同时关乎

〔1〕 吴庆荣:《法律上国家安全概念探析》,载《中国法学》2006 年第 4 期。

〔2〕 常文涛:《我国粮食价格与 CPI 互动关系研究》,载《统计与决策》2017 年第 17 期。

经济安全与政治安全,我国粮食供给数量已得到一定保障,目前的重点应当聚焦于稳定粮食价格,进而保障宏观价格总水平稳定,因此更多将粮食安全置于经济安全之下,并称为"三大经济安全之首"。

粮食安全保障法应当以国家安全的概念为基础,界定粮食安全的具体内涵。目前对粮食安全的定义最被广泛接受的是粮农组织所下的定义:"只有当所有人在任何时候都能够在物质上和经济上获得足够、安全和富有营养的粮食来满足其积极和健康生活的膳食需要及食物喜好时,才实现了粮食安全。"[1]但该定义是面向全人类的粮食安全所作的定义,而对于一国的粮食安全来说,除保证所有人获取足够、安全和富有营养的粮食以保障免于饥饿的基本人权外,其内涵还应包括国家的粮食供给不受制于他国,国内粮食产业不因外国粮食产业进入市场而衰败,国内粮食价格不因国际粮食价格波动而动荡。简言之,一国内的粮食安全应当同时面向个人和国家,保障人民福祉、经济社会可持续发展,并使粮食安全状态持续。因此粮食安全保障法对粮食安全的定义应当在保障所有人免于饥饿的基本人权,实现粮食权的基础上,加上粮食安全作为国家安全的一部分的内涵。

为与我国《国家安全法》衔接,《粮食安全保障法》应当将《国家安全法》第22条所规定的健全粮食安全保障体系的要求,"保护和提高粮食综合生产能力,完善粮食储备制度、流通体系和市场调控机制,健全粮食安全预警制度"作为保障粮食安全的国家义务。[2] 粮食安全保障法不适宜作特别具体的规定,但至少应当以"可采取措施+应实现目标"的模式对上述要求予以规定,使粮食安全保障法与《国家安全法》相协调,完善国家安全法治保障体系。

二、与《农业法》的衔接与协调

农业发展、乡村振兴、农民权益保护应当是一个整体性的问题,任何一个

---

〔1〕 粮农组织:《支持在国家粮食安全范围内逐步实现充足食物权的自愿准则》,第5页。
〔2〕 我国《国家安全法》第22条。

方面出现问题都会限制其他方面的发展。比如,农业发展迟滞,将会导致农业生产经营效率增速放缓甚至降低,使农产品竞争力逐渐减弱,进而影响农村现代化和农民持续增收;但若仅发展农业,而忽视乡村振兴和农民权益保护,导致农村现代化程度和农民专业化程度难以与现代化农业相匹配,则对农业发展投入的资金、技术等将无法充分发挥作用,导致农业发展在实践中停滞。正如习近平总书记所强调的,农业、农村和农民问题是一个有机整体,解决"三农"问题必须立足于农业这个基础、农村这个主战场、农民这个核心,促进农业农村的发展,始终应当坚持统筹解决"三农"问题的基本原则。[1] 保障粮食安全是解决"三农"问题的共同目标之一,粮食生产安全是保障粮食安全的基础,不能保障生产足量粮食则后续所有粮食安全保障制度将"巧妇难为无米之炊",而农业、农村、农民正是粮食生产的行业、场所和主体。申言之,只有切实整体解决"三农"问题,才能保障粮食生产安全,才能把握保障粮食安全的基础,因此粮食安全保障法与"三农"相关法律的衔接与协调就尤为重要。

在"三农"相关立法中,与粮食安全紧密联系的首先是2012年我国最新修订的《农业法》。在我国《农业法》中业已体现了"三农"与粮食安全保障统筹规范的原则,该法的立法宗旨首要是"巩固和加强农业在国民经济中的基础地位,发展农业生产力,推进农业现代化",但同时也致力于"深化农村改革,维护农民和农业生产经营组织的合法权益,增加农民收入,提高农民科学文化素质,促进农业和农村经济的持续、稳定、健康发展"。[2] 我国《农业法》也在第五章、第九章、第十章分别专章规定粮食安全、农民权益保护和农村经济发展的内容。虽然当前我国《农业法》承担了"三农"相关法律与《粮食安全保障法》的一定职能,但按照目前的立法规划来看,我国的"三农"相关法律与《粮食安全保障法》是分别制定相应领域的立法以形成完备的法律体系。后续相关法律出台后,我国《农业法》条文无须删减,但《农业法》应当注

---

〔1〕 参见方兰、李双媛、陈龙:《习近平关于"三农"问题系列重要论述的全面性特征及其价值指向》,载《陕西师范大学学报》(哲学社会科学版)2019年第4期。

〔2〕 我国《农业法》第1条。

重以发展农业为基本和出发点，进而对其他方面进行保障。我国《粮食安全保障法》的制定处于整个法律体系建构的中间阶段，应当起一定承前启后的作用。[1] 因此我国《粮食安全保障法》与《农业法》及后续相关法律的衔接与协调至关重要。

我国《粮食安全保障法》可以如同《农业法》一般对“三农”问题作专章规定。但“三农”问题是一个有机整体，难以分割，其直接与粮食生产及粮食在农村的流通、储备等有关，但是粮食安全保障还涉及粮食在农村之外的流通、储备问题，也不仅局限于农业产业之下。简言之，“三农”问题的解决是保障粮食安全的必要不充分条件。此外，粮食安全保障也可以作为共同目标，协调“三农”问题之解决。具言之，我国《粮食安全保障法》应当以一条或几条条文规定“三农”问题与粮食安全保障问题解决的统筹原则，规定农业发展、乡村振兴与农民权益保护均应以保障粮食安全为底线。

三、与《土地管理法》《农村土地承包法》的衔接与协调

土地是粮食生产最重要的物质资料之一，即使无土栽培等现代化农业技术正不断发展，但若不能保障足量优质的耕地，则注定无法生产充足的粮食，粮食安全亦无从谈起。我国业已构成比较完善的土地法法律体系，但当前的土地法主要是以保障农业发展、促进乡村振兴、保护农民权益等为出发点规定耕地的保护和利用，而缺乏眷注粮食安全保障问题，因此粮食安全保障法应当在土地法的基础上，强调耕地保护与利用对保障粮食安全的作用，以保障粮食安全为目的，协调土地法有关内容，并将其纳入粮食安全法治保障体系中。

（一）“耕地粮用”保障粮食安全底线

我国实行最严格的耕地保护制度，《土地管理法》规定国家实行永久基

---

〔1〕 除粮食安全保障法已纳入立法规划第一类项目外，乡村振兴促进法已纳入第十三届全国人大常委会立法规划第二类项目。此外，还有学者提议应当制定农民权益保障法（参见李小云、左停、李鹤：《中国农民权益保护状况分析——〈农业法〉第九章“农民权益保护”实施情况调查》，载《中国农村观察》2007 年第 1 期；曹海晶：《制定我国〈农民权益保障法〉的几点思考》，载《江汉论坛》2005 年第 3 期等）。

本农田制度,严格控制耕地转为非耕地。[1] 但"农地农用"并不意味着"耕地粮用",所有耕地切实用于农业生产经营并不能充分保障粮食安全。粮食属于农产品的子概念,每个国家基于各自的饮食传统和耕种条件,从农产品中以能量高、易储存等为标准,选择一部分作为粮食,满足所有人的日常主食需求,世界范围内常见的粮食种类有稻米、麦、大豆、玉米等。尤其在"粮食基本自给,口粮绝对安全"的新粮食安全观的背景下,口粮应当保证100%由国内耕地种植供给,其他粮食应当保证基本由国内耕地种植供给。若不对耕地的用途以保障粮食安全为目的进行进一步限制,理论上农民作为经济人的一面会促使其选择种植营利性更高的经济作物。因此粮食安全保障法应当与我国《土地管理法》耕地保护的内容相衔接,规定一定耕地应当用于种植粮食,协调发展农业、保护农民与保障粮食安全的耕地保护的价值目标。为充分尊重农民自主行使土地承包经营权,可以仅规定耕地应当保障粮食生产数量,并授权法规确定一定区域内耕地应当生产粮食的总量,具体耕种情况由农民自主经营。

(二)促进土地经营权适度流转提升粮食生产效率

农业适度规模经营可以集中连片土地,使耕地更加平整,更适宜集中建设并使用农业基础设施和应用新型农业技术,从而促进产出更多、更优质的粮食,提升粮食生产效率。同时,农业基础设施和新型农业技术的集中应用可以节约经营成本,促进粮食生产的增量提质,提高粮食生产收益,提升农民生产粮食的积极性。我国农村土地为集体所有,耕地是集体经济组织中农户傍身之物,保持土地承包关系稳定对保障农村稳定和保护农民权益来说意义重大,因此在很长一段时间内,我国农村耕地主要在本集体经济组织之内流转,小农经济的传统进一步强化了我国农村耕地破碎化的状态,难以形成适度规模的农业生产经营。我国新修正的《农村土地承包法》落实"三权分置"政策,增设土地经营权,农户可以依法、自愿、有偿地向任何有农业经营能力或资质的受让方流转土地经营权,破解农村土地流转僵局,为实现适度规模

---

[1] 我国《土地管理法》第30条、第33条。

农业提供了条件。

但我国《农村土地承包法》并没有也不适宜对促进土地经营权流转进行更多规定，促进土地经营权流转，形成适度规模农业，提升粮食生产效率以保障粮食安全势在必行。[1] 因此，粮食安全保障法应当依托我国《农村土地承包法》规定的土地经营权流转制度，进一步规定可以采取资金、技术支持等手段，以保障粮食安全为目的促进土地经营权适度流转。

四、与《食品安全法》《农产品质量安全法》的衔接与协调

粮食质量的安全直接关系粮食消费者食用粮食后的健康问题，是粮食安全保障的终端环节，只有保证粮食从生产到最终消费全程质量，才能彻底落实粮食安全保障。首先，粮食作为农产品的子概念，其质量安全首先应当遵守我国《农产品质量安全法》的规定，符合农产品质量安全标准。其次，粮食作为食品的子概念，其生产销售、安全信息的发布等应当遵守我国《食品安全法》的规定。粮食相较其他食品主要满足人类生存的底线需求，因此对其质量安全的保障应当有更严格的制度保障，我国《粮食安全保障法》的出台也将突出粮食质量安全的重要性。

（一）扩大粮食领域内食品生产经营者的范围

目下，我国《食品安全法》中的食品生产经营者主要是指食品生产者和销售者，其中运输者、仓储者主要作为辅助商参与粮食生产经营。但由于粮食事关人类生存，具有重要性和易储存性，大量粮食由农户、企业和政府储存，以备不时之需。储备粮规模相较其他食品的库存比例，一般而言是较大的，且仓储行为直接关涉粮食质量。因此对于粮食来说，仓储者是与生产者、销售者同等重要的经营主体。要保障粮食"从农田到餐桌"的绝对质量安全，也应当强调仓储者等其他所有参与粮食生产经营的经营者对保障粮食质量安全的责任。

---

〔1〕 参见郭熙保：《"三化"同步与家庭农场为主体的农业规模化经营》，载《社会科学研究》2013年第3期。

粮食安全保障法应当对我国《食品安全法》中食品生产经营者的内涵在粮食领域给予法律上的回应,规定并强调所有参与粮食生产经营的经营者均负有保障粮食质量安全的义务。并在农产品质量安全法中具体规定运输者、仓储者等其他经营者在保障粮食质量安全上的特殊义务,以形成完备的粮食质量安全义务体系,保障粮食质量全流程绝对安全。此外,着眼于粮食质量安全保障,我国《农产品质量安全法》对于《食品安全法》所规定的制度,应当进行特别规定。比如,我国《食品安全法》第42条规定食品安全追溯体系,粮食安全保障法应当以保障粮食安全为目的,规定粮食质量安全全程追溯制度,强调除粮食生产者和销售者外,运输者、仓储者也应当留存粮食安全信息,将粮食质量安全追溯由传统"点对点"改为全线追溯。

(二)保障进口粮食质量安全

随着粮食数量与质量需求不断提高,粮食供应与自然资源、生态环境的矛盾越来越大,农业生产所带来的经济效益所占比例越来越低,完全依靠国内生产粮食,达成100%粮食自给率是不科学的。而且粮食进口需求的种类和数量是刚性的,难以以国内其他竞争商品代替消费,因此保障进口粮食的质量安全显得尤为重要。

由于WTO对关税壁垒的贸易制裁,各国通过提高关税的方式限制进口的情况越来越少,而对于国际粮食贸易,越来越多国家采取"绿色贸易壁垒"[1]限制粮食进口。而符合中国的粮食质量安全标准的粮食可以申请我国《农产品质量安全法》规定的无公害农产品标志,该标志为中国独有的粮食质量标志,很容易形成限制中国进出口粮食的"绿色贸易壁垒"。基于对等原则,无论是哪方面的限制都不利于我国持续保持粮食进口稳定。因此,我国应当积极参与国际粮食质量安全标志的制定,形成统一标志后修订《农产品质量安全法》,或者应当积极与其他国家开展标志互认工作,以保障粮食进口不因质量标志差异而受到限制,危害粮食安全。此外,粮食安全保障法

---

[1] "绿色贸易壁垒",是指进口国(主要是指发达国家)通过制定内容复杂、严格的环保法律、法规、标准,以阻止或限制外国(特别是发展中国家)商品进入本国市场的一种市场准入制度。参见张蔚菊:《农业清洁生产与绿色壁垒》,载《世界经济与政治论坛》2004年第3期。

还应当规定国家积极开展国际粮食援助，提供农业技术支持，以树立一个负责任且友善的大国形象，以促进粮食进口的足量优质。

五、与应对突发事件相关立法的衔接与协调

粮食安全是一个综合、复杂的体系，粮食生产、流通、储备、消费全产业链都会影响粮食安全。任何制度或政策都不能绝对避免粮食公共事件，甚至粮食公共危机的发生。因此，必须建立粮食应急管理制度，一方面，及时应对粮食公共事件，防止其演化成粮食公共危机；另一方面，有效应对由灾害等直接造成的粮食公共危机，以最大限度降低粮食公共危机带来的影响。当下，与粮食安全有关的突发事件主要包括粮食价格剧烈波动和粮食供给急剧短缺。由于我国《价格法》已然规定价格宏观调控措施，《突发事件应对法》《国家粮食应急预案》等针对粮食安全突发事件建立了预警和处置机制，我国暂未出现影响较大且难以解决的粮食安全突发事件。但预防粮食安全突发事件的发生，及时解决问题并降低影响仍然是粮食安全保障的重点工作，不得松懈。一旦重大粮食安全突发事件发生，若无法及时解决，对社会的影响将是破坏性的且不可逆的，因此应当积极将粮食安全保障法与应对突发事件相关法律进行衔接协调，不断健全粮食应急管理法治保障体系。

（一）粮食安全保障法与《价格法》的衔接与协调

当粮食价格显著上涨或者有可能显著上涨时，国务院和省、自治区、直辖市人民政府可以按照《价格法》的规定，采取价格干预措施。[1] 国务院和省、自治区、直辖市人民政府可以对部分价格采取限定差价率或者利润率、规定限价、实行提价申报制度和调价备案制度等干预措施。[2] 当市场价格总水平出现剧烈波动等异常状态时，国务院可以在全国范围内或者部分区域内采取临时集中定价权限、部分或者全面冻结价格的紧急措施。[3]

但因区域性自然灾害等原因，一般仅会在局部地区出现暂时性的粮食价

---

〔1〕《粮食流通管理条例》第 28 条。
〔2〕我国《价格法》第 30 条。
〔3〕我国《价格法》第 31 条。

格显著上涨或者有可能显著上涨的情形,随着暂时性风险过去则可通过全国粮食供应予以调和。对发生该情况的地区来说,其粮食价格的上涨水平及对粮食安全的影响与全国性的粮食价格上涨是相似的,但该地区的政府及主管部门无权采取一定价格调控措施。虽然集中定价、冻结价格等强力价格调控手段不适宜授权下放给基层政府,但应当允许基层政府在出现类似情况时有权通过一定的价格调控手段紧急调控当地的粮食价格。尽管对国家来说,局部地区的粮食安全事件不足以发展成为全国性的粮食安全事件,对该地整体来说,待国家粮食供应开始流动救援后危机也可度过,但一时的局部粮食价格上涨或波动可能会使少数人,尤其是社会边缘群体无法获得适足的粮食。为避免免于饥饿的基本人权受到侵害,除直接向其拨付粮食外,粮食安全保障法还应当规定授予设区的市级人民政府一定的较柔性的粮食价格调控权并向省级人民政府备案。[1]

(二)粮食安全保障法与《国家粮食应急预案》的衔接与协调

我国《突发事件应对法》规定了对突发事件的预防、检测、预警、处置和重建的一般规范。此外,粮食质量安全突发事件也可以适用我国《食品安全法》第七章食品安全事故处置的规定处理。同时,有专门的《国家粮食应急预案》具体规定粮食安全突发事件的处置措施。粮食安全保障法应当做好与上述规范的衔接与协调,坚守我国粮食安全的底线。

粮食安全突发事件于《国家粮食应急预案》中被界定为因各类突发公共事件或者其他原因,引起国内粮食供求关系突变,在较大地域范围内出现群众大量集中抢购、粮食脱销断档、价格大幅上涨等粮食市场急剧波动的状况。但我国《突发事件应对法》将突发事件限定为自然灾害、事故灾难、公共卫生事件和社会安全事件,采取严格的文义解释,则《国家粮食应急预案》的表述与上位法不匹配。为严格保障粮食安全,且粮食安全突发事件确实不能被单一归因于上述4种事件的任意一种,因此应当将"粮食应急状态"一词的表述

---

〔1〕 参见郭宗杰:《深化改革背景下价格法修订的若干问题研究》,载《政治与法律》2015年第8期。

转化为“粮食安全突发事件”,以使粮食安全突发事件能恰当适用我国《突发事件应对法》,避免产生歧义。

粮食安全保障法应当规定粮食安全突发事件中国家的兜底保障责任,国家应当通过从国际粮食市场进口、动用中央储备粮等方式,坚决保障在粮食安全突发事件下的粮食安全。因此,《国家粮食应急预案》应当具体规定粮食安全突发事件的预警指标,可以从宏观、中观、微观3个层面分别设定预警指标并赋予相应权重,使粮食安全预警制度可计量化。[1] 同时还应规定,除原粮储备外,还应当储备一定数量的粮食成品,以便在粮食安全突发事件下能以最快速度保障粮食安全。

六、与《粮食流通管理条例》《中央储备粮管理条例》的衔接与协调

粮食安全保障法的出台,将为《粮食流通管理条例》《中央储备粮管理条例》《农业保险条例》等一系列保障粮食安全的行政法规、部门规章提供基本法地位的上位法依据。粮食安全保障法将为国家,或者说中央政府全面规定保障粮食安全的义务,将涵盖生产、流通、储备、应急管理和财税、金融、技术支持等所有方面。但粮食安全保障法的定位属于基本法,不适宜对国家义务作具体规定,因此完备的粮食安全法治保障体系必定需要相应的法律与相匹配的法规、规章作出具体规定。

(一)设置全国粮食市场的准入标准

根据《粮食流通管理条例》第8条的规定,从事粮食收购活动的经营者的市场准入的具体条件由省、自治区、直辖市人民政府规定,各省级人民政府根据该条授权对准入条件作了不同的具体规定。但经营者获得从事粮食收购活动的行政许可后,即可在全国范围内的粮食市场从事粮食收购活动,事实上导致全国粮食收购的市场准入条件不同,使竞争有失公平。

因此粮食安全保障法应当保障全国粮食市场的竞争公平,并通过国务院

---

〔1〕 具体指标应当反映粮食生产、储备、进出口和供求关系等宏观因素,粮食区域结构、粮食品种结构、粮食流通等中观因素,城乡居民收入、社会保障、物价水平、粮食消费等微观因素。参见李文明:《大国粮食安全的底线思维——预警机制与实现路径》,中国农业出版社2014年版,第146页。

级别的规范性文件确定粮食收购活动市场准入的具体条件等的要求上限,避免地方政府通过设置市场准入等方式破坏竞争秩序。同时,也可以设置要求下线,形成粮食安全保障事项的标准区间,在尊重地方政府的基础上,充分保障粮食安全。

(二)重视完善地方储备粮制度

《粮食流通管理条例》规定,粮食经营活动包括粮食的储存,并于第二章以规范粮食流通的角度规定了粮食储存经营者的义务。而《中央储备粮管理条例》则对中央储备粮的计划、储存和动用作了规定。不难看出,前者规定更偏重以粮食经营者为主的社会储备,而后者则更偏重中央政府储备,地方政府储备则规定于各省的粮食流通管理条例实施办法、粮食安全保障条例等规范性文件之中。中央储备粮对保障我国粮食安全做出巨大贡献,《中央储备粮管理条例》的出台也有意强调中央储备粮的重要性。地方储备粮本应当于区域粮食安全公共事件中发挥更大作用,但中央储备粮对全国各地粮食安全公共事件的支援足以保障粮食安全,使地方储备粮规模越来越小,相应的地方储备粮制度也未能同其他储备一般上升到行政法规层面。一方面,增大中央财政负担,使中央储备粮功能异化;另一方面,增大运输成本,降低储备粮利用效率。因此应当将中央储备与地方储备作为政府储备一并规定,发挥中央和地方政府在粮食储备中的协同作用,保障粮食安全。

待粮食安全保障法出台后,应当做好现有各规范性文件的立、改、废工作。对粮食安全保障法中提出的国家义务没有具体规定的,应当及时制定相应具体实施条例;对于与粮食安全保障法中规定的国家义务相悖或部分缺失的,应当及时修改相应的规范性文件;对于暂时代替粮食安全保障法规定粮食安全保障基本原则和规定国家义务的条文或规范性文件,应及时删除或废止。

保障粮食安全除涉及粮食管理外,还涉及农业农村、质量监管、财政管理等多个方面,因此各行政法规规定的相应监管部门包括粮食行政管理部门、发展改革部门和市场监督管理部门等。各个部门在职责范围内负责保障粮食安全,充分发挥各部门的专业性,相互配合制约,避免权力过于集中。但多部门执法也会导致多头执法、执法盲区等问题，考虑到部门利益对执法难易度不同的粮食安全保障事项分别选择争相去做或互相推诿。为提升粮食安全保障事项的监管效果，应当在各部门之间设置横向协调机制，以保障粮食安全为总目标，协调处于各个环节的监管部门。

根据2008年中共中央《关于深化行政管理体制改革的意见》的规定，要"精简和规范各类议事协调机构及其办事机构，不再保留的，任务交由职能部门承担。今后要严格控制议事协调机构设置，涉及跨部门的事项，由主办部门牵头协调。确需设立的，要严格按规定程序审批，一般不设实体性办事机构"。为避免国务院议事协调机构的数量进一步膨胀，增加行政成本，粮食安全保障法应当审慎利用议事协调机构协调部际冲突。除部际联席会议、部门协议等协调机制外，还可以根据《国务院全面推进依法行政实施纲要》的规定，"加强政府对所属部门职能争议的协调"。具言之，为协调各部门统一应对粮食安全公共事件，或对粮食安全保障事项的执法分工能及时回应，需要凌驾于各部门之上的代表国务院总理行使相应权力的部门，而非议事协调机构才能胜任，这样的部门应当将其列入国务院办事机构序列，以发挥国务院的核心作用。

由于粮食安全保障法还未出台，草案也未进入公开征求意见阶段，但总结域外经验和政策实践，审视现有法律法规，仍能发现不少需要粮食安全保障法予以衔接和协调的冲突和法律漏洞，进而有针对性地推进粮食安全保障法的立法工作。待粮食安全保障法正式出台后，应当针对具体条文内容与既有法律法规的衔接与协调进行进一步的具体研究，以期能够真正建立健全完善的粮食安全法治保障体系，切实为我国粮食安全提供坚实而完备的制度保障。

第二章　粮食安全法治保障的理论基础

粮食安全法治保障的路径选择离不开理论体系作支撑,要构建科学的粮食安全法治保障制度必须探讨蕴藏其后的理论根源。回顾既有研究,粮食安全保障横跨多个学科,法学、经济学、管理学和社会学等学者都就粮食安全政策和立法提出了各自的理论分析和实施方案,这些理论探讨可抽象为 3 个维度:粮食安全法治保障的正当性、价值目标和实施路径。本章即从以上 3 个维度着手,梳理和探究构建粮食安全法治保障的理论基础。

第一节　粮食安全法治保障的正当性证成

为什么要以法治保障粮食安全? 一个常见的经济学理由是将粮食界定为公共物品,其具备显著的正外部性和社会效益,但其供给在要素市场中处于弱势地位,难以获取稳定保障粮食安全的资金和技术等要素。此外,从国际法的视角观察,粮食安全问题具有国际性,粮食权是保障免于饥饿的基本人权实现的必要条件,这也构成粮食安全法治保障的正当性基础之一。

一、粮食安全的公共物品属性和正外部性

公共产品的定义,是经济学家萨缪尔森在其 1954 年发表的《公共支出的纯理论》中给出的。他认为:“纯粹的公共产品是指这样的物品,即每个人消费这种物品不会导致别人对该物品消费的减少。”严格意义上的公共产品是

在消费上同时具有非竞争性和非排他性的产品。[1] 相较经济效益，这类产品的社会效益更突出，这是其正外部性的表现。

按照公共产品理论，粮食安全具有典型的公共产品的特征。其一，粮食安全具有非排他性。非排他性，是指产品在消费过程中产生的利益不能为某些人所专有，要将一些人排斥在消费之外，不让其享受产品的利益是不可能的。而根据联合国粮农组织提出的粮食安全概念——“所有人在任何时候都有能够在物质上和经济上获得足够、安全和富有营养的粮食来满足其积极和健康生活的膳食需要和食物喜好”，[2] 如果一个国家实现了粮食安全的状态，则排斥部分人享受粮食安全保障是不可能的。因此，粮食安全具有非排他性。其二，粮食安全具有非竞争性。非竞争性，是指一部分人对某一产品的消费不会影响另一些人对该产品的消费，一些人从这一产品中受益不会影响其他人从这一产品中受益，受益对象之间不存在利益冲突。粮食这一特殊经济产品，其需求呈现缺乏弹性的特质，即一个国家或地区的粮食安全状况对其中的人民施加几乎等值的影响。换言之，当一国粮源充足时，粮食安全的国家的每一个公民都能享受这份安全保障，且每增加一名公民的边际成本为零。因此，粮食安全具有非竞争性的特征。

作为公共产品的粮食安全具有显著的正外部性，其社会效益明显高于经济效益。在粮食资源缺乏的应急状态下，不同经济背景的公民短时期内占有的物理性粮食产品会存在差异，但粮食安全的危机对深陷其中的任何人来说都是存在的。粮食储备制度即是应对突发事件下粮食不安全的重要举措，它需要健康的粮食流通市场，以及用于备战备荒、平抑市场的一定规模的科学规划的政府粮食储备。在中国的粮食储备管理体系中，财政性资金投入贯穿始终，从粮食物流仓储设施建设，到储备粮本身，再到日常管理，几乎不产生经济效益。如果仅从经济角度考虑，显然不能满足利润最大化的要求。但其实现的社会效益，为国家和地区带来粮食安全的保障，其意义远大于经济

---

〔1〕 See Paul A. Samuelson, The Pure Theory of Public Expenditure, The Review of Economics and Statistics Vol. 36 No. 4(1954), p. 387.

〔2〕 粮农组织：《支持在国家粮食安全范围内逐步实现充足食物权的自愿准则》，第5页。

效益。

由此,作为公共产品的粮食安全在市场经济条件下与普通商品呈现巨大差异:经济效益畸低,社会效益畸高。就人的个人需求而言,马斯洛的需求层次理论,揭示了粮食安全所保障的生理需求是人的最基础层次的需要;马克思也认为,人只有解决物质需求后才能去追求其他层面的需求。[1] 就产业经济发展而言,农业作为第一产业是其他产业发展的基础。可以认为,农业追求的主要是社会效益,其他产业追求的目标主要是经济效益,如果仅由市场经济的自发秩序发挥作用,要素市场将长期向其他产业倾斜以获取利润最大化,粮食安全涉及的生产、储备、流通等产业将难以获取充足的资金和技术,社会效益亦难以保障。因此,无论市场经济发展程度如何,各国政府普遍就保障粮食安全实施国家干预,通过经济手段或法律手段为保障粮食生产、流通、储备等环节稳定运行提供倾斜性的制度支持。而越是市场经济发达的国家,其政府干预农业的政策和法律就越体系化和详尽。

二、粮食安全保障中的政府失灵困境

凯恩斯主义认为,尽管市场有“看不见的手”能够在完全市场调节下配置资源,但由于经济周期性的存在,存在市场失灵现象,需要政府运用行政、经济等手段,对失灵的市场进行必要的干预和调节,使经济尽快恢复正常。但在政府纠正、弥补市场功能缺陷的过程中,受到信息不对称、交易成本、政府垄断性等方面因素的作用,不可避免地出现政府活动的非市场缺陷,即“政府失灵”。萨缪尔森对“政府失灵”的描述为:“当政府政策或集体行动所采取的手段不能改善经济效率或道德上可接受的收入分配时,政府失灵便产生了。”[2] 具体到粮食安全领域,以粮食储备制度为例,中国的中央储备粮由中国储备粮管理总公司实施垂直管理,其虽归属企业,但在国企治理中受行政干预多,因而呈现政府失灵的问题,如政策性粮食储备出库难、拖市收购“转

---

〔1〕 参见《马克思恩格斯选集》(第3卷),人民出版社1995年版,第776页。

〔2〕 [美]保罗·萨缪尔森、威廉·诺德豪斯:《经济学》,商务印书馆2013年版,第282页。

圈粮”、政策性储备和商业性经营混合等，这是其内部监督管理的行政僵化、效率低、重投入不重产出等管理问题的反映。

避免“政府失灵”的方式众多，其中，管理学的新公共管理理论对此进行了系统性的回应。新公共管理的最初实践者是英国的撒切尔内阁。其最基本的理念在于，政府应当像大型企业一样运作、组织和管理，用企业家精神来改造政府，更多地运用企业管理的原则和理念行事；更多地将经济参数作为衡量政府绩效和政策有效性的标准；将职责集中于“掌舵”而非“划桨”，通过在公共管理中引入竞争机制以提高公共服务的绩效和质量。弗里德曼和哈耶克提出的“小政府理论”指出，尽管市场不是万能的，但在目前人类经济社会发展阶段中，通过市场调节资源配置的方式仍是最具效率的。政府需要在必要时对经济进行干预，但其所做的应仅仅限于市场做不了也做不好的服务，即仅提供公共产品，同时要保持政府能力和竞争性，从而最大程度地避免政府失灵对经济社会造成的损害。[1]

为实现新公共管理理论中适度管理、科学决策的政府，以法治约束政府权力、合理界定政府作用的边界必不可少。通过法律明晰政府与市场的界限，将政府从繁重琐碎的粮食日常管理中解脱出来，将之委托给更专业的粮食生产、储备、加工企业运作，同时引进更多市场竞争元素，政府转而更多承担监管和政策制定职责。综观农业实力强、粮食自给率高的北美和欧洲国家，粮食企业、合作社等市场主体都是其粮食生产、储备的主要践行者，政府依靠财政政策、货币政策和产业政策的联动作用实现宏观调控效果的同时，构建适度竞争的供给格局，通过市场化的手段提高体系运行效率。

三、粮食安全保障中的委托代理问题

委托代理问题，由美国经济学家米恩斯和伯利在 1932 年著作《现代公司

---

〔1〕 参见[美]珍妮特·V. 登哈特、罗伯特·B. 登哈特：《新公共服务——服务，而不是掌舵》，中国人民大学出版社 2004 年版，第 12 ~ 14 页。

与私有财产》中首次提出。以美国20世纪30年代的公众公司为样本,两位学者论证了股东与经营者之间紧张关系的具体表现:在公众公司中,由于"所有权与控制权的分离",代理人存在因事后信息不对称导致的道德风险,因此委托人(股东)需要凭借对企业资源的占有与控制优势,选择符合它预期的代理人来使用与支配资源,并且通过激励机制激励代理人,方可使自己利益最大化。而在粮食安全保障中,政府与市场主体、中央政府与地方政府这两对主体间的关系与上述公司治理中的委托代理关系具有同质性,亦存在代理人的逆向选择和道德风险等问题,亟待通过法治手段求解。

第一,在政府与市场主体的关系上,如前所述,新公共管理理论影响下各国均试图引入市场竞争机制参与或主导粮食生产、储备等具体环节,与此相伴而生的即是政府与市场主体之间的委托代理问题。这种委托代理问题存在激励和监督两个维度的解决方法,均需政府仿照公司治理的激励机制和监督机制,以法治的手段予以解决。在引入市场竞争机制、打破国有粮食企业在收购、仓储与保管各环节的垄断局面的过程中,一方面,需要在市场准入环节对民间粮食经营企业予以资格认定,出台政策引导与鼓励符合资格的民间代储企业进入粮食储备行业,增加竞争,迸发市场活力。另一方面,在市场监督环节需要加强对市场主体的监督,强化对于参与粮食储备的企业、合作社的合同管理,保证市场主体遵照合同执行与政府签订的粮食储备计划。申言之,政府真正需要管理和掌握的并不是物理层面上的粮食,而是法律层面的"粮权"。这种粮权既有权力面向,即指向政府在规划制定、项目审批、监督管理等环节中的行政权;也有权利面向,即指向政府在行政合同中作为合同当事人的民事权利。政府应在抓紧粮权的基础上,将市场运作更有效率的经济环节交还市场主体,更多运用调控和监管手段而非亲力亲为实施粮食生产、储备,以实现藏粮于民、藏粮于技的良好效果,当然在这个过程需要出台有效的激励和监督机制以纾解委托代理问题。

第二,政策目标差异和信息不对称导致中央政府与地方政府间出现委托代理问题。以粮食生产法治保障制度中的耕地资源保护为例,在中央政府层面,"十分珍惜、合理利用土地和切实保护耕地"已然被列为基本国策。[1] 2019年我国《土地管理法》修订更加强化永久基本农田保护，严格控制农地非农化；而在地方政府层面，则因巨额建设用地出让金和第二、第三产业相较农业的比较优势，使地方政府在增加财政收入和促进经济增长双重压力下具有追求农地非农化的倾向。这实然与中央政府基于粮食安全保护耕地数量质量的政策目标有所冲突。央地政府的委托代理问题关涉中央与地方的事权财权分配，为兼顾粮食安全保障和地方经济发展等多个政策目标，必须通过法治手段进行约束和激励，调整和改进地方政府的财政收入结构和考核标准，使保障粮食安全成为地方政府施政的自发的内在追求。

四、粮食安全保障的国际性与粮食权实现

粮食安全具有国际性的特征，一方面，表现为国际粮食贸易使国际粮食市场成为一国调剂国内粮食余缺、构建粮食安全保障体系不可或缺的一环；另一方面，则表现为粮食安全作为保障免于饥饿的基本人权实现的前提，在人权法理论上被表达为粮食权，并得到国际法制度的承认，成为各个国家的一项制度性义务。从法学视角审视，前者的法律约束体现在WTO框架下的《农业协议》，后者则在联合国经社文委员会的《粮食权的一般性建议第12号》中得到系统阐释和保障。这表明，具有国际性的粮食安全问题需要在国际法层面构建和优化其法治保障。

首先，粮食安全保障的国际性体现于经济全球化下的国际粮食贸易。发轫于亚当·斯密和大卫·李嘉图的比较优势理论认为，两国之间粮食产品的劳动成本差异产生了国际粮食贸易，即便存在全面的劳动成本优势，粮食产品间的相对优势仍会促使贸易发生。在现实中，由于农业资源禀赋、现代化发展水平的差异，世界各国的粮食自给率差异较大，这意味着粮食安全保障必须依赖国际粮食贸易。据联合国粮农组织数据，国际谷物贸易总量自1980年以来稳步增长，从2亿吨增长到2019年的4.1亿吨。不断扩大增长的国际粮食贸易在调剂各国粮食余缺、保障粮食安全的同时，也放大了国际粮食

[1] 我国《土地管理法》第3条。

价格波动,加剧粮食危机的传导。前述粮食安全具有正外部性,而从反面来看,粮食不安全即具有负外部性,且其负外部性不仅波及一国之内的各领域,还会传导至市场经济下参与国际贸易体系的其他国家,呈现国际性的特征。当粮食危机爆发,粮食短缺国家将在国际市场向粮食富余国家收购粮食,进而演变成两国消费者对粮食收成的争夺,抬高粮食价格。20 世纪 70 年代苏联向国际市场购买粮食即是粮食危机爆发的重要原因,2007 ~ 2008 年以及 2010 年以来的两次"全球粮食新危机"的核心表现为粮价创历史新高。由于国际粮食市场缺乏有效的国际规则约束机制,国际粮食市场紧张时部分粮食富余国家限制出口的政策将进一步加剧粮食危机,给粮食短缺国带来深重灾难。[1] 在此情况下,价格飙升、限制出口等粮食市场上的波动将迅速把粮食短缺国家的不稳定、经济增长匮乏等演变为国际性问题,甚至导致战争。[2] 即便处于非粮食危机时期,在粮食安全保障的金融制度中,由于粮食期货市场的发展,具有定价权的期货市场也会影响国际粮食贸易从而进一步对国内粮食价格造成影响。

其次,粮食安全保障的国际性还体现在分配制度中。事实上,粮食安全不是单纯的生产问题,更主要的是分配问题。据联合国粮农组织统计,2018 年世界大米产量预计比利用量高 560 万吨,2018 年的大米期末库存量预计增加至 1.83 亿吨,库存量与利用量之比将达到 35.8% 这一非常健康的水平。当今世界已经能够生产足够的粮食以满足每个人的粮食所需,但是联合国《2019 年全球粮食危机报告》显示,2018 年仍有 53 个国家的大约 1.13 亿人处于重度饥饿状态。将粮食不安全的问题放在全球化背景下可以发现,粮食不安全是不公正的分配制度所带来的结果。囿于贫穷、歧视等原因,人获取粮食的权利是不平等的,尽管粮食安全问题在发展中国家表现得更突出,但不公平的分配制度使粮食安全问题在发达国家甚至粮食富余国家也存在。"从根本上说,饥饿问题和营养不良问题的根源,主要不在于食物缺乏,而在

〔1〕 参见胡小平等:《我国粮食安全保障体系研究》,经济科学出版社 2013 年版,第 279 页。

〔2〕 参见何昌垂主编:《粮食安全——世纪挑战与应对》,社会科学文献出版社 2013 年版,第 16 页。

于世界多数人口主要由于贫困而无法得到食物。"[1]这种分配制度上的不平等体现在两方面：一方面，一些农业国发展农业生产的行为阻碍当地经济发展。由于农业初级产品相较第二、第三产业产品价格低，农业的经济效益逐步被压缩，农业国的收入相较全球收入增速倒退。另一方面，一些国家第二、第三产业的落后导致其农业生产率低，仍采用传统耕作模式，长期仅出口农业初级产品，陷入贫穷的恶性循环。国际正义理论认为，富裕国家与群体有义务承担粮食安全保障义务以实现个体粮食权，这构成国际法上创设粮食权以强制性要求国际社会承担粮食安全义务的理论与现实基础。[2]

粮食权是粮食安全的法律表达，它是国际人权法承认的一项权利，是国际法、人权法对粮食安全问题的制度和理论回应。《世界人权宣言》第 25 条提出"人人有权享受为维持他本人和家属的健康和福利所需的生活水准，包括食物、衣着、住房、医疗和必要的社会服务"；《经济、社会和文化权利国际公约》第 11 条第 1 款承认"人人有权为他自己和家庭获得相当的生活水准，包括足够的食物、衣着和住房，并能不断改进生活条件"，第 11 条第 2 款明确承认"人人享有免于饥饿的基本权利"。根据《粮食权的一般性建议第 12 号》，粮食权包含适宜性(adequacy)、可供性(availability)、可获取性(access) 3 个层面的内容。它不是被养活的权利，而是有尊严地养活自己的权利。它要求国家和国际社会提供一个支持性环境，在这种环境中，人可以充分利用自己的潜力为自己和家庭生产或购买足够粮食。粮食权是人权的一种，同时构成保障基本人权即生存权、发展权、健康权得以实现的前提。只有在粮食安全保障的背景下，个人的生存、发展和健康方为可能。

粮食权的实现有赖国际合作，国际合作需要国际法上的粮食安全法治，也需要国内法的法治支撑。在国际法层面，《粮食权的一般性建议第 12 号》为缔约国政府承担粮食权的保障义务提出了尊重、保护以及落实三方面的内

---

〔1〕 联合国经济、社会、文化权利委员会《关于〈经济、社会、文化权利国际公约〉第 12 号一般性意见》(以下简称《粮食权的一般性建议第 12 号》)导言。

〔2〕 参见曹阳：《国际法视野下的粮食安全问题研究——可持续性国际粮食安全体系的构建》，中国政法大学出版社 2016 年版，第 25 页。

容。在粮食安全保障法的立法中,中国需要将国际条约的内容转化为国内法,为履行国际义务,参与建设可持续的国际粮食生产、公平的国际粮食贸易体系提供依据和指引。

第二节 粮食安全法治保障的价值目标

粮食安全保障的理想目标折射出其法治保障的价值取向。首先,将粮食安全保障法作为基本法统领分散的涉粮法律和政策彰显出法治的秩序价值。粮食安全保障涉及经济环节众多,法律规范和政策零散,欠缺体系化的表述和制度施行中的协调,阻滞了生产、流通、储备、消费等环节的有机联系。以基本法的形式重述和统领已被实践验证有效的制度,同时以粮食安全为核心健全完善此法治保障体系,既是法自身的秩序追求,也将进一步稳固和维护社会生活和生产秩序。其次,在可获得性保障上,前述法律制度的目标侧重分配公平,在农民与消费者、粮食主产区与粮食主销区、农村与城市等几对关系中,通过市场(经济获得)和政府调整收入再分配(社会获得)的手段,保障弱势者获得粮食的权利和能力平等,实现人基本生存发展条件的结果公平。简言之,是法治的公平价值,是经济法实质正义的体现。最后,可供性保障则追求粮食生产的宏观和微观经济效益,通过宏观调控下的市场机制最大化粮食生产效率,核心是调整国家干预与市场机制的作用边界,使国家干预符合市场的成本—效益要求,促进资源的优化配置。简言之,是法治的效率价值。

一、粮食安全法治保障的秩序价值

在法的价值体系中,秩序居于各价值之首,是法的基础价值。[1] 因为"秩序的存在是人类一切活动的必要前提"。各个历史时期的秩序观虽然不同,但一般而言,"秩序总是意味着某种程度的关系的稳定性、结构的一致性、行为的规则性、进程的连续性、事件的可预测性以及人身财产的安全性"。[2]

---

〔1〕 参见卓泽渊:《法的价值论》,法律出版社1999年版,第184页。

〔2〕 张文显:《法哲学范畴研究》,中国政法大学出版社2001年版,第195~196页。

具体在粮食安全法治保障中，法治的秩序价值鲜明地作用在粮食生产流通制度、利益平衡机制和多中心治理关系上。首先，在粮食生产流通制度中，本书第一章梳理的既有粮食安全保障立法明确规定了粮食生产中初始的财产权分配和粮食流通中各主体的权利义务。以《中央储备粮管理条例》为例，储备主体、布局规模、收购销售等均有明确规定或交由地方性法规进一步明确。其次，在利益平衡机制上，产粮大县奖励政策、粮食补贴和价格支持政策等主产区利益补偿制度均有赖我国《预算法》对中央政府转移支付和财政支出的支持和约束。最后，在多中心治理中，政府、市场、社会三者关系的协调也有赖法治的秩序保障。如在粮食流通领域，粮食价格支持政策中价格的形成需要通过听证会的方式吸收公众参与；在粮食收购时除国有企业外，市场中自发的粮食收购主体如粮食经纪人也应被法律或政策纳为适格主体。无论是回顾既有的粮食安全保障相关立法还是展望粮食安全保障法的立法进程，法治的秩序价值始终为粮食安全保障所需要，它是实现公平和效率价值的前提，是制度构建中不变的价值追求。也只有摆脱偶然性和任意性而取得稳定性和持续性，粮食安全保障才能得到实现。

二、粮食安全法治保障的公平价值

实质正义是经济法的价值理念之一，它要求根据主体在经济关系中的实际地位分配权利义务，以追求结果公平。在我国的粮食生产和流通中，农村与城市、粮食主产区与粮食主销区、粮农与粮食消费者等几对主体呈现经济地位上的巨大差异，粮食安全法治保障的一个重要目标就是对其中的弱势者提供倾斜性支持，保障粮食生产顺利进行以及弱势方获取粮食的经济能力。

在粮食主产区和主销区的利益平衡机制上，我国《农业法》第32条提出，“国家在政策、资金、技术等方面对粮食主产区给予重点扶持……支持粮食主产区与主销区建立稳定的购销合作关系”，即中央政府通过财政转移支付对粮食主产区进行机会成本补偿，同时通过区域合作形成区域利益补偿机制。此外，土地发展权理论为平衡主产区和主销区的利益提供了另一视角，粮食安全保障法可以构建公平合理的土地发展权跨区域交易市场，因地制宜地选择土地发展权转移模式及购买模式，并配以相应监管措施保证土地发展权市场的公平有序。

在城市与农村的利益平衡机制上，当前政策正以实现城乡居民之间的实质法律地位的平等为突破口。政府通过加大农村的公共服务投入，弥补农村和城市在公共服务水平和资源配置上的不公平，将公平目标的实现最终转化为以法律权利和义务为载体的城乡居民之间的利益关系的协调与平衡，让城乡居民在追求幸福生活的跑道上站在同一起跑线上，如此方可使农民安心在农村种粮。

在粮农和粮食消费者的利益平衡机制上，既要激励粮农生产粮食，保障粮食充足供给，又要保障消费者能够在市场上买到粮食。粮食生产经济效益过高，虽然粮农满意，但势必带来粮食价格的偏高，必然剥夺了低收入者消费某些粮食的权利；粮食生产经济效益过低，则会影响种粮农民提供安全优质粮食的积极性。粮食价格形成机制中的最低收购价格和最高限价政策即是对两者利益的平衡。既要防止粮食价格过低，保护农民种粮积极性，避免“谷贱伤农”；也要防止成品粮价格过高，规范市场流通秩序，避免“米贵伤民”。

在高低收入群体的利益平衡机制上，允许提供正当的差别待遇。粮食安全中的差别待遇，是粮食资源需根据人的具体情况作具体分配，即法律权利义务上的差别对待，其目的是要给予社会上那些在粮食分配上处于不利地位的人一定的补偿和救济。粮食安全保障法律制度对公平的价值追求也是保障粮食权实现的应有之义。保障每个社会成员享有平等获取食物的权利和能力，方可实现个人的生存、健康和发展等基本人权。

三、粮食安全法治保障的效率价值

“现代社会的法律，从实体法到程序法，从根本法到普通法，从成文法到不成文法，都有或应有其内在的经济逻辑和宗旨：以有利于提高效率的方式分配资源，并以权利和义务的规定保护资源的优化配置和使用。”[1]国家干

---

〔1〕 张文显：《法哲学范畴研究》，中国政法大学出版社 2001 年版，第 219 页。

预理论即内在地要求经济法追求资源优化配置的效率目标，粮食安全法治作为经济法的分支自然需要符合效率价值。另外，斯蒂格利茨指出，应该弄清政府机构对于经济发展的努力具有哪些独特优势，政府计划和干预的成本是什么，如何才能以最小的成本利用这些优势。[1] 这表明除外在的经济效益，对干预行为本身也要做成本—效益分析，在干预之前比较干预与不干预的成本和收益。

具体到粮食安全法治保障的制度设计上，检视中国已有的粮食安全保障法律法规和外国立法例，都体现了提高粮食安全法治保障效率的追求：(1)促进和保障粮食生产要素条件的制度安排，如我国《土地管理法》的永久基本农田保护、中低产田改造制度；我国《农业技术推广法》的粮食生产技术推广服务体系；我国《农村土地承包法》在农地"三权分置"后的土地经营权流转制度设计等。这些法律制度的特征都是以法律的形式对农业生产的技术、土地等生产要素做初始权利界定或设置保护措施，使生产要素充分流向农业发展粮食生产。(2)激励粮食生产主体实现利益价值的多元激励机制，赋予他们广泛的法律权利，同时又为权利的实现扫清障碍。在粮食生产经营形式创新上，我国《农村土地承包法》《农民专业合作社法》等法律通过健全土地流转机制、分散土地流转风险、大力发展专业合作社等多种利益联结方式、建设农业社会化服务体系等促进农业适度规模经营，这是国家对农业规模经营者的激励举措之一。(3)加大农村公共产品供给和社会保障。长期以来，城乡二元导致农村公共产品短缺和社会保障水平低下，这种不公平极大伤害了种粮农民的生产积极性，造成大量农村劳动力为了获取更高的经济利益和更完善的社会保障涌入城市，导致粮食生产人力资源匮乏。(4)重视政府干预的成本—收益分析。粮食安全法治保障应起到促进社会整体效益提高的目的，而不增加社会负担，阻碍经济的发展。政府干预本身也是有成本的，需要通过对比政府干预的效益与成本，以决定对某些特定领域政府干

[1] 参见[美]约瑟夫·斯蒂格利茨：《政府失灵和市场失灵：经济发展战略的两难选择》，载《社会科学战线》1998 年第 2 期。

预与否。在《中央储备粮管理条例》的修订中,中储粮政策性粮食储备的范围和代储企业市场参与的衡量过程,即是对政府干预的经济效益和干预成本的比较分析。

第三节　粮食安全法治保障实施路径的理论推演

着眼于理论层面,对于粮食安全法治保障可以梳理出5个维度的具象实施路径。其一,新公共服务理论侧重政府、市场与社会面向,在承认粮食安全保障存在市场失灵、政府失灵、志愿失灵等多层次问题且难以通过单一主体实现保障的基础上,该理论主张多元协同合作,"由政府部门、私人企业、非营利社会组织等多样化的主体,采用合同承包、特许经营、补助、凭单、志愿服务等多种供给形式,以协同合作的方式"来实现粮食安全法治保障。[1] 其二,委托代理理论侧重央地政府面向,强调通过法律明确划分中央与地方在粮食安全保障中的事权和财权,加强中央对地方事权财权的监督和激励,同时构建主产区和主销区的地方政府间补偿机制和中央转移支付制度。其三,粮食权理论侧重国内与国际面向,既注重修订WTO框架下的《农业协议》,构建以自由贸易原则为基础的"粮食安全箱";也关注粮食权的实现,在《粮食权的一般性建议第12号》就缔约国实现粮食权提出了3个层次的国家义务,并要求缔约国发挥国际合作的重要作用。其四,基于对农民个体理性与国家集体理性的一致和冲突的观察,激励形容理论强调粮食安全保障法治的实施必须满足农民与国家的激励相容约束。其五,数字经济理论要求粮食安全立法必须在规范内容和立法技术上反映信息技术的应用需要,既在规范内容上推广信息技术,更要在立法技术从类型化向个性化转向。5种实施路径从不同角度切入,在国内法与国际法、国家宏大叙事与农民个体理性选择等不同层面提炼了粮食安全法治保障的实施理论。

一、基于新公共服务理论的政府、市场与社会协同

新公共服务理论是对新公共管理理论的反思,其基本观点之一,是摒弃

[1] 参见李蕊:《公共服务供给权责配置研究》,载《中国法学》2019年第4期。

后者的企业家政府思维,强调社会参与,认为应着眼于政府、市场、社会主体的比较优势和特定政策的特质,分配三者的决策权和执行权,同时政府应承担多元协同合作中的合同治理责任。具言之,普遍义务性、无差别的粮食安全政策应由政府直接提供和实施,如粮食补贴和粮食价格监管政策;对于市场机制能够起作用的、主要以效率为目标的领域,如粮食生产中的资金筹集、粮食流通中的收购和储备、涉农的金融服务等,可以通过合同外包、特许经营等方式让私人企业参与项目的设计、投资、生产以及运营等,提高服务的效率和质量;对于政府监管困难、牵涉面广、需要协调众多农民和农业企业的公益性较强的粮食安全保障措施,可以发挥行业协会、供销合作社等社会主体深入农村和农民的优势,协助政策的制定和执行。最后,政府应承担多元协同协作的兜底性治理责任,为市场和社会主体参与粮食安全保障提供服务并予以监督,还要注意把握好方式和力度,防止自身干预过度。

在市场参与粮食安全保障时,政府的治理责任是通过法律界定初始产权以降低交易成本。科斯定理揭示了当交易成本为零,无论产权如何安排,市场机制都会自动通过交易达成资源配置的帕累托最优;而在交易成本大于零的现实世界中,不同的产权初始界定会带来不同效率的资源配置。因此政府应通过法律提供多种产权初始界定方案,降低市场资源配置的交易成本。我国《农村土地承包法》对农用地"三权分置"改革成果的吸收和反映是绝佳的例证,它从土地承包经营权分离出土地经营权,这项新土地权利为农业规模经营者扩大土地流转规模、提供农业融资担保物节约了交易成本。在粮食收购制度的改革中,政府角色从过往统购统销转向制定粮食收购主体准入制度,通过设置市场准入门槛培育不同所有制的市场收购主体,上述都是政府通过产权界定促进市场机制资源配置的体现。

在社会主体参与粮食安全保障时,政府的治理责任是引入社会主体、具体规定其权利义务并予以监督。以粮食经纪人协会为例,粮食经纪人协会对监督粮食经纪人、避免恶性竞争等问题有所裨益,政府可以考虑以国有粮库或各类粮食贸易、加工企业为牵头人组建行业协会,以有效保障国家和地方各级储备粮的收购数量和质量,并为粮食市场提供充足粮源。同时,由于粮食经纪人等部分市场主体不需要取得粮食收购的资质就可以开展经营活动,粮食经纪人协会的日常运转也不能对粮食经纪人施加不必要的监管,其工作重点在于服务和维持粮食收购市场秩序。

在政府直接施行粮食安全保障措施时,应重视运用非强制性的调整方法,其具体表现形式包括"国家作为经济活动的主体参与经济交易,加以契约方式收购或售出特定物资;国家对私人经济给予经济援助,如推行各项补助金制度;以及国家进行劝告、指示、计划等非权力性行政指导等"。[1] 具体到粮食安全法治保障制度,《中央储备粮管理条例》通过国有企业中储粮公司承担政策性粮食储备的职责;国家的农产品价格支持政策通过价格听证形成合理定价;《关于深化供销合作社综合改革的决定》通过供销合作社联合社对农业基层合作社做行业指导,提供农业生产服务,这些都是政府利用非强制性的调整手段保障粮食安全的举措。

新公共服务理论注重合理界定政府作用的边界,提高政府决策的科学化程度。政府需要在必要时对经济进行干预,但其所作的应仅仅限于市场做不了也做不好的服务,同时要保持政府能力和竞争性,从而最大程度地避免政府失灵对经济社会造成的损害。这要求政府根据市场经济的内在要求和客观规律,在诸如粮食储备等既有政策性要求又有一定市场供给能力的情形中,形成适度竞争的供给格局,通过市场化的手段提高体系运行效率。

二、基于委托代理理论的中央与地方协同

在经济学中,委托代理关系被描述为"一方行为影响到另一方的利益",通常出于双方存在利益冲突或事后的信息不对称。[2] 而在粮食安全保障措施的实施过程中,中央政府与地方政府、地方政府之间就存在这种因利益目标和信息不对称导致的委托代理问题。委托代理问题的处理关键在于,通过监督和激励使代理人的利益与委托人尽可能保持一致。具体到粮食安全法

---

〔1〕 [日]金泽良雄:《经济法概论》,满达人译,中国法制出版社2005年版,第52页。
〔2〕 参见张维迎:《博弈与社会》,北京大学出版社2013年版,第270~271页。

治保障中,应通过法律明确划分中央与地方的事权财权,强化对地方政府的监督,而在激励机制的设计中,除中央对地方的财政转移支付外,构建主产区和主销区地方政府间的利益补偿机制有利于促进区域平衡发展。

以粮食生产法治保障中的高标准农田建设为例,囿于农业相较其他产业的比较劣势,投入财政资金建设高标准农田并非主产区政府的理性选择,中央与地方在此存在利益冲突。为此,首先,需要明确划分中央和地方政府建设和管护高标准农田的事权,中央政府负责宏观政策和规划的制定,地方政府有义务根据农田建设规划严格落实。其次,必须加大高标准农田建设的专项财政转移支付力度,缓解主产区政府财政资金不足的窘迫现状,化解中央与地方在财政上的利益冲突。最后,粮食主产区和主销区之间存在因耕地保护和规划政策导致的土地发展权分配关系,主产区因规划限制,获取的建设用地指标明显少于主销区。换言之,其土地发展权基于政策已被转移至主销区。因此,应借鉴环境治理领域的生态补偿机制来填补主销区政府建设高标准农田的财政资金缺口,建立粮食主销区对主产区的跨区域土地发展权指标交易,通过地方政府之间的财政转移支付激励主产区政府的高标准农田建设。

三、基于粮食权理论的国内与国际协同

粮食权的概念源自国际人权法,但其实现方式却不限于国际人权法的公约和裁判。检视研究粮食权的文献,粮食贸易、气候变化、转基因技术等需要国际政府间合作的粮食议题均被纳入粮食权理论的范畴,其实现方式应扩展为在公约基础上以粮食权保障为目的的国际合作。[1] 申言之,粮食安全法治保障的对外关系处置应以粮食权为核心,推进国际公约的修订及其在国内法的转化适用。此种国内与国际面向有两方面内涵:一是基于国际粮食贸易

---

〔1〕 参见夏志红:《国际农产品进出口与粮食权的国际法保护》,载《公民与法(法学)》2011 年第 2 期;曾晓昀:《"开放发展"中的粮食权:中国非法转基因粮食进口的法律规制》,载《中国矿业大学学报》(社会科学版)2018 年第 3 期;吴昊、刘超:《气候变化与粮食权保障》,载《湖北经济学院学报》(人文社会科学版)2013 年第 11 期。

的粮食进出口贸易体系,侧重通过粮食进出口调整国内粮食余缺,稳定粮食价格和供应;二是作为缔约国承担的尊重、保护以及履行粮食权的国家义务,指向弱势群体保护。两者都涉及国际法上的国际公约或协定,粮食权理论则为中国的履约和参与国际规则修订提供了实施路径。

在国际粮食贸易层面,现行 WTO 框架下的《农业协定》是粮食多边贸易的一般规则,国内支持、出口竞争和市场准入是其主要内容,涉及粮食储备、农业基础设施投入、粮食收入保障补贴、粮食出口补贴、农产品市场准入等,覆盖了粮食生产、储备、流通、出口等多个环节。当前《农业协定》规则以农产品贸易自由化为内核,偏向欧盟与美国等传统粮食出口国利益。展望将来,中国在国际粮食贸易上会主要以粮食进口国的面貌出现,价值目标上相比农业自由贸易化会更重视粮食安全,这与广大主要进口粮食的发展中国家利益一致。因此,在国际粮食贸易的粮食安全法治保障上,参与跟进当前《农业协定》的修订殊为重要,应争取在《农业协定》中增添更多粮食安全政策豁免,扶持国内农业发展,避免国际粮食倾销。

在弱势群体保护层面,《粮食权的一般性建议第 12 号》就缔约国实现粮食权提出了 3 个层次的国家义务,即为粮食权的保障承担尊重、保护以及履行的义务。[1] (1)尊重现有的取得足够粮食的机会的义务。这要求缔约国避免采取行为侵害个人的尊严或者侵害其使用可获得资源的自由,必须尊重人民现有的得到食物的权利和手段。换言之,禁止采取任何会导致妨碍取得食物的措施,如不能中断实行给人民获得食物权利的法规或政策(社会福利法)。(2)保护的义务要求缔约国采取措施,确保企业或个人不得剥夺个人取得足够粮食的机会。国家必须保护个人的粮食权不受第三方侵犯,如禁止企业采取破坏、污染环境的方式开设工厂,禁止未经批准侵占耕地发展非农建设等。(3)履行的义务既包括便利的义务,又包括提供的义务。履行(便利)的义务意味着,缔约国必须积极切实地展开活动,加强人们取得和利用资源和谋生手段的机会,保障他们的粮食安全,典型措施是对粮食价格的调控,

---

〔1〕 参见《粮食权的一般性建议第 12 号》第 15 段。

包括最低收购价和最高限价。另外,如果某人或某个群体由于其无法控制的原因而无法以他们现有的办法享受取得足够粮食的权利,缔约国则有义务直接履行(提供)该权利,这项义务也适用于自然灾害或其他灾害的受害者,典型措施是向最贫困者以及受灾者提供食物援助。

在粮食权实现的基本原则上,《经济、社会和文化权利国际公约》第2条提出两项要求:一是禁止在取得粮食的机会以及取得粮食的手段和权利方面的任何歧视行为,但应承认弱势群体或不同文化传统群体的特殊需要,并为此提供倾斜性的粮食支持。二是缔约国应该承认国际合作发挥的重要作用,"各自并借国际协助与合作,特别在经济与技术方面之协助与合作",采取共同的或单独的行动充分实现获得足够粮食的权利。该公约第11条第2款特别要求缔约国通过国际合作采取措施,改进粮食的生产、储存和分配方法,确保公平分配世界粮食供应。

四、基于激励相容约束理论的国家与个人协同

有别于其他理论的建构论理性主义视角,社会学从农民个人这一微观层次去观察农业生产行为与国家粮食安全保障法治,评估法律制度在微观层次的实效。其发现结论有二:一是"农民的个体理性与国家的集体理性之间呈现既连续又不连续的关系"。[1] 一方面,国家和农民追求粮食安全的目标是一致的;另一方面,国家的粮食安全必须通过农民的农业生产行为得以实现,故国家必须采取相应的优惠政策激励农民从事农业的积极性,但从农民个体理性出发,粮食生产只是其满足粮食需要以及其他社会需求的生计策略之一,通常其收益率较低。如果不考虑农民进行粮食生产的社会因素,那么无论国家的粮食安全多么重要,农民很可能放弃粮食生产转而投入其他经济行为中,如外出务工。二是国家的粮食安全政策与农民的农业生产行为不仅是经济过程,同时还是一个社会结构化过程。农民并非仅出于经济原因而进行农业生产,农业生产行为还会维持农民社会角色、巩固身份认同,形成农村文

〔1〕 叶敬忠、安苗:《农业生产与粮食安全的社会学思考》,载《农业经济问题》2009年第6期。

化。粮食安全法治保障的制度设计中,视野不能仅局限于农业生产,需要将乡村振兴的其他环节一并考虑。要言之,粮食安全的政策制定和实施需要遵循社会学的规律,符合农民的个体理性,探寻个体理性与集体理性的激励相容之道,方可取得实效。

为满足个人与国家激励相容约束,既有粮食安全政策需要在以下方面调整:(1)国家粮食需求与农民经济社会需求的相容。粮食安全保障不仅要从宏观上确保粮食生产尽可能满足国内的粮食消费需求,而且还要从微观上考虑农民的家庭经济状况、社会生活需求,保证农民手中有粮、囊中有钱、脸上有光等经济和社会生活的需求得到满足。(2)国家粮食生产与农民增收的相容。如前所述,当前粮食生产对于农民收入来说回报率低,为进一步增加家庭收入,农民更倾向选择外出务工。这启示粮食安全政策必须创新粮食生产经营形式,通过适度规模经营引导粮食生产从初级农产品向农产品加工转变,延长产业链以增加农业收入,让农民在生产粮食的同时也能实现增收。(3)规模化生产与家庭生产的相容。家庭生产在当前仍有其合理性:其一,小农轮作、间作的耕作方式使家庭生产单位面积一年的土地产出远远大于规模化单一种植的产出。其二,家庭生产与科技、市场等现代农业生产要素并不矛盾,小农可以更好地利用这些要素实现单位农业产量和家庭经济利益的最大化。其三,家庭生产可以保障粮食价格相对低廉。农民的食物生产首先是满足家人的生活需要,有盈余则销往市场。因此,食物价格并不严格依据生产成本,尤其是小农的劳作成本往往没有被包含在食物价格中。[1] 事实上,大规模现代农业企业的优势并不在于生产环节,它无法通过规模经营在种植环节盈利,而是力图在农业的上下游环节通过延长产业链和深加工实现资本增值。[2] 鉴于此,粮食安全保障政策需要兼顾适度规模经营与家庭生产,厘清两者的适用条件,避免“一刀切”地发展规模经营。(4)粮食生产作为经济行为和社会文化行为的相容。如前

---

〔1〕 参见付会洋、叶敬忠:《论小农的存在价值》,载《中国农业大学学报》(社会科学版)2017年第1期。

〔2〕 参见叶敬忠等:《土地流转的迷思与现实》,载《开放时代》2016年第5期。

所述，粮食生产等农业生产行为维持了农民的社会角色，巩固了其社会身份的认同，构成农村文化的重要组成部分，作为经济行为同时发挥社会文化意义的作用。因此，粮食安全保障政策需要把农业生产和乡村文化建设结合起来，使农民在粮食生产中获得身份认同，也通过文化因素激励农民回归粮食生产。

五、基于数字经济理论的信息技术与粮食安全保障法治协同

作为第三次科技革命的经济成果，数字经济，是指“以使用数字化的知识和信息作为关键生产要素、以现代信息网络作为重要载体、以信息通信技术的有效使用作为效率提升和经济结构优化的重要推动力的一系列经济活动”，[1]其在现代农业的应用即为智慧农业：“利用物联网技术、5S技术、云计算技术和大数据等信息化技术实现‘三农’产业的数字化、智能化、低碳化、生态化、集约化，从空间、组织、管理整合现有农业基础设施、通信设备和信息化设施，使农业和谐发展。”[2]《粮食行业信息化“十三五”规划》即提出利用信息化技术保障粮库安全，具体而言，通过给每一批粮食赋予独一无二的可识别、可追溯的电子代码，并配合电子化的粮食出入库记录技术，准确记录每一批粮食的入库时间，安排查验、管理、轮换等工作，并记录出库时间以保证全流程可追溯。

除却技术应用，数字经济还在制度层面与粮食安全保障法治密切相关，亟待在规范内容和立法技术层面予以回应。一方面，在规范内容上，对数字经济的理论研究指出，数字经济“在推动机制上主要由技术与市场双核驱动，其中技术是根本推动力……而市场的反馈则使得数字经济能做大做强”，[3]因此信息技术作为农业科技的一类应纳入《农业技术推广法》的调整范围，通过政府财政支出和市场、社会参与进行研发和推广应用。另一方面，在立

---

〔1〕 参见《G20数字经济发展与合作倡议》。

〔2〕 王海宏等：《我国智慧农业研究的现状、问题与发展趋势》，载《安徽农业科学》2016年第17期。

〔3〕 张辉、石琳：《数字经济：新时代的动力》，载《北京交通大学学报》（社会科学版）2019年第2期。

法技术上,信息技术精细化、个性化的特点促使法律规则在制定和实施上需从类型化向个性化转变,形成个性化法律。[1] 具言之,以前述粮食储备信息化为例,当信息化技术使粮食储备得以精确到每一批粮食并全流程可追溯时,《粮食流通管理条例》《中央储备粮管理条例》等法规对粮食储备制度的规定就不能停留在对储备布局、储备数量、储备主体作粗略的、原则性的、类型化的规定。而应结合信息化技术的应用成果优化、精细化粮食储备计划和经营管理的各个环节,通过记录信息形成储备粮大数据,以粮库为样本分析储备粮动用情况、粮食损耗情况等,进一步分析粮食市场,形成"智慧储备、智慧粮食",保障粮食安全。在粮食安全法治保障的其他制度环节中,这种个性化、精细化的法律规则制定和执行思维也应予以贯彻。

---

〔1〕 参见[德]克里斯托弗·布施:《个性化经济中的算法规制和(不)完美执行》,载《环球法律评论》2019年第6期。个性化法律,是指"大数据带来的超人类的信息处理能力和人工智能可能会重新定义法律规则的最优复杂性和完善化,以达到目前无法实现的细致化程度。在这个场景下,个性化或细致化的法律规则可能会考虑个人的异质性。作为粒度化(细致化)的结果,可以减少由于类型粗糙化导致的过度或缺少规范所造成的监管错误。尤其是,可以考虑到来自行为科学的见解以及有关各个行为者的可获得的数据,以更精确、更细致的方式设计法律类型"。

第三章　粮食安全的生产法治保障

粮食生产是保障粮食安全的基础环节，为了实现粮食安全的目标必须要牢牢抓好粮食生产环节。目前，粮食生产环节中存在粮食供需不平衡、粮食质量提升遭遇“瓶颈”等问题。为了实现粮食生产安全必须对粮食供给安全和粮食质量安全两手都抓。

保障粮食生产安全的基础在于耕地，所以本章首先眷注的重点是土地问题。只有在数量和质量上保障稳定的土地来源，才能防范和化解粮食生产环节面临的风险。完善土地经营权流转制度是解决粮食生产环节的土地问题的关键一环，所以在本章第二节选取“粮食安全目标下的土地经营权流转制度”作为研究的对象。

建设高标准农田是保有量足质优的耕地，落实国家“藏粮于地”的粮食安全新战略的关键举措。中央政府一直高度重视高标准农田建设，随之跟进一系列建设举措，也取得了阶段性成果，但不容置喙的是，高标准农田建设仍存在诸多薄弱环节。所以本章第三节把“粮食安全目标下的高标准农田建设制度”列为单独一节进行重点探究。

粮食质量安全是粮食安全的高层次要求，粮食质量安全直接关系人民群众的日常生活和生命安全。随着我国农业供给侧结构性改革的推进，必然要求加强粮食质量安全管理。特别是我国加入 WTO 之后，农业对外开放程度不断提高，市场竞争更加激烈。而质量安全问题恰恰是农产品市场竞争的关键因素，也是一些国家设置农产品贸易壁垒的主要理由。进言之，保证粮食质量安全,提升粮食生产的质量安全水平就显得尤为重要,因此本章第四节选取"粮食生产环节的质量安全保障制度"作为研究对象。

第一节　我国粮食生产制度概述

一、粮食生产的基本概念与特质

"粮食生产",是指一定时期的一定地区,在一定的经济技术条件下,由各生产要素综合投入所形成的粮食产出。粮食生产作为农业生产的核心,呈现特有的性质。首先,粮食生产对自然界具有密切依存性。这决定了粮食生产的能力不仅取决于技术投入、生产手段、生产资料投入、生产经营等主观能动要素,还取决于土壤、地形、气候、雨量等自然因素。其次,粮食生产的价值生产率低于非农产品。这表现为在同样的资金、科学技术、劳动力等生产要素的投入下,粮食的价值产出要远低于非农产品,所以粮食投资回报率低的特性抑制了粮食生产积极性,农业产业的竞争地位弱化。最后,粮食生产是保障粮食安全的基础环节。新时期为了实现粮食安全的目标对粮食生产数量和质量提出了更高要求。

二、粮食生产的定位与功能

粮食生产是保障粮食安全的基础环节。粮食安全是关系国民经济持续发展和社会安定的重大问题,从法学角度将粮食安全界定为:"粮食生产、流通、储备与消费等活动符合国家相关法律规定,能防范与控制各种粮食风险,使粮食供给与需求处于动态平衡的状态。"根据这个定义推知,粮食安全的外延包括粮食生产的安全、粮食流通的安全、粮食储备的安全、粮食消费的安全等几个部分。粮食生产作为典型的投入产出活动,是否拥有量足质优的粮食直接关系粮食流通环节的市场交易,关系能否发挥储备粮作用及时平抑粮食市场价格波动或应对粮食危机等突发事件,关系能否保障人类对粮食数量和质量的消费需求,关系能否实现免于饥饿和实现自身发展的人权目标。一言以蔽之,为了实现粮食安全的目标,首先要抓好粮食生产这个基础环节。

粮食生产对粮食安全的重要性体现在其功能之中。首先,粮食生产的量足质优是减小粮食危机冲击,增强综合国力的必要保障。粮食生产安全强调国内粮食生产要能基本满足国内需求的主要部分。联合国发布的《2019 年全球粮食危机报告》显示,2018 年全球仍有 53 个国家的大约 1.13 亿人处于重度饥饿状态,粮食需求与供给之间存在巨大缺口,其发生的根源在于粮食生产的数量难以满足人口增长和经济发展的需要。目前,世界贸易保护主义倾向抬头,我国粮食生产必须在足量保质上加快步伐。我国要想在国际社会有充足的话语权,大幅提升我国的国际地位和综合实力,必须确保中国人的饭碗要牢牢地端在自己手中。其次,粮食生产的提质增效是保障粮食供应、平抑粮食市场价格的前提。近年来,我国粮食持续增产,粮食自给率在 95%以上,基本达到供需平衡,但是我国并不是高枕无忧,粮食安全仍然面临较大风险。我国人口持续的增长、经济的快速发展都对粮食生产提出了更高的要求,但自然灾害的频繁发生、耕地量减质降、水资源匮乏、农业劳动力大量退出生产等因素却给粮食安全带来了巨大的隐患。由此观之,粮食生产环节仍存在制约粮食安全的因素,一旦这些危险因素扩大会导致粮食供应量和价格面临巨大的波动。一言以蔽之,我国只有坚持走粮食生产提质增效的道路,推进粮食生产结构性改革,大力优化品种结构,着力提高粮食单产和品质,才能满足社会发展对粮食的需求,平抑粮食市场价格。

此外,粮食生产作为一项社会生产活动也关系农业生产主体的权益。首先,对于农民来说,粮食生产是满足农民自身基本生存需要的必要活动,农民充分利用土地资源实现粮食增产增收是促进自身收入增长的一条重要途径。其次,在推动农业供给侧结构性改革的背景下,我国大力培育发展家庭农场、农民专业合作社、农业社会化服务组织等新型农业经营主体和服务主体,这类主体目前在粮食生产中充分发挥自身经营的规模化、专业化、信息化等优势促进农业生产高质量发展。

在世界范围内分析各国在粮食生产方面的制度,无一例外都高度重视粮食生产在保障国家粮食安全中的作用。因此,要把粮食生产置于保障粮食安全的基础环节的位置,促进粮食生产、流通、储备、消费等各环节的衔接,形成合力,促进粮食产业的高效率发展,共同促成粮食安全水平的提升和粮食安全目标的实现。

三、我国粮食生产发展概况

(一)粮食总产量稳步提升

1949 年我国粮食总产量 11,318 万吨,1957 年达到 19,505 万吨,10 多年间粮食总产量和人均占有量连年增长。之后,从 1958 ~ 1978 年的 20 年间,我国由于受到自然灾害和较大社会动乱的影响,粮食生产出现徘徊甚至减产。[1] 改革开放以后,在粮食播种面积稳中略降的情况下,粮食单产水平显著提高,粮食连年增产,彻底解决了人民温饱问题。2019 年全国粮食总产量创历史最高水平,全国粮食总产量达 66,384 万吨,在稳步提升粮食产能的情况下,今后力争实现粮食生产新突破。

(二)粮食自给率保持在 95% 的基本自给线以上

20 世纪 90 年代中期以来,我国粮食平均自给率达到 100.5%。近年来,尽管粮食连年增产,但由于需求大幅增加,特别是饲料用粮和工业用粮需求增加较快,粮食自给率有所下降,但仍在 95% 的基本自给线以上,基本满足了国内市场需求。[2] 中国作为世界上人口数量最多的国家,粮食需求量大,农业结构不平衡,仅依靠国内粮食生产无法满足国内多样化需求。从我国国情来看,尽管不能大量依靠粮食进口,但适度进口粮食以解决农业结构不平衡带来的某类粮食作物不充足的问题,对提升我国国内粮食安全水平具有重要意义。

(三)粮食生产总体质量安全水平较高

总体来看,我国粮食质量水平逐年提高,整体质量良好。近年来,中国米面油产品抽检总体合格率稳定在 95% 以上。“黑龙江大米”“吉林大米”“齐

---

〔1〕 参见王雅鹏、吴娟、陈娟:《新中国 60 年粮食安全的回顾与展望》,载《湖南社会科学》2009 年第 5 期。

〔2〕 参见《如何看待我国粮食自给率》,载人民网:http://theory.people.com.cn/n/2013/0205/c49369-20436083-2.html,最后访问日期:2020 年 5 月 11 日。

鲁粮油”“天府菜油”“荆楚粮油”等一批产品质量高、竞争力强的区域性粮油品牌快速崛起。时任农业部部长韩长赋在2017年的全国农业工作会议上指出，经过近3年的不懈努力，化肥农药使用量“零增长”目标已提前实现，以后还要负增长，下一步关键要在提高使用效率、减少使用总量上下功夫。但是我国粮食生产中的农药残留超标、重金属超标、优质粮的供需平衡等问题仍制约我国粮食质量安全。

（四）粮食生产区域变动

依南、北部划分区域来看，1990年以前，我国南方的粮食生产强于北方，粮食流通区域结构的特征是“南粮北运”。由于工业化进程的加速，农业产业内部比较效益的变动和区域之间产业发展重点的变化，我国粮食生产的区域格局发生了较大变化，粮食生产的重心由南方转向北方。1990年北方的粮食产量占全国粮食总产量的45%，之后这一比重逐渐上升，到1998年达到49.1%。自1999年开始，全国展开了新一轮的农业结构战略性大调整，建立东部出口创汇农业区、中部粮棉集约农业区、西部高效生态农业区，在调整中各地普遍采取了缩减粮食面积、增加经济作物的做法，特别是在经济发达的沿海地区出现了不少无粮村。目前，北方粮食产量比重不断上升，而南方粮食产量比重逐年下降。[1]

依东、中、西部的划分来看，东部沿海发达地区的粮食生产能力明显下降，中部地区的粮食生产能力基本稳定，西部地区的粮食生产能力稳中有降。东部沿海地区粮食生产能力大幅下降的原因在于城市化和工业化的快速发展导致耕地面积减少、播种面积下降。西部粮食生产受到国家退耕还林、退耕还草等政策的影响，播种面积也在下降。尽管西部粮食生产呈收缩趋势，但是收缩幅度不大，可视为基本稳定。

四、我国粮食生产制度的演进

国家粮食制度对粮食生产有显著影响，粮食生产的发展变化反过来也影

---

〔1〕 参见王雅鹏等：《中国粮食生产、流通与储备协调机制研究——基于粮食安全》，科学出版社2012年版，第47页。

响粮食政策和法律制度的调整。我国粮食生产制度的演进大致历经两个阶段:第一个阶段是中华人民共和国成立后到2004年,该阶段主要是粮食生产制度的酝酿与探索阶段。第二个阶段是2004年至今的粮食生产制度的完善阶段。

(一)1949~2004年:粮食生产制度的酝酿与探索阶段

1955年国家对粮食实行定产、定购、定销。1958~1965年先后4次提高了粮食统购价格。1958年全国平均提高3.1%;1960年全国粮食统购价提高了2.6%;1961年全面调整了粮食统购价格,全国平均提高25.3%;1965年全国粮食统购价提高1.5%。1965年与1957年相比,粮食统购价格平均提高35%。除提高粮食统购价外,在1960~1965年还实行了加价奖励、奖售工业品的办法。1958~1961年3次提高粮食统购价时,销价未动,出现了购销价格倒挂问题。1963年、1965年先后两次调整粮食销价。1966年全面调整粮价,统购价提高17.1%,统销价提高后,对职工实行价格补贴。此后的10年,为稳定物价,对物价的调整十分慎重。除1971年和1978年将大豆购价分别提高9%和23.4%,1972年支持小杂粮生产需要而提高了荞麦、红小豆、绿豆的购价外,对稻谷、小麦等主要粮食统购价格12年未作调整。

1979年国务院根据党的十一届二中全会精神,决定从1979年夏粮上市起,粮食统购价格提高20%,超购加价的幅度由原来按统购价加30%,提高到按新统购价加50%。1979~1984年国家对粮食实施购价提高、销价不动、由国家财政补贴的政策,对调动广大农民生产粮食的积极性起到了促进作用。1985~1992年取消粮食统购,实行比例计价办法,稳步提高粮油购销价格。我国《土地管理法》于1986年6月25日审议通过,对粮食生产所需的土地财产制度和土地资源的合理利用予以规范。

20世纪90年代,国家逐步放开粮食价格和经营,积极探索粮食购销市场化的改革路径。国务院决定在国家宏观调控下积极稳妥地放开粮食价格和经营,实行"保量放价",即保留粮食定购数量,价格随行就市,继续实行和改进粮食定购"三挂钩"政策,取消国家食油收购计划和食油定量供应政策,取消食油指令性调拨计划。同时,建立粮食收购保护价格制度和粮食风险基金制度。一系列的惠农政策防止了粮农收入下滑,保护了粮农利益,粮食产量在此阶段得到了增长。1993 年第八届全国人大常委会第二次会议通过《农业法》,专章规定农业生产经营体制、农业生产、农业投入等,促进粮食生产的持续、稳定。紧接其后,1991 年第七届全国人大常委会第二十次会议通过《水土保持法》,为水土保持依法行政提供了坚实的法律保障,对于预防和治理水土流失,改善农业生产条件和生态环境,发挥了重要作用。1993 年第八届人大常委会第二次会议通过了《农业技术推广法》,该法确立了农业技术推广的分类管理原则,规定"公益性推广与经营性推广分类管理";构建了多元化的农业技术推广体系,规定"农业技术推广,实行国家农业技术推广机构与农业科研单位、有关学校、农民专业合作社、涉农企业、群众性科技组织、农民技术人员等相结合的推广体系"。2000 年第九届全国人大常委会第十六次会议通过《种子法》,后经 2004 年、2013 年、2015 年 3 次修改。该法规范品种选育和种子生产、经营、使用行为,维护品种选育者和种子生产者、经营者、使用者的合法权益,提高种子质量水平,推动种子产业化。2002 年第九届全国人大常委会第二十九次会议通过《农村土地承包法》,赋予农民粮食生产的土地承包权益。

(二)2004 年至今的粮食生产制度的完善阶段

因 1998 年粮食大丰收以往库存粮食积压消化缓慢,1998 ~ 2003 年粮食市场价格连年下降,农民收入减少导致粮农生产积极性下降,这一时期粮食的产量也开始下滑,2003 年粮食产量下滑至十年来最低。在这种情况下,2004 年国家出台了一系列促进粮食生产的新政策,包括直接补贴种粮政策、对种子补贴政策、对购买农机具的补贴政策和对土地等综合直补政策,目的是保障种粮的积极性。2004 年 3 月第十届人大一次会议通过决议:2004 年取消农业特产税,5 年内逐步取消农业税,建立健全高效的基层行政管理体制和覆盖城乡的公共政策体制,实现统筹城乡协调发展。2004 年部分地方取消农业特产税,同年进行减免农业税改革试点,到 2005 年全国全面取消农业税。

2004 年中央一号文件——中共中央、国务院《关于促进农民增加收入若干政策的意见》正式公布,这是时隔 18 年后中共中央再次把农业和农村问题作为中央一号文件下发。配套中央一号文件出台了粮食直补、良种补贴、购置农机补贴等惠农补贴政策,当年中央财政支农资金 1500 亿元,达到了历史最高水平;国家从粮食风险基金中拿出 100 亿元,直接补贴给粮食主产区的种粮农民;中央财政安排数亿元,用于种粮农民的良种补贴。此后中央一号文件多以“三农”为主题,文件中出台多方面并举的政策安排以促进粮食生产能力提升。主要体现在:一是确保稳定发展粮食生产,持续开展粮食稳定增产行动。提出粮食生产要坚持稳定面积、优化结构、主攻单产的总要求,确保丰产丰收。二是实行最严格的耕地保护制度,切实提高耕地质量。三是平衡粮食产销区利益。强化对粮食主产省和主产县的政策倾斜,保障产粮大县重农抓粮得实惠、有发展。四是完善农业发展的基础设施。多举措、大规模推进集中连片、旱涝保收、稳产高产、生态友好的高标准农田建设,同时大规模推进农田水利建设。五是加强农业科研和技术推广。实施粮食丰产科技工程、超级稻新品种选育和示范项目,盐碱地改造科技示范工程,深入推进粮食高产创建和绿色增产模式攻关。实施植物保护建设工程,开展农作物病虫害专业化统防统治。六是加强农业标准化和农产品质量安全工作。加快农业标准修订制定工作,实施农产品质量安全检验检测体系建设规划,强化农业投入品监管等多举措保障农产品质量安全。七是加大对农民的补贴和保护力度。坚持和完善重点粮食品种最低收购价政策,增加一般性转移支付和产粮大县奖励补助等资金。

以上是粮食生产政策层面的规定,2004 年至今有关粮食生产的法律制度,也着眼于影响粮食生产的科技、土地、资本、环境和气候等要素多次进行修改完善,同时出台许多新的法律。囿于篇幅所限,下面拟选取一些有典型性的法律文件进行列举说明。2009 年、2018 年分别对我国《农村土地承包法》进行修改,该法明确保持农村土地承包关系稳定并长久不变,为提高农民种粮的积极性提出“三权分置”,促进农村土地的适度规模经营,为进一步发挥农村土地资源的效率保驾护航。2018 年通过了《土壤污染防治法》,该法在制度上建立和完善了土壤污染防治的责任机制。2019 年对《土地管理法》再次进行了修改,该法坚持保护耕地这一基本原则和重要目标,将永久基本农田保护制度确定下来，明确提出“国家实行永久基本农田保护制度”。2006年通过《农产品质量安全法》，随后2018年全国人大常委会将《农产品质量安全法》（修改）列入一类立法规划，2019年《农产品质量安全法修订草案（征求意见稿）》出台。2006年出台的《农民专业合作社法》在2017年进行修改，意图通过此法促进产业化经营进而扩大粮食生产。我国《农业法》后经2009年、2012年两次修改，在第五章设有国家粮食安全专章，规定国家采取措施保护和提高粮食综合生产能力，稳步提高粮食生产水平，保障粮食安全。对于粮食生产规定了诸多制度：国家建立耕地保护制度，对基本农田依法实行特殊保护；扶持粮食主产区，建设稳定的商品粮生产基地，改善粮食收贮及加工设施；在粮食的市场价格过低时，国务院可以决定对部分粮食品种实行保护价制度等。不宁唯是，我国《农业技术推广法》《农业机械化促进法》的修改，也为促进粮食生产科技发展，提升粮食综合生产能力奠定了基础。

五、粮食安全目标下我国粮食生产面临的困境

尽管我国粮食生产目前呈现欣欣向荣的趋势，在粮食安全保障中起到了积极作用。但是也应该看到目前我国粮食增产提质面临的制约因素，有效化解这些障碍才能破解粮食产生面临的困境。

（一）粮食增产面临的制约因素

1. 土地资源约束粮食生产能力提升

当前，我国耕地保护既面临数量问题，也面临质量问题。从数量上来看，中国耕地资源呈波动性的变化，1979年之前总体上是增加的，20世纪80年代开始持续减少。20世纪90年代国家实施生态退耕，耕地面积大幅减少。除去生态退耕对耕地面积减少的影响外，国家工业化、城镇化对土地需求大幅增加，每年有400万亩左右的耕地转移为非农建设用地。同时受自然灾害的威胁，水土流失、土地沙漠化侵蚀土地导致耕地数量减少，每年都有上亿亩农作物因此减产。

耕地质量决定着粮食作物的单产水平。从质量上来看，由于耕地负载逐年加大，区域性退化问题日益严重。根据国土资源部发布的《2016年全国耕

地质量等别更新评价主要数据成果的公告》,截至2015年年末,全国耕地质量等别调查与评定面积为13,462.40万公顷(20.19亿亩),全国耕地评定为15个等别,1等耕地质量最好、15等最差,全国耕地平均质量等别为9.96等,优等地、高等地、中等地、低等地面积比例分别为2.90%、26.59%、52.72%、17.79%,也就是说,我国的耕地大部分都属于中下等品质。[1]

2. 水资源制约粮食生产能力提升

水资源的数量和质量是决定粮食生产能力的重要条件之一,我国水资源总量丰富,居世界第六位。但是我国人口众多,人均占有量仅有2300立方米,不足世界人均占有水量的1/4,列世界第110位。从水资源分布上来看,水资源南方和北方差异巨大,北方耕地面积大约占全国的60%,而水资源量仅占15%左右。而在耕地占30%左右的南方,集中了80%多的水资源量。由此看来,水资源地区分布不均、地区性匮乏,也是约束粮食生产的因素之一。

水资源的不可持续性仍不可忽视,现阶段我国单位耕地面积的水资源量为世界平均水平的80%,但单位灌溉面积的水资源量仅为世界平均水平的19%。而且由于工业化、城市化加快,工业和城市用水迅速增加,竞争用水的矛盾日益凸显,淡水资源依然是粮食安全的制约因素之一。

3. 劳动力资源不足和生产积极性不高阻滞粮食生产能力提升

农业劳动力是粮食生产的主体,在我国劳动密集型为主要特征的农业生产中,劳动力的数量和质量是决定粮食生产能力的重要条件之一。从劳动力的数量来看,随着我国人口增加,农村劳动力数量呈增长趋势,但是农业劳动力比例却一直在下降。农业劳动力数量的减少,不仅是由于农业机械化水平提高,使粮食生产对劳动力需求量减少,更重要的原因是,粮食生产比较效益低下,且种植粮食机会成本增加,使农村劳动力退出粮食生产去从事收益较高的非农产业。21世纪粮食产量的增加已不再是土地、资本等要素简单叠加的结果,而更多地依赖人力资源的数量以及农业劳动力的知识储备和粮食

[1] 载中国政府网:http://www.gov.cn/xinwen/2017-12/28/content_5251076.html,最后访问日期:2020年5月11日。

生产技能的提升。申言之，为了实现粮食安全，一个重要的支撑点就是在保证人力资源充足的情况下，提高农村人力资源素质。但现实的情况是，文化素质较高、年轻、懂技术的农村劳动力倾向从事非农产业，而留守在家从事粮食生产的多是老年人或妇女等，这严重影响了粮食生产的进一步发展。

4. 粮食生产的地区性不均衡导致粮食数量区域缺口较大

随着粮食主销区非农化、非粮化势头强劲，主产区对国家粮食总量的贡献率越来越高。近年来，主产区粮食产量占全国的比重一直维持在70%左右。2017年主产区粮食产量达到51,816.80万吨，占全国的比重达到78.32%。从粮食增长幅度来看，主产区粮食产量增幅大于全国粮食产量增幅，对国家粮食总量的贡献率越来越大。2018年主产区粮食产量增加幅度比全国粮食产量增加幅度高80.44%。其中，主产区粮食产量增量在全国粮食产量增量中占到80.27%，即我国粮食产量增量中的80.27%是由粮食主产区贡献的。[1] 虽然我国粮食总产量基本能够实现产需平衡，但是由于工业化和城镇化快速发展，我国粮食主产区的粮食生产总体上呈现收缩态势。主销区商品粮的消费需求却明显增加。粮食生产的地区性不均衡导致粮食数量区域缺口已经相当大，地区性粮食数量矛盾日益严重。

（二）粮食生产质量提升面临的制约因素

总体来看，我国粮食质量水平逐年提高，整体质量良好。近年来，中国米面油产品抽检总体合格率稳定在95%以上。[2] 2020年1月14日发布的《党的十八大以来中国食品安全状况的研究报告》显示，主要食用农产品质量安全"稳中向好"，抽检合格率持续在97%以上。但粮食质量问题仍较明显。

1. 粮食中农药残留、重金属超标戕害粮食生产质量安全

不合理使用除草剂、杀菌剂、杀虫剂、植物生长调节剂等或是为了提高粮食产量，或是为了防治病虫害，但是一旦滥用就会造成不同程度的污染，残留于粮食中增加危害人类健康的风险。

---

[1] 参见钟钰、洪菲：《构建粮食主产区发展补偿机制的思考》，载《中州学刊》2019年第6期。

[2] 载中国质量新闻网：http://www.cqn.com.cn/zgzlb/content/2016-06/27/content_3073398.htm，最后访问日期：2020年5月11日。

粮食生产环节的主要污染主要是来自生态环境中的污染物、化肥、农药等，这些污染源往往是通过土壤对粮食质量造成严重影响的。粮食作物的重金属污染主要通过根系从土壤中吸收、富集重金属污染物形成的，有毒重金属难以降解，并在人体内聚集，长期食用会引起慢性中毒或者对生命、健康构成严重威胁。

2. 优质粮的供需平衡问题仍制约我国粮食质量安全

尽管优质粮食产量增长较快，但是优质粮食产量仍然偏低。以大米为例，我国优质大米需求向好，发展速度很快，但生产能力与人们日益增长的需求相比仍不匹配。市场上依然以普通大米为主，优质大米占比偏低。如有机大米产量占比只有约1%，远不能满足人们对优质大米的消费需要。

本章的目标正是构建粮食安全目标下的粮食生产法治保障制度，眷注的重点正是法律制度层面面临的问题并尝试求解，由此，本节先简要从制度层面进行概括性阐述，后面章节分别对应保障粮食生产安全的具体制度进行延展分析。首先，面临的首要问题是缺乏法学理论支撑。目前，国内学界大多从经济学、管理学、农学层面研究粮食生产和粮食安全，对于粮食生产法律关系的实质与类型、粮食生产法律制度的内容与设计、粮食生产安全法律体系的构建与完善、粮食生产安全法律的执法与司法等基础理论问题很少有人去探析。[1] 理论从规律上预见了实践发展的过程和结果，又在具体的实践中进行指导，所以科学理论对实践有巨大指导作用。缺少相关法学理论研究，我国粮食安全生产法律保障制度的完善发展必然受到制约。其次，政策和法律体系不健全。我国粮食法律保障体系的建立步伐缓慢，缺乏一部真正统领全局的粮食安全保障基本法，我国粮食安全生产的法律保障分散于其他农业方面的法律法规中。目前，尽管在我国《农业法》《农村土地承包法》《土壤污染防治法》《土地管理法》《水土保持法》《农业技术推广法》《农产品质量安全法》等法律中对粮食生产均有规定，但相关法律规定过于零散、笼统，缺乏相配套的实施规定。目前在粮食生产的保障中发挥较大作用的是地方性法

〔1〕 参见乔兴旺：《中国粮食安全国内法保障研究》，载《河北法学》2008年第1期。

规、部门规章甚至政策性文件,这种不规范、不健全的法律体系严重制约粮食生产安全的法治保障体系建构。

第二节　粮食安全目标下的土地经营权流转制度

在生产环节保障粮食安全,首要问题是土地问题,只有在数量和质量上保障粮食生产稳定的土地来源,才能防范和化解粮食安全面临的风险。通过土地流转,解决耕地分散细碎化的问题,促进土地规模化经营,是解决粮食生产环节中土地问题的关键一环。但在当前土地经营权流转规模不断扩大,流转速度不断加快的背景下,流转土地非粮化、非农化现象日益突出,给粮食安全带来了新的挑战。土地经营权流转一直是研究的热点,但是现有文献大多着眼于如何发挥土地经营权流转对保障粮食安全的正向作用,对于土地经营权流转威胁粮食安全的风险研究相对较少。因此,本章将粮食安全和土地经营权流转结合起来,全面探究土地经营权流转对粮食安全的正面和负面影响,并提出对规范土地经营权流转的完善建议,从而发挥其在保障粮食安全中的重要作用。

一、土地经营权流转制度概述

(一)土地经营权流转的概念界定

根据所转让的权益的不同,土地流转可以划分为土地所有权流转和土地使用权流转。由于我国土地的所有权属于国家或集体所有,土地禁止买卖,因此根据我国《农村土地承包法》的规定,我国的土地流转主要是指土地经营权流转,即承包方将土地经营权通过出租(转包)、入股等方式依法向他人流转,或是土地经营权受让方依法再流转其享有的土地经营权。

(二)我国土地流转制度演变

中华人民共和国成立以来,我国的土地制度随着时代的发展经历了几次重要的改革和变迁,从土地改革到人民公社体制再到家庭联产承包责任制,逐步建立起保障十几亿人民生活和国民经济发展的土地制度。在土地制度演变过程中,我国的土地流转制度也经历了以下 3 个不同的阶段。

从中华人民共和国成立到1978年实行家庭联产承包责任制之前,国家严禁任何组织和个人以任何形式转让耕地。土地所有权归国家,人民只能耕种耕地,无法将土地出租、交换等。当时的土地制度,限制了土地流转的可能,降低了农民生产的积极性和农业生产的效率,这也是导致当时出现一系列粮食减产、饥荒等问题的原因之一。

改革开放以后,随着家庭联产承包责任制的实施,土地流转政策也逐渐松动,1987年国家在部分地区进行了土地使用权流转的尝试。1988年《宪法修正案》正式确定了土地流转在根本大法中的合法地位,规定"任何组织或者个人不得侵占、买卖、出租或者以其他形式非法转让土地。土地的使用权可以依照法律的规定转让"。1998年修订的我国《土地管理法》呼应了宪法修正案的新规定,在第2条增加了"土地的使用权可以依法转让"的规定。同时在该法第63条进一步明确"农民集体所有的土地的使用权不得出让、转让或者出租用于非农业建设"。20世纪90年代末期,我国《土地管理法》《土地管理法实施条例》对土地有偿转让制度作了进一步完善规定。2002年出台的我国《农村土地承包法》在总则中规定了"国家保护承包方依法、自愿、有偿地进行土地承包经营权流转",并在之后的条文中,进一步区分了家庭承包和其他方式的承包,对二者的流转问题分别进行了规定。

2005年出台的《农村土地承包经营权流转管理办法》对土地承包经营权流转的原则、性质、对象、形式等进行了详细规定。之后,几乎每年出台的中央一号文件都涉及土地流转问题,对土地流转的态度趋于鼓励。2008年中央提出农民要进行土地流转方式多样化的尝试。2013年中央一号文件提出"鼓励和支持承包土地向专业大户、家庭农场、农民合作社流转,发展多种形式的适度规模经营"。2016年10月30日中共中央、国务院发布《关于完善农村土地所有权、承包权、经营权分置办法的意见》,提出了确保所有权、稳定承包权、搞活经营权的原则,科学界定"三权"内涵、权利边界和相互关系,保障土地流转顺畅。2017年中央一号文件中共中央、国务院《关于深入推进农业供给侧结构性改革,加快培育农业农村发展新动能的若干意见》中明确提出在土地流转中,支持以经营权的流转、股份制的合作、代耕和代种以及土地的托管等多种方式并存,加快适度地发展多种形式的规模经营。2018 年我国修正后的《农村土地承包法》在立法层面首次明确了土地经营权的概念,并清晰地表达了农村土地经营权人既可以自己经营,也可以将其承包地的土地经营权流转给他人经营的制度设计理念。该法对流转土地经营权的方式、土地经营权的登记、土地经营权的融资担保等都作了明确规定。2019 年农业农村部对《农村土地承包经营权流转管理办法》进行了修订,形成了《农村土地经营权流转管理办法(修订草案征求意见稿)》向社会公开征求意见。从我国土地流转制度演变可以看出,国家越来越重视土地流转,发挥法律法规和政策对土地流转制度的推动作用,实现农业生产的现代化、集约化、规模化,为粮食安全保驾护航。

(三)我国土地经营权流转的特点

我国国家层面出台土地流转的法律法规和政策,各地也积极制定配套措施,土地经营权流转发展的步伐不断加快,呈现以下特点。

1. 流转规模逐步扩大

20 世纪 80 年代,尽管我国沿海地区部分城市尝试进行土地流转,但并未在全国放开,土地流转的比例很低。在 1992 年我国市场经济体制确立初期,当时全国仅 473 万户农户进行了土地流转,流转面积为 77.4 万公顷,占农户承包地总面积的 2.9%。随着我国对农村经济发展的不断探索,土地流转的规模也逐年扩大。根据农业部 2003 年的调查,当年农村土地流转面积达到 360 万公顷,较 10 年前的流转情况已有长远发展。从 2008 年国家制定新的土地流转政策后,土地流转规模又有了新的发展。2008 年年底全国已有将近 9% 的农户承包的耕地进行了流转,比 2007 年增长了 69.5%。伴随"三权分置"改革的进行和乡村振兴战略实施,土地流转的规模呈现逐步增长的态势,2012 年上升至 21.5%,比 2007 年上升 16 个百分点,2016 年达到35.1%,2006~2017 年土地流转面积占全国农村土地种植面积增加近 30 个百分点。[1]

---

[1] 参见公茂刚、王学真、李彩月:《"三权分置"改革背景下我国农村土地流转现状及其影响因素研究》,载《宁夏社会科学》2019 年第 1 期。

2. 方式的多样化

随着土地经营权流转的速度加快、规模不断扩大，土地经营权流转的方式在实践中也日趋丰富，并在法律上得到了确认。从开始的只有出租、转包的流转形式发展到转包、出租、入股等多种形式。目前，土地经营权流转仍然以出租为主，转让方享有固定的土地收益，促进劳动力转移，增加了农民的非农收入，但出租时间受承包期限的限制。入股方式借鉴了企业的管理经验，创新了土地流转方式，延长了土地的收益链，但具有较大的风险性，受经济基础限制。土地信托是我国土地流转中的一种新模式，目前尚未得到法律支持，仍在实践中摸索前进。在实践中探索形成的比较经典的流转模式有：以重庆江津模式、新疆沙湾模式为代表的农村土地互换；以安徽小岗模式为代表的农村土地出租；以广东南海模式和山东枣庄模式为代表的农村土地股份合作；以上海奉贤模式为代表的农村土地入股；以浙江温州模式、重庆忠县模式为代表的农村土地转包等。[1]

3. 对象多元化

随着城镇化进程加快，农民种粮积极性不高而选择从事非农产业，这样参与土地经营权流转的农户越来越多，所以农民与农民之间发生的土地流转十分常见。随着国家"三农政策"的推进，农村的生产条件和基础设施有了极大改善，呈现良好的发展局面，吸引了更多工商企业来农村进行投资。农民专业合作社、家庭农场、专业大户和农业企业等新型农业经营主体对土地的需求与农民流转的意愿较好地契合，新型农业经营主体参与土地经营权流转所占的比重逐步提高，成为促进土地规模化经营的有力推手。

二、土地经营权流转对粮食安全的促进理路

（一）土地流转促进土地规模经营

土地流转为新型农业经营主体对土地经营权的需求提供了有效供给，促

---

〔1〕 参见王韶华、王平：《关于"企业 + 支部 + 农户 + 基地"土地流转模式的思考与研究》，载《北京农业》2015 年第 9 期。

进专业种粮大户、家庭农场、农民专业合作社等一大批新型种粮主体的出现。新型种粮主体与传统一家一户耕种经营相比,具有更加丰富的耕种管理经验、先进的科技投入和雄厚的资金支持。如果不能流转土地或者以农民合作的形式实现规模化种植,那么所谓的新型经营方式将难以真正运行起来。可以说,规模化耕种是新型农业经营方式存在的前提和优势所在。比如,对于家庭农场和专业大户来说,其盈利情况往往是以量取胜。换言之,专业大户和家庭农场虽然多数种植普通粮食作物,每亩盈利水平有限,但其所经营的农地规模较大,使专业大户和家庭农场仍能获得较满意的总收入。[1] 通过土地流转,这些新型种粮主体实现了规模化耕种带来的经济效益的提升,调动了粮食生产的积极性,既能保证粮食耕种面积不会减少,又能维持土地的生产能力,有助于实现我国的粮食安全。土地通过规模化经营,采用规模化、现代化、市场化、合作化的生产经营方式,使粮食增产、质量提高,能够提高土地的使用效率和产出效率。不仅提高了种粮主体的积极性,同时带来了粮食生产效率提高、经济效益增加,为粮食安全增添助益。

1. 规模经营带来生产效率提高

农业生产效率包括两方面:一是生产要素效率,二是生产技术效率。生产要素效率即由劳动力投入、肥料、农药、农业机械等投入量变化而产生的效率;生产技术效率则是指由技术条件变化而产生的效率,在生产要素投入数量和质量不变情况下,农田基础设施改善、优良品种应用等都会提高农业生产效率。[2] 在传统一家一户经营模式下,由于农户经济实力有限,没有投入大量资金增加各种生产要素、改善种植条件的实力,使得耕地规模生产的价值无法发挥,这种生产方式严重制约了农业生产效率的提高。

土地流转后规模化经营提高了生产要素效率。新型农业经营主体加入粮食种植生产中极大改变了上述传统经营的弊端,他们具有更加丰富的农业

---

〔1〕 参见张海鹏、曲婷婷:《农地经营权流转与新型农业经营主体发展》,载《南京农业大学学报》(社会科学版)2014 年第 5 期。

〔2〕 参见郭思源、张敏、吴国春:《黑龙江垦区农业生产效率及其影响因素研究》,载《东北农业学报》2019 年第 12 期。

种植的可靠信息来源和经验，对天气变化和自然灾害发生能够及早、准确作出应对方案，提高了粮食种植应对突发事件的能力。同时，由于新型农业经营主体拥有更多的高素质、经验丰富的管理人才和种植人员，他们更有能力管理耕地，使在同样的条件下能够耕种更多的土地，大幅提高粮食产出。土地流转极大改变了耕地细碎化、破碎化的状态，使耕地更加平整化、连片化，这样就为农用机械的使用提供了便利，避免了农用机械因地块分散而浪费大量汽油、柴油等能源的现象。粮食生产规模化不仅方便对耕地进行测土配方，同时有利于实现精准施肥，不会因农药、化肥不合理使用而影响粮食生产。

土地流转后规模化经营提高生产技术效率。耕地连片经营后，种粮主体方便进行农田基础设施的安置和装配，安装更高效的灌溉、防洪、抗旱设施。同时新型种粮主体具有雄厚的资金支持，有能力选用优良品种进行耕种，在同样的土壤环境中能够产出更多数量、更高质量的粮食，实现土地流转规模化对生产技术效率提升带来的效益。

2. 规模经营提升种粮经济效益

由于种植粮食的机会成本较大，所以很多农民种植粮食的积极性不高，在土地经营权流转加快的背景下，农民参与粮食种植的渠道增多，利用多种土地流转的形式获得更多的收入。比如，参加土地股份合作社的农户除能获得流转后土地入股带来的分红收入外，还可以作为雇员参加到合作社的粮食生产环节中来，这样一块耕地获得至少两份收入。

同样，土地规模经营通过平整土地、优化基础设施等方式，在同样大小的地块上获得更多的耕种面积，优化了土地资源的配置，增加了粮食播种的面积，提高了种植主体的经济收入。同样，由于种植主体选用了优质的种子、化肥原料，合理施加农药，保障产出的粮食质量更好、数量更多，种植主体能够以更优的价格卖出数量可观的粮食。

土地规模化经营中配置的农用机械和农用灌溉、排水、抗旱等设施，安置主体不仅只是自己使用，在自己无须使用设备时，他们可以将农用机械等设施出租，获取额外的收益。租用方也解决了因自身经济实力有限等原因而无法利用先进农业技术的问题，通过临时租用，避免了投入大量成本而无法收回或收回较慢的弊端。

（二）土地流转使弃耕土地得以利用

农业生产者既是粮食生产的主体，也是粮食生产的人力投入要素。我国目前农业生产仍是劳动密集型模式，尽管在我国总人口增长的背景下农村劳动力数量呈增长趋势，但是由于从事粮食生产的比较效益低下、机会成本增加导致大量农民退出农业生产从事第二、三产业。在城镇化背景下，城市对高素质劳动力的大量吸引，使农业劳动力老龄化、女性化和低龄化，这些人群自身生产劳动能力较弱，无法从事大量农业劳动。如此一来，农村劳动力的匮乏导致弃田抛荒现象较常见。土地撂荒后带来的直接后果是粮食种植面积的减少，而且长期不耕种土地会导致耕地质量下降，以后很难恢复土地的生产能力，因而就会导致粮食单产的降低。

通过土地流转，使撂荒的土地可以转入到有土地使用需求的一方，优化土地资源的合理利用，保障我国的粮食安全。转出土地的一方，不仅能够获得土地流转费用，而且能够节约维护耕地的精力去从事其他工作。接受土地的一方无论是采用合作经营还是企业化经营，无一例外都需要大规模、连片的土地进行统一耕种，以实现农业种植的规模效应。

（三）土地流转提升粮食质量与生态安全

土地流转后进行规模化耕种，有利于推行现代化、精细化、科学化的种植方式，实现科学种田，可以发挥土地流转对提升粮食质量与生态安全的作用。首先，种子的选择是从源头上提升粮食质量的手段，新型种粮主体有资金实力和可靠的信息来源去选择品质优等的种子去种植。其次，化肥、农药、耕种技术等的利用也会影响粮食质量，新型种粮主体会利用自身的优势邀请农业专家和农业科研公司来指导测土配方，调整化肥农药使用量，尽可能做到无污染生产。同时，他们会选择先进的灌溉、耕作技术去保证土地的涵养能力，保护粮食生产的生态环境。最后，在粮食收割后，规模种植在带来更多粮食产量的同时，也会产生大量秸秆等废弃物。在小农户经营中，农民往往选择自行焚烧处理，新型种粮主体面对大量的废物会选择循环利用这些废弃资源,加工成饲料供牲口食用,或者运往专门企业进行无害化处理。一言以蔽之,土地规模化经营充分发挥集约化、产业化、现代化的优势,以实现粮食质量安全与粮食生态安全。

三、土地经营权流转对粮食安全的负面影响

(一)土地非粮化生产滞碍粮食量足质优

粮食种植的机会成本非常大,有限的土地资源有多种获得收益的机会,如果选择种植粮食,就要放弃从事种植蔬菜、药材、花卉、养殖或是观光旅游等收益更高的生产活动。作为一个理性的经济人,农户往往都会倾向选择经济收益高、付出成本少的农业产业。以种植小麦为例,虽然各地实际情况不同,但综合种子费用、整地费用、化肥费用、农药费用、浇水费用、收获费用等,一亩地从种到收的成本在600元左右,至于一亩地的收益按照小麦1.1元左右的价格算,一亩地产量800~1000斤,收益在880~1100元,除去成本,一亩地利润大概在280~510元。[1] 如果选择种植蔬菜、花卉等经济作物,每亩地的收益高达上千元,甚至上万元。土地流转的接受方为了能够取得土地的经营权已经付出了流转费用,增加了生产成本,在利益的驱动下他们往往会具有改变土地的本来用途进行非粮化生产的动机。

土地非粮化生产不仅导致粮食种植面积大幅减少,而且也严重影响了粮食质量。在所需的化肥、农药的使用量和种类方面,粮食作物和非农作物对此的需求是不同的。种植非农作物的土地往往与种植粮食的土地相连,农药化肥通过浇水灌溉会流入附近种植粮食作物的土地中,被粮食吸收,直接威胁粮食质量安全。同时,种植某些经济作物需要比粮食作物更多的灌溉水资源。江河湖水污染严重,污水处理技术差,许多污水不经处理或者经简单处理就直接用于灌溉,直接污染了土壤,威胁了粮食质量安全。

---

〔1〕 载搜狐网:http://www.sohu.com/a/255981094_354859,最后访问日期:2020年2月12日。

（二）土地非农化引致耕地数量锐减

土地经营权流转后，还出现了擅自改变耕地的农业用途，将农业用地转变为建设用地的问题。随着工业化和城镇化的进程加快，土地资源的需求与供给之间矛盾日益突出，助推了土地流转中耕地非农化的现象出现。地方政府为了扩大招商引资，进而促进本地经济发展、增加财政收入，往往疏于对土地流转后的土地利用监督甚至是“大开绿灯”，也在某种程度上对农地非农化起到了推波助澜的作用，导致耕地面积锐减。

土地在进行非农化建设中，往往将松散的土地进行压实、平整，并添加碎石、沙粒等其他物质。这样的处理会使耕地硬化、土壤质量恶化、改变土地结构，以后难以再恢复粮食种植。

（三）土地流转加重了种粮的成本

土地流转市场没有放开之前，往往是集体内部小农户之间自发进行土地流转，往往通过口头承诺或是签订一份简单的纸质合同，还有很多人因不便种植害怕土地荒废而无偿委托他人耕种，这样的流转并不会为土地流转受让方增加过多的粮食种植成本。

随着土地流转市场的健全，土地流转的相关费用也随之增加。流转土地受让方除要支付一笔土地流转费外，在市场化的交易条件下还要承担一定的交易费用。科斯在《企业的性质》一书中首次提出交易费用思想并加以运用，他将其看成是谈判、签约等的相对成本，随后在他发表的《社会成本问题》一文中进一步将这一思想具体化：达成一项交易，首先要寻找交易对象；其次告诉对方自己的意愿和条件，然后双方针对各自的要求进行谈判；最后达成协议。为使协议顺利进行，协议达成之后需要进行必要的监督。根据科斯的研究，交易费用一般包括 3 个方面：信息搜索费用、讨价还价和决策费用、监督和执行费用。（1）在信息搜索费用花费方面：流转土地受让方在寻找有土地流出意愿的主体的过程中，不可避免地要花去搜寻信息所花费的时间、登广告所做的费用支出、寻找到潜在用户时去拜访或者联系时的通信费用、通过中介时需要交纳的中介费等。（2）对于讨价还价和决策费用：由于土地流转交易双方信息不对称，这样就会在谈判过程中产生雇佣专业人士、建立相关组织等费用。(3)在监督和执行费用方面：土地流转后可能会出现一些纠纷，为了有效解决纠纷，往往还要承担一笔进行调解、仲裁的费用。由于土地流转给种植粮食主体增加了种植总成本，在粮食经营效益本来就低于其他产业的背景下，粮食安全的危机凸显。

四、保障粮食安全的土地流转机制构建

如前所述，对于粮食生产安全来说，一方面，土地经营权流转有利于实现规模化经营，进而裨益于解决弃耕导致的耕地数量减少，提升粮食质量与生态安全；另一方面，土地经营权流转也增加了“非粮化”和“非农化”风险，加重了粮食生产成本。如何兴利除弊，更好地发挥土地经营权流转对粮食安全的保障作用是保障粮食生产安全的当务之急。本节基于前述研究，针对目前土地流转中存在的问题提出如下完善土地流转制度的建议。

(一)强化农村集体经济组织主体建设

大规模的土地流转主要由农村集体经济组织出面将土地流转给新型种粮主体，但在实践中存在农村集体经济组织职责定位错误的现状，农村集体经济组织以谋求私利的动机进入土地流转市场，严重影响粮食安全等社会公共利益目标的实现。为此强化农村集体经济组织主体建设是保障土地流转有序进行的重要途径。

一是要协调农村集体经济组织与村民委员会的关系。村民委员会与农村集体经济组织的性质是不同的。村民委员会是村民自我管理、自我教育、自我服务的基层群众性自治组织，主要从事本集体的公益事务，或者受政府委托从事一些管理性事务。虽然我国《民法典》总则编规定，基层群众性自治组织也是特别法人，但是村民委员会并不是纯粹的民事主体。而农村集体经济组织是代表村集体从事各种经营活动的组织，其原则上不承担本集体的公益性事务。因此，二者的分工和职能都是不同的。但是在我国经济欠发达地区，特别是中西部农村，由于集体经济不发达，没有成立单独的农村集体经济组织，根据我国《民法典》物权编、《村民委员会组织法》等法律，在这种情况下可以由村民委员会代行农村集体经济组织的职能，这就形成了“一套人

马、两块牌子”的“村社合一”的现象。在一定程度上村社合一管理成本相对较小,办事效率也比较高。但是也易导致二者职责不明、关系不清,在土地经营权流转中出现了少数村民委员会干部滥用“公”权力与民争利,克扣拦截农民的土地流转收益,或是与土地经营权人合谋,对不愿流转的农户威逼利诱加速土地流转侵害其权益。从长远来看,不利于发挥土地流转机制对粮食安全的保障作用。因此,要协调农村集体经济组织与村民委员会的关系,建议从法律上对村民委员会和农村集体经济组织之间的关系作出更明确的规定,突出村民委员会的公共服务功能,剥离其在农村集体资产管理方面的功能,能够更好地发挥其在土地经营权中的服务作用。

二是要协调农村集体经济组织和农村基层党组织之间的关系。笔者认为,农村集体经济组织属于村级组织的一种,农村党委和农村集体经济组织是领导与被领导的关系。问题的重点是,农村党委如何对农村集体经济组织进行领导。首先,这种领导不应该是决策性的直接领导,而主要是进行思想路线方针政策的领导,是一种党对集体经济组织建设的方向性领导。其次,由于政治是为经济发展提供保障的,因此基层党组织也应当为农村集体经济组织发挥保障作用,这也是党组织政治功能与服务功能统一的体现。具体而言,推进由村党组织书记通过法定程序担任农村集体经济组织负责人,对于决定农村土地经营权流转等事关集体成员重大利益的重要事项,村党组织应当发挥领导作用进行方向的指明,并对土地流转的具体工作开展进行必要监督。

(二)健全土地流转市场

健全土地流转市场,降低流转中信息不对称程度,是保障土地经营权流转顺利开展的一条重要出路。在市场经济条件下,市场是资源配置的基础方式,规划是弥补市场失灵的有效手段,二者从本质上来说是土地资源配置的两种方式。[1] 由此,在推进土地经营权流转的进程中,要充分发挥政府与市

---

〔1〕 参见陈茵茵:《土地资源配置中政府干预与市场机制研究》,载《中国土地科学》2008 年第 3 期。

场的各自优势。政府要健全现有的土地经营权流转市场,建立土地流转信息服务平台,定期公开发布土地经营权供求信息,为供需双方提供交易场所和设施,为粮食安全目标的实现提供优质的土地流转服务。同时,政府还要多方发力,分别从财政、信贷、纠纷解决、农村社保等方面出台配套政策,为相关主体进行土地流转营造稳定、公平、透明、可预期的良好环境。除发挥政府主导作用外,还要积极吸纳涉农社会组织参与到土地流转市场建设中来,利用社会组织自身的优势提供相应的土地流转服务,例如,该类涉农组织可以为土地流转供给与需求双方提供更多的信息,为流转方提供融资贷款等资金支持,方便他们进行土地流转。

(三)加强政府监管职能

完善政府对土地流转的监管机制也是规范土地流转市场的内在要求。当前土地流转中不规范现象凸显,严重威胁我国粮食生产的安全。为此要建立健全政府对土地流转的全程覆盖监管机制,实现事前、事中、事后监管无缝对接,不留死角。(1)事前监管旨在预防土地流转过程中不公开、不透明等问题导致的侵犯农民合法土地权益的行为。(2)事中监管旨在杜绝交易中的违规操作,发现不法行为及时予以制止、矫正,确保农民的土地流转的权益,尊重农民土地流转主体地位,不得强迫农民进行土地流转,防止出现乱占耕地现象。(3)事后监管目的在于避免改变耕地用途出现的非农化、非粮化的问题,保证实现流转后的土地用于粮食生产的初衷,确保"良田必须种粮",严格控制非粮化的比例。

只有政府与市场相互配合、相互促进,才能确保土地流转秩序的良好与交易环境的安全,才能平衡土地所有权人、土地承包经营权人、土地经营权人的利益,解决滞碍粮食安全目标实现的突出问题。

第三节　粮食安全目标下的高标准农田建设制度

保障粮食安全的基础在于耕地,建设高标准农田是保有量足质优耕地,落实国家"藏粮于地"的粮食安全新战略的关键举措。2008 年《政府工作报告》首次提出要"建设一批高标准农田"之后,2009 ~ 2019 年每年的中央一号文件都明确提出对高标准农田建设的要求和规划,2019年中央一号文件指出“到2020年确保建成8亿亩高标准农田”,2020年中央一号文件再次提及高标准农田建设的要求和规划。国家对高标准农田建设予以高度重视,把其上升为国家层面的战略部署进行安排推进。

一、高标准农田建设对保障粮食安全的促进机理

高标准农田作为一项对土地、土壤、沟渠、基础设施进行改造和配套的工程,以期建成土地平整、土壤肥沃、集中连片、设施完善、生态良好、抗灾能力强的农田,持续提高耕地生产能力,保障粮食高产稳产。高标准农田建设对保障粮食安全的促进机理主要体现在以下几个方面。

(一)高标准农田建设确保粮食供给的数量和质量

20世纪90年代生态退耕拉开了序幕,耕地面积数量大幅减少,加之工业化和城镇化的进程加快,每年还有大量耕地转为非农建设用地,同时受水土流失、荒漠化等自然灾害的威胁,每年耕地消失的数量远远大于新增耕地的数量。耕地质量决定粮食作物的单产水平,我国耕地质量总体下降,全国仍有2/3的中低产田。高标准农田建设通过平整土地、完善耕地基础设施、水土保持等综合整治工作,解决农田分裂细碎问题和农田质量不佳问题,不仅增加了耕地面积而且提高了耕地质量,改善了粮食生产的条件和环境。由此观之,增加粮食供给数量和提高粮食生产质量的重要前提就是建设一批高标准农田。

(二)高标准农田建设助推国内粮食市场的稳定供应

粮食安全是关涉人民生活质量、社会安定、国民经济的持续发展的重大课题,对于拥有14亿多人口的中国来说,国内粮食市场的稳定、持续供应才能减少我国对国际市场进口粮食的依赖程度。粮食安全主要强调粮食数量上的安全供给以及供需保障上的安全,它是一种社会分配关系的体现,正如印度学者阿玛蒂亚·森在《贫困与饥饿》一书中指出的那样,饥荒是指一些

人未能得到足够多的食物,而非现实世界不存在足够多的食物。[1] 我国目前粮食供需存在结构性短缺,又存在国际贸易摩擦等诸多不确定因素,粮食安全问题必须得到高度警惕。作为一个负责任的大国,我国不能把粮食安全完全依附于国际粮食贸易之上,而要努力提高国内粮食生产能力。提高粮食生产能力需要持续推进农业供给侧结构性改革,构建更高层次的粮食安全保障体系,此举的前提是稳定粮食种植面积。因此,优化耕地资源的利用,建设一批高标准农田是确保我国国内粮食市场供应稳定的关键之举。

二、高标准农田制度建设面临障碍之审视

目前,国家对高标准农田建设予以高度重视,把高标准农田建设上升为国家层面的战略部署进行安排推进。但我国高标准农田建设刚刚起步,在农业产业化和规模化经营背景下,面临政府与市场、中央与地方政府的高标准农田建设权责如何配置;土地所有权人、土地承包经营权人、土地经营权人利益如何协调;粮食主产区与主销区利益如何平衡;高标准农田建设全过程监督机制如何完备等诸多问题。当下正值高标准农田建设关键时期,因而亟待着眼制度层面对此进行系统梳理和研究。

(一)高标准农田建设中相关主体的权责配置不清

着眼于粮食安全,高标准农田建设中涉及多方主体参与,不是政府与市场的二元对立,也不是中央政府和地方政府的推诿,而是涉及公私权责分配谱系如何重塑。所谓“权”,是指法律赋予有关主体一定的职权和权利(力);所谓“责”,是指法律要求有关主体必须履行的义务,以及不履行或不适当履行义务的法律后果,包括具体法律关系中的义务和社会化的责任。[2] “权利、义务和责任共同成为立法关怀,从而形成了‘权利—义务—责任’的立法模式。”[3]“对于一个时代的法律风格而言,重要的莫过于对人的看法,它决

〔1〕 参见[印]阿玛蒂亚·森:《贫困与饥荒》,中国农业出版社2004年版,第30页。
〔2〕 参见李曙光:《经济法学》,中国政法大学出版社2018年版,第54页。
〔3〕 张文显:《法哲学基本范畴研究》(修订版),中国政法大学出版社2001年版,第187页。

定着法律的方向。”[1]所以，要解读法律关系的结构，进行权责配置，必须要从主体入手。高标准农田建设主体既包括中央政府和地方各级政府等公权力主体，也有参与建设、运营、管护的市场主体和村集体、农户等。高标准农田建设中的相关主体角色定位不同，法律关系错综复杂，各方在利益的博弈下支配自己的行为。目前，法律制度未能对政府主体与市场主体、中央政府与地方政府之间进行有效权责配置，尤为严重滞碍了高标准农田建设的质量和效率。

1. 政府主体与市场主体权责配置失衡

检视目前高标准农田建设实践中的政府和市场主体权责分配谱系。首先，对目前政府供给高标准农田建设的效果进行审视，政府利用的是公共资金和资源向社会投放高标准农田这一公共产品。由于欠缺有效的激励约束机制，对高标准农田建设的资金投入和效果产出严重偏离，造成公共资源的浪费，难以实现粮食安全的社会公共利益。由此高标准农田建设中出现了政府干预没有达到预期目标，或虽然达到预期目标但是效率却非常低下、成本高昂的窘境。其次，依靠市场机制和投资者参与是应对财政收入中低速增长新常态和提升高标准农田供给效率的创新机制。但由于农业和粮食生产的弱质性，市场主体拘囿于高标准农田建设的收益回报和投资风险考虑，导致进入该领域进行投资和开发建设的动力不足。最后，如果更多依靠和引入市场资本和市场主体进行高标准农田建设，又不可避免陷入私人资本的逐利性与公共产品的公共性之间矛盾难以调和的窘境，极易衍生私人垄断、选择性供给等市场失灵。此时，政府不是践行对高标准农田供给的国家适当性干预，而是放权弃责的做法。在政府经济合同不完善的情况下，高标准农田建设的市场主体大多眷注成本和效率，只对其最佳营利机会感兴趣而较少关注高标准农田供给的质量。如果政府在该领域完全放权弃责，只会诱致政府责任的懈怠推诿风险，进而对本处于底层弱势地位的农民造成伤害，难以实现

---

〔1〕［德］古斯塔夫·拉德布鲁赫：《法律上的人》，载［德］古斯塔夫·拉德布鲁赫：《法律智慧警句集》，舒国滢译，中国法制出版社2001年版，第141页。

秩序、正义、自由、效率等价值目标。一言以蔽之，如何在高标准农田建设中构建政府和市场主体互惠共赢格局——政府节省财政资金和精力的同时，市场主体也兼得社会美誉和经济效益，成为高标准农田保障机制中政府和市场主体权责分配的逻辑起点。

2. 中央政府和地方政府的权责配置失当

影响我国高标准农田建设的另一内源性障碍在于，没有厘清中央政府和地方政府的权责。中央政府在建设高标准农田中主要眷注于编制建设规划、进行资金拨付等宏观协调的职责，而地方政府则是具体规划的落实者。但在央地政府权责纠葛下，地方政府对中央政府有关高标准农田的建设任务和法律、政策的执行存在偏差。

首先，以财政层面为切入点研判目前高标准农田建设中的央地政府间权责关系面临的困局。对于高标准农田建设这样一个高度依赖公共资金投入的事务，财政在其中发挥举足轻重的作用。正如丹尼尔所言："每个社会问题，实际上还是每个经济问题，说到底都是财政问题。"[1] 目前，由中央和省级人民政府共同提供资金支持以保障辖区内高标准农田建设，但中央分配给省级人民政府的财权和财力与高标准农田建设的事权和支出责任并不匹配，引致地方政府在具体落实建设任务时的对抗。地方政府考虑短期内经济发展成效，对高标准农田及其配套设施建设的招商引资重视和实施力度不够，而更多引进能快速刺激当地经济发展的投资项目并提供各种财税优惠和政策福利。更有甚者，有些地方政府直接违背中央意志不足额下发高标准农田建设的配套资金，将资金挪作他用。其次，从法律和政策的可实施性层面来看，地方政府进行高标准农田建设更多依据的是，中央政府及有关部委的具体法律法规和政策。然而高标准农田建设涉及部门多，发展改革委员会、财政部、自然资源部、农业农村部、水利部、林业局、国家农业综合开发办、统计局等部门多头管理，各自分头实施项目、进行法规和政策制定。由于中央政

[1] [美]贝尔·丹尼尔：《资本主义文化矛盾》，赵一凡、蒲隆、任晓晋译，生活·读书·新知三联书店1989年版，第287页。

府部门之间缺乏有效沟通和明确分工，高标准农田政策体系缺少协调性、统一性，造成地方政府在执行政策时拿捏不准。申言之，着眼于粮食安全目标的实现，当务之急就是优化配置中央政府和地方政府在高标准农田建设中的权责结构，否则就无法形成以政府为主导的建设力量。

（二）土地经营权流转中相关主体利益冲突屡见不鲜

以实现粮食安全为目标的高标准农田建设系统性工程需要平整土地、修建改良土地的配套设施并实现对农田的集中管护。这些建设内容都对土地经营权流转提出了客观要求。通过农村土地经营权的健康稳定流转，不仅能够实现土地归集利用，而且能够促进与土地资源相关的农村人力资源、农业技术、农业金融等相关要素优化配置，为高标准农田建设提供有利条件，实现粮食生产集约化和规模化。[1] 进言之，土地经营权流转是高标准基本农田建设的内在需求。近年来，“三权分置”政策的稳步推行，稳定了农民的土地承包经营权，提高了农村土地经营权流转的频率，但是流转中土地所有权人、土地承包经营权人和土地经营权人之间的利益冲突仍成为构建土地经营权流转与高标准农田建设契合机制的滞碍。

农村土地所有权归农村集体经济组织，承包经营权归农民，流转后承包权仍归农民而经营权享有者是作为流入方的农民或是新型农业经营主体，因而直接的相关利益主体主要是农村集体经济组织、农民和新型农业经营主体，各个主体追求自身利益最大化成为利益冲突的根源。（1）土地承包经营权人和土地经营权人之间的利益冲突：一是土地的供给与需求的矛盾。个别“钉子户”为了获取更高土地流转价格阻碍转让而导致无法进行高标准农田整体作业，因而土地经营权需求方就要付出更高的与农户洽谈的交易成本。二是土地需求方尤其是新型农业经营主体利用自身经济实力、信息优势、组织优势压低流转价格以获取质优的高标准农田，造成对农民权益的侵害。三是工商资本进入土地流转市场后，新型农田经营主体可能会实施对高标准农

---

〔1〕 参见谢文宝、刘国勇：《新疆农村土地承包经营权流转的驱动力研究——基于14个地州（市）的分析》，载《新疆农业科学》2015年第11期。

田及其设施破坏的行为,甚至改变农田用途,在目前工商资本的监管和风险防范并不到位的情况下会对今后农民土地的产出能力造成严重破坏。(2)土地所有权人和土地承包经营权人之间的冲突:一是土地所有权人的代表——村民委员会滥用"公"权力与民争利,克扣拦截农民的高标准农田流转收益,严重侵害农民的利益。二是村民委员会与土地经营权人合谋,对农户威逼利诱加速土地流转往往侵害农民权益。不置可否,每个利益主体在追求个人私利的动机下,能够极大释放个人的潜能和创造力,激活社会活力的细胞,但是这些主体仅看到个人却忽视了社会整体和社会公共利益的存在。如果高标准农田建设所需的土地流转中相关主体实施这些引致利益冲突的行为,只会严重损害农民的权益、农业生态环境甚至农村社会的稳定。

对上述相关主体利益冲突进行调和的肯綮在于,要明晰引致利益冲突的根源。一是农村集体经济组织职责定位错位,其以谋求私利的动机进入土地流转市场,违背履行公共职责的义务。在实践中农村集体经济组织与村民委员会职权划分不清往往导致少数村民委员会干部控制集体资产。在我国的经济欠发达地区,特别是中西部农村,没有成立单独的农村集体经济组织,根据我国《民法典》物权编、《村民委员会组织法》等法律,在这种情况下可以由村民委员会代行农村集体经济组织的职能,这就形成了"一套人马、两块牌子"的"村社合一"的现象。在一定程度上"村社合一"管理成本相对较小,办事效率也比较高,但是也易导致农村集体经济组织与村民委员会两者的职责不明、关系不清。二是土地流转市场不健全,交易双方信息不对称增加了信息搜索、讨价还价、决策、监督和执行的成本,易误导农地资源配置的方向。三是土地经营权流转的监管和风险防范机制缺失。目前,对土地经营权流转进行监管的法律法规并不健全,而且监管主体对此监管积极性不高或是精力不足。此外,农民的天然弱势地位、相关主体的利己主义动机、农村的社会保障制度不健全等也都制约土地所有权人、土地承包经营权人和土地经营权人之间的利益平衡。

（三）粮食主产区与粮食主销区的利益冲突屡见不鲜

近年来，我国“粮食主产区”[1]的经济发展尤其是粮食产业经济发展取得了骄人的成果，但是“粮食大省、财政穷省”两极走势还在进一步加强，粮食主产区与主销区的利益冲突愈演愈烈。造成这种局面主要是种粮比较效益低下、工农业产品价格“剪刀差”、粮食主产区和主销区的粮食补贴标准“倒挂”等原因。[2] 而高标准农田建设又加剧了粮食主产区和主销区之间的利益机制失衡。对农业农村部近年下达的高标准农田建设任务按粮食主产区和主销区承担进行统计，全国的粮食主产省承担的任务占全国总任务的60%以上，而粮食主销省份承担的任务占全国总任务不到10%。由于高标准农田建设的资金来源除中央拨款外还需要省级专项拨款和地方自筹资金，所以粮食主产区的高标准农田建设任务越多，地方政府承担的资金补贴负担就越重，相反粮食主销区地方政府承担的高标准农田建设资金补贴远低于其在粮食安全方面的获益。此外，在高标准农田建设中粮食主产区投入大量人力、物力和财力，而且丧失了将土地用于非粮生产的可能，导致失去了大量发展第二产业和第三产业以带动农民增收和本地区财政收入增加的机会。长此以往，粮食主产区和主销区之间的经济发展差距会越拉越大，进而削弱粮食主产区的生产积极性引发粮食生产危机。

立足于国家粮食安全、农民权益的保障和国民经济健康发展的需要，我国也认识到单纯依靠市场这只“无形的手”并不能协调粮食产销区的利益，所以坚持市场调节和政府调控有机结合。通过粮食直接补贴、良种推广补贴、农机购置补贴、农资综合补贴等补贴政策及最低收购价支持政策和产粮大县财政奖励政策保护粮食生产者和粮食生产大县的利益。但是这些政策

---

〔1〕 我国粮食主管部门主要依据某一省份的粮食产量、播种面积和提供的商品粮数量及其占全国的比重把东北（黑、吉、辽）3省、黄淮海（冀、鲁、豫）3省和长江中下游5省（赣、苏、皖、湘、鄂）划作粮食主产区，而把目前粮食产需缺口较大的省份，包括北京、天津、上海、浙江、福建、广东以及海南7个省市划作粮食主销区。

〔2〕 参见杨建利、靳文学：《粮食主产区和主销区利益平衡机制探析》，载《农业现代化研究》2012年第2期。

存在补贴受益对象不明确、激励效果不明显、补偿标准的不统一等问题。[1]以政府推动为主在粮食产销区之间建立健全平衡产销利益协调机制，行政色彩浓厚，市场化运作不足，规范化的交易行为制度并未建立。我国粮食法、农业补贴条例迟迟没有出台，目前只有《农业法》《农业技术推广法》《农业机械化促进法》《粮食流通管理条例》等法律法规对粮食主产区的利益补偿进行了“产销区之间建立稳定的购销合作关系、粮食最低收购价格、对农业机械化和农业技术的推广和应用实施补贴”等方面的概括性规定。对此更多的则是政策性规定，政策本身存在的不确定性、原则性、没有强制执行力等局限性，无法有效解决利益补偿监管体制混乱、权责不一致与激励补偿制度不完善等问题，严重制约了粮食主产区利益补偿制度发挥协调粮食产销区的利益平衡的功效。多种消极因素的耦合引致主产区的农民种粮与政府发展农业的积极性不高，农田和水利基础设施建设薄弱、土壤肥力下降等问题只会进一步恶化，严重滞碍了高标准农田建设的进程。

(四)高标准农田建设监管机制乏善可陈

影响保质保量完成10亿亩高标准农田建设目标任务的一个重要原因在于，当前高标准农田建设中存在重项目审批、轻实施监管的现象，顺势带来不同程度的工程进度迟缓、标准执行不力、资金使用不当、项目验收滞后、质量水平不高等问题。[2]

1. 全过程监管机制缺位

对高标准农田建设的监管表现为对高标准农田建设活动中产生的各种行为进行监督、监测和管理。高标准农田监管法律行为是一种复合型管理行为和协作行为，以高标准农田建设活动为对象，涉及项目审批、施工进展、资金使用、人员管理、验收评估、建后管护等多个环节和方面，这决定了高标准农田建设监管机制应该是一个全过程监管机制。但是目前我国并未建立起

---

〔1〕 参见张冰、何会军：《完善粮食主产区利益补偿机制问题研究》，载《金融理论与教学》2013年第5期。

〔2〕 参见刘新卫、李景瑜、赵崔莉：《建设4亿亩高标准基本农田的思考与建议》，载《中国人口·资源与环境》2012年第3期。

对高标准农田建设的全过程监管，以上关键环节都面临监管机制缺失之窘境。对高标准农田全过程建设项目的规划责任行为、妨碍建设责任行为、实施建设责任行为、建后管护责任行为及责任主体缺乏部署和安排。[1] 及时发现高标准农田建设中存在的问题并实施全过程监管，能够密切关注高标准农田建设的数量和质量的动态变化，是保障其建设和管护资金合理使用、设施高效运作、农田有效利用、建后充分管护的关键。

2. 多元主体参与监管机制不健全

具言之，尽管我国《农业法》《土地管理法》《水法》《基本农田保护条例》《政府投资条例》《农田建设项目管理办法》等法律法规已然明定了各级农业农村主管部门、自然资源主管部门、水行政主管部门、财政部门、土地行政主管部门等对高标准农田建设中具体活动的监管职权，但是既有诸法的规定较分散且对这些部门的监管措施、监管程序、监管标准、监管权责等语焉不详。由此高标准农田建设所涉监管部门之间统筹协调较差，出现监管重叠和空白的窘境。

在高标准农田建设监管中政府部门的责任主体地位毋庸置疑，此外高标准农田建设还涉及投资主体、社会组织、农村集体经济组织、农民、公众等多方主体的利益，这决定了监管活动也应该是多元的，但现实情况却是多元主体参与监管机制的付之阙如。政府部门出于对经济效益的追求易出现重建轻管观念，加之高标准农田绩效考核评估机制不健全，有关部门去落实高标准农田建设中的监督检查工作积极性不高。作为受益者的农民由于对高标准农田建设活动的重要性认识不足，缺少进行监管的自觉性和主动性，往往置身事外。在常态化的监管模式下监督途径有限，利益相关者和公众对信息公开的要求很难满足，并且缺乏监管的激励机制，多元化的主体受困于常态化监管诸多弊端的“瓶颈”无法整合各种资源对高标准农田建设活动进行有效的监督。

---

〔1〕 参见赵谦：《我国土地整理监管机制的价值分析》，载《华中农业大学学报》（社会科学版）2014 年第 5 期。

三、高标准农田建设的法治保障制度建构

粮食安全被列为国家"三大经济安全"之首,粮食安全问题是我国社会主义市场经济体制运行中不可忽视的突出问题,而市场经济的本质就是法治经济,发挥法治对保障粮食安全所具有的长效作用,从而为高标准农田建设保驾护航。从我国粮食法被列为5年立法规划到意见草案公布并征求意见,再到加快制定粮食安全保障法,粮食安全立法已经酝酿了60年有余。2018年粮食安全保障法被列入第十三届全国人大常委会立法规划第一类项目,由此窥知,国家将重点聚焦于粮食安全领域的法治建设。高标准农田建设是保障粮食生产的关键举措,但其建设又是一项庞大而又复杂的工程,涉及多方面体制和机制的完善和健全,在此背景下应把健全高标准农田建设的法治保障机制提上日程。

(一)对高标准农田建设中各方主体的权责进行合理配置

立足政府和市场主体、中央政府和地方政府在高标准农田建设中的实际地位和现实需要分配权利、义务和法律责任,以纾解高标准农田建设中主体权责配置不清的难题。

1. 多元协同合作供给体制纾解政府和市场权责配置难题

前已述及,非此即彼的单一政府或市场主导的高标准农田供给体制不可避免出现政府失灵或者市场失灵交替"重生"。政府、市场和社会组织在结构、功能等层面的互补性决定了任何主体均缺乏单独解决农田建设所面临问题的能力,眷注于多元协同模式为政府、市场和社会组织分配各自最擅长的角色,形成合力提升农田供给绩效。

首先,高标准农田的准公共物品属性决定了政府在其中的主导地位。构建多元供给体制目的之一在于为政府减轻资金压力、化解政府失灵,但绝不意指政府可以放弃或者削减在高标准农田建设方面的责任。政府的权力应该完善并被严格控制,但其维护社会公益方面的职责只可强化,不可削弱,更不可或缺,否则各种危机迟早会使社会崩溃。具体到高标准农田建设中来,政府的元治理的地位应该体现在:(1)扮演好多元协作模式下的规则主要制

定者角色,牵头制定高标准农田建设的准入、运行、退出等环节的公平、公开的规则。通过有吸引力的规则吸引市场资本和社会组织的进入、提升协同合作的积极性进而增进高标准农田供给绩效。(2)政府要扮演好多元协作环境的创造者角色,转变"政府主导投资"的观念和行为。由于涉农 PPP 合作对市场资本吸引力弱,这就需要政府不仅要有高超的沟通技巧,而且要有完善的合作体制机制以打消投资者对高标准农田建设高风险、低收益的疑虑。政府要通过制度和政策等"软环境"和基础设施等"硬环境"的有效投入,为高标准农田建设中政府、市场资本和社会组织的互赢合作和公平竞争创造优质环境,培育和促进涉农市场主体和社会组织的发展壮大。(3)作为高标准农田建设的管理者和监督者,政府要着眼于高标准农田的供给质量、效益等多重维度,依法对相关主体及其行为进行审查、监督、处罚等。(4)政府将提供高标准农田这一准公共物品的责任转出一部分给市场主体,为此还应该履行担保责任。即政府应该采取管制立法或者相关措施保障高标准农田建设的市场机制稳定和供给的持续性,提高高标准农田供给的质量和效率。尤其当市场主体在供给过程中遇到危机和障碍,政府不能袖手旁观,有责任及时采取措施进行补救和接管。[1]

其次,市场主体进入高标准农田领域开发建设不能改变其盈利性的特质,但也应同时赋予其维护和增进社会公共利益的义务和责任。作为理性经济人的市场主体往往着眼于成本、效率等因素的考量,极易衍生出高标准农田供给质量和效益低下等市场失灵现象,甚至损害农民的权益。为了改变这一现状,要求市场主体不能以最大限度的营利为唯一目的,应该同时承担维护和增进社会公共利益的社会责任。市场主体基于与政府的协议参与高标准农田建设,应遵守合作契约,积极履行合同中对其建设高标准农田的要求,承担维护国家、农民、自然资源和环境等利益的责任。(1)在公共服务供给的民营化领域,竞争存在与否乃是决定民营化能否成功的关键要因。[2] 同

〔1〕 参见李蕊:《公共服务供给权责配置研究》,载《中国法学》2019 年第 4 期。

〔2〕 See John · D. Donahue, *The Privatization Decision: Public Ends, Private Means*, New York, Basic Books, 1991, p. 131.

样，高标准农田建设引入市场主体和市场资本，也要发挥竞争机制的积极功效，接受政府和服务对象的评价和监督。尽管高标准农田建设对政策扶持要素要求较高，市场主体参与积极性不高，但也应尽可能通过多种手段引入竞争机制考察市场主体在高标准建设中的资质、建设能力、建设效果等，把不符合要求的市场主体排除在高标准农田建设的合作机制之外。(2)充分发挥政府和市场的比较优势，将高标准农田协作供给模式下的规则制定权和执行权在政府和市场主体之间进行适当配置，即适度分散政府的此类权力以配置给市场主体，并经由立法程序对其进行整合以实现法定化。这是由于政府天然具有主导投资的理念和行为，往往垄断高标准农田建设过程中的信息资源和决策权力，引致市场主体和资本进入动力不足、参与积极性不高。在高标准农田的公私合作领域中寻找最佳平衡点，发挥市场主体的优势所在，帮助其树立良好的社会形象并获取相应的经济回报。

最后，多元合作机制的建立也离不开介于政府和市场主体之间的社会组织的积极参与。培育能够参与涉农项目服务供给的非营利性社会组织，利用该类组织的双向性特征以发挥其在高标准农田建设的多元协作供给机制中的比较优势，对实现粮食安全的目标大有裨益。该类涉农的社会组织基于政府部门的特别授权获得代表政府向投资者募集资金，选择高标准农田建设的市场参与主体，与评价顾问共同配合，对项目进行监督管理以及委托评估人评定项目效果等职能，这实然属于特殊的管理性权利，是以决策、执行、检查监督等为内容的经济职权和职责。此外，该类社会组织作为连接政府、投资者和农民等主体的中介组织，一方面，要促使其协助政府纠正市场供给高标准农田的市场失灵，收集高标准农田建设信息向政府反映情况，解决政府信息收集不全和收集成本过高的难题；另一方面，要求其承担为农民利益最大化向政府反馈交流的任务，统合农民的主张协助政府正确决策来保障农民权益、高标准农田建设绩效和粮食安全。

2. 公平合理配置中央和地方政府权责

在政府主导的高标准农田建设语境下，不能脱离我国单一制的基本国情以及固有的运行规则和政府组织架构，而要以法治思维审视目前高标准农田建设中中央和地方政府权责划分的逻辑和构造,从而为中央和地方政府配置合理的权责。根据罗尔斯的正义理论,由于人们在分配社会合作中的利益时都希望获得较大份额,因而必然产生利益冲突,这就需要通过一系列原则来指导利益分配。“这些需要的原则就是社会正义的原则,它们提供了一种在社会的基本制度中分配权利和义务的办法,确定了社会合作的利益和负担的适当分配。”[1]为了实现国家和社会对政府在高标准农田建设中的秩序、效率、公平和公众福利的预期,必须要对权责公平正义地分配。

针对地方政府在高标准农田建设中事权和财权不匹配的现状,要明晰中央和地方政府在建设和管护高标准农田上的具体职责。中央政府在有关宏观和大局政策和规划的制定上负起主要职责,地方政府则根据上级政府的高标准农田建设规划要求去落实具体建设任务。实际情况却是中央给予地方的财权范围十分有限,加之各个地区经济发展水平不同导致各地高标准农田建设资金投入差异较大,因此有些地区的高标准农田建设配套资金得不到保障。这一境况更加凸显了目前财政体制改革的紧迫性和必要性,要赋予地方政府更多的财政收入自主权以保障地方有足够的财力促进粮食安全目标的实现。同时,有必要在高标准农田建设资金方面加大中央财政转移支付力度,加强中央对地方合理填补资金的财政责任,防止出现地方政府因资金不足带来的建设积极性不高的问题。但市、县级地方政府也不能一味依赖中央和省级人民政府的财政支持,毕竟当地政府也是本区域高标准农田建设带来的社会效益和经济效益的受益者,所以也需要广开门路,积极引导和聚合相关涉农资金。

针对中央政府决策职能的冲突束缚地方政府执行的问题,首先要厘清在高标准农田建设中的中央政府部门之间、中央政府和地方政府之间的职责分工,增强管理的统一性和可操作性。在制定或修改农田建设的专门法律法规中或是在即将制定的粮食安全保障法中有关“农田建设”的章节对此要进行系统规定。同样,职责意味着权力,目前相关的政策和法律法规大多规定的

---

[1] [美]约翰·罗尔斯:《正义论》,何怀宏、廖申白译,中国社会科学出版社 1988 年版,第 2 页。

是政府建设和治理农田的职责,当中央政府和地方政府出于自身利益考虑时,职责被滥用或者不作为的现象屡见不鲜。毋庸置喙,受国家本位思想的影响,当前国家对政府的责任还未引起充分的重视。目前,法律法规虽然对政府在高标准农田建设中应该履行的义务和职责有规定,但是缺乏有效的法律责任与之相匹配,很难对政府及其工作人员形成必要的威慑。[1] 所以,今后在该领域的立法中要重视对政府责任的规定,设计合理科学的政府责任形式,用强有力的法律责任手段惩罚和制裁政府在高标准农田建设中的违法行为。

(二)土地所有权人、土地承包经营权人和土地经营权人的利益协调路径

在加快推进高标准农田建设的背景下,农村土地经营权流转是促进规模经营,培育新型农业经营主体,促进农业结构调整和保障粮食安全的必然选择。有效调和土地经营权流转中相关主体的利益冲突,消弭有关主体无度追求私人利益所产生的流弊,才能加快土地经营权流转与高标准农田建设的契合。(1)坚持土地承包经营权人即农民的主体地位,协调农民、农村集体经济组织和土地经营权人的利益关系。农民与土地经营权流入方尤其是新型农业经营主体的交易中,从经济实力、信息获取、力量分散等因素来看,农民天然处于弱势地位。土地作为农民谋求生存和发展的基本生产资料,决定了农户流转土地的利益目标是获得土地流转的财产性收入和劳动力转移后的非农收入。应引导农户依法、自愿、有偿地流转土地经营权,完善对农民的多元利益保障机制,保障农民切实享有依附于流转土地的各项财产性权利。[2] (2)加强对土地经营权人的土地流转准入行为、交易行为及高标准农田使用行为进行管制。管制也应当具有双重向度的特质,既包含正向的支持激励,也应包含反向的约束和限制。[3] 若土地经营权人对高标准农田的开发和建设有增益的,可以给予其物质或者精神奖励。同时,对其损害高标准农田和

〔1〕 参见薛克鹏:《经济法基本范畴研究》,北京大学出版社2013年版,第300页。

〔2〕 参见张杨:《农村土地流转中农民权益保护的制度建构》,载《农业经济》2011年第11期。

〔3〕 参见李蕊:《重大突发公共卫生事件中防疫用品市场管制理路》,载《法学杂志》2020年第4期。

农业可持续发展的行为规定惩罚措施,如规定经济罚、资质罚、信用罚等。(3)划分及协调农村集体经济组织与村民委员会职权是保障土地流转有序进行的重要途径。村民委员会与村集体经济组织原则上应当彼此分离,并从法律上对村民委员会和农村集体经济组织之间的关系作出更明确的规定,突出村民委员会的公共服务功能,剥离其在农村集体土地所有权管理方面的功能,使之成为单纯的村民自治组织。农村集体土地所有权由农村集体经济组织全权负责,防止少数村民委员会干部以权谋私,损害农民在土地流转中的权益。

在发挥市场流转效用的同时,要加强政府的服务、监管作用。(1)在提升政府服务能力的路径选择上,要求政府承担推动流转市场成立和发展的职责,制定引导土地流转与高标准农田建设契合的相关政策和规章。同时,建立土地流转信息服务平台,定期公开发布市场供求信息,为双方提供交易场所和设施,充分结合高标准农田建设进行土地流转服务。同时,政府还要多方发力,分别从财政、信贷、纠纷解决、农村社保等方面出台配套政策,为相关主体进行土地流转营造稳定、公平、透明、可预期的良好环境。(2)政府增强监管力度也是防范土地流转中利益冲突的内在要求。保障政府监管的全程覆盖,事前、事中、事后监管要实现无缝对接。事前监管旨在预防土地流转过程中不公开、不透明等问题导致的侵犯农民合法土地权益的行为;事中监管旨在杜绝交易中的违规操作,发现不法行为及时予以制止、矫正;事后监管的目的在于避免出现流转后农田用途非农化等对土地资源破坏的行为,并对违法行为予以惩戒。只有政府与市场相互配合、相互促进,才能确保土地流转秩序的良好与交易环境的安全,平衡土地所有权人、土地承包经营权人和土地经营权人的利益,保障土地经营权流转与高标准农田建设的契合,实现粮食安全的目标。

(三)建立粮食主产区和主销区利益平衡法律机制

粮食主产区在我国农业生产中具有举足轻重的地位,扭转在高标准农田建设中粮食主产区与主销区利益失衡现状是保障粮食安全和促进区域协调发展的题中应有之义。正如庞德所说,法律的主要任务就是协调各种利益冲突以及保护、实现某种利益。我国目前应对粮食产销区利益机制失衡问题主要是从管理学、经济学的视角进行探析,从法学视角切入进而构建在高标准农田建设中的主产区利益补偿法律制度,更有助于实现粮食产销区利益平衡机制的法治化和规范化发展。

要破解在高标准农田建设中粮食产销区利益机制失衡的困局,当务之急是夯实法律根基,从法律层面为高标准农田建设创造环境条件。时下恰逢我国粮食安全保障和农田建设方面的法律正在紧锣密鼓地制定和修改中,笔者建议,趁势在"农田建设"的专门法律或是章节,对由于高标准农田建设引致粮食产销区利益失衡的矫正机制加于其间予以单独明定。具体而言,首先,着眼于厘清利益补偿法律关系、确定补偿方式、选定补偿标准、设定补偿法律程序、界定补偿法律责任以及完善补偿法律救济等层面进行制度筹设以襄助高标准农田实践的稳步有序发展。正如E.博登海默所言,"法律关系应当从它们所植根于的物质的生活状况加以解释"。[1] 所以在立法中要始终贯穿实质正义的原则,首先根据粮食主产区和主销区的实际地位和需要对其分配权利、义务和责任等法律资源。要遵循"谁受益、谁补偿"的原则,对主产区的高标准农田建设提供资金、实物、技术与政策等多种补偿方式,实现对因建设高标准农田而丧失高收益机会的主产区的纵向补偿与横向补偿。其次,实质正义不仅包括实体的正义,还包括程序上的正义。立法赋予主产区有获取利益补偿的权利,主销区与国家等补偿主体有补偿义务,同时程序权利和程序义务也必须倾斜配置,为主产区利益补偿权利的实现和救济规定合理科学的步骤、时限、手续等。否则,利益相关人的合法权益都会因程序非正义而成为虚设。最后,有权利必有义务,有义务必有责任。科学合理界定产销区利益补偿法律责任是耦合粮食主产区和主销区利益的必然要求和逻辑结果。

除政府对于粮食主产区的利益损失进行积极补偿外,构建市场化的补偿

---

〔1〕[美]E.博登海默:《法理学:法律哲学与法律方法》,邓正来译,中国政法大学出版社2004年版,第103页。

运作机制也为平衡粮食主产区和主销区利益提供了另一视角。借助土地发展权理论和实践经验,在粮食产销区之间构建公平合理的土地发展权跨区域交易市场,粮食主产区通过转让土地发展权给主销区以弥补其在发展粮食生产和建设高标准农田中丧失的利益。土地发展权的经济功能实现需要通过市场主导与政府辅助的有机结合,实现土地资源的优化配置。[1] 为此,因地制宜地选择土地发展权转移模式及购买模式,引入第三方评估机构评估土地发展权,并配以相应监管措施以保证土地发展权市场的公平有序。

(四)健全高标准基本农田建设的监管机制

目前,高标准农田建设监管机制的现状严重羁绊了高标准农田制度的构建完善。依法型构多元主体参与的覆盖高标准农田建设全过程的监管机制,提高监管质量和效率是依法治国目标下保质保量完成高标准基本农田建设任务、保障粮食安全的必然选择。

1.厘定政府部门监管权责

高标准农田建设的全过程复合套嵌了农业、土地、财政、自然资源、水利、能源等多重要素,由农业农村主管部门、自然资源主管部门、水行政主管部门、财政部门、土地行政主管部门单独监管均可能陷入顾此失彼之窘境。这就要求在秉持现有部门监管职能"版图"划分的先置条件下,明确厘定相关政府部门的监管权责,构建监管协同机制以匡助高标准农田建设进而实现粮食安全的目标。建议在农田建设的相关立法中系统化规定高标准农田建设的监管主体及其监管措施、监管程序、监管标准、监管责任等,实现对高标准农田建设的全过程监管。(1)农业农村主管部门应是监管的主要责任主体,对高标准农田的规划布局、标准制定、项目实施、监测考核、上图入库等环节进行全面管理和监督。农业农村主管部门应当编制监督检查、目标考核和评价激励方案,明定监督评价标准、内容、方法和程序等,并结合粮食安全省长责任制和耕地保护责任目标对高标准农田建设

[1] 参见王霞萍、赵谦:《土地发展权三十年:功能进路与实践面向》,载《中国土地科学》2019年第6期。

数量、质量、资金、管理等情况实施监督评价。(2)财政部门和审计部门监管的焦点在于“资金”,财政部门主要对政府拨付高标准农田建设的资金预算、使用等进行监管,审计部门主要对政府拨付高标准农田建设的资金使用绩效和项目验收进行监管。(3)自然资源、水利、能源等部门按照职责分工做好对耕地红线保护、灌溉水源保障、输配电配套等高标准农田建设相关工作的监管。一言以蔽之,在明晰权责的基础上亦要加强部门协调与合作,建立机构间的信息共享机制、及时磋商和协调机制,理顺彼此间的监管合作关系,最终实现相关监管职能部门对高标准农田建设的全程有效监管。[1] 未来待条件成熟时可设立专门的农田监管部门,全面负责对高标准农田建设全过程的监督和管理。

2. 建构多元主体参与的复合监管机制

为了实现高标准农田建设的目标还需着手构建囊括政府部门、投资主体、社会组织、农村集体经济组织、新型农业经营者、农民、社会公众和媒体等多元主体参与的复合监督体制。具言之,政府部门的监管责任主体地位不可动摇,但在发挥政府监管作用的同时还要看到政府部门的监管积极性不高和精力不足的缺陷,要多措并举以激励多元主体参与高标准农田建设的全过程监管中来。(1)构建多元主体参与监管的激励机制。对以上多元主体来说,只有其实施监督行为的收益大于成本时才会热衷于跻身高标准农田建设的监管中来。建议出台高标准农田监管激励措施,通过结合精神激励、使命激励、胜任感激励、声誉激励在内的内在激励和物质层面的外在激励等多种方式,激励、引导其参与高标准农田建设的监管。(2)畅通多元主体的意见表达渠道,完善高标准农田建设的全过程投诉举报机制。政府主管部门应当建立对高标准农田建设中违法行为的举报制度,任何单位和个人均有权通过互联网、书信、电子邮件、传真、电话、走访等形式对违法行为进行举报,同时政府主管部门应当为举报者保密。(3)创新监测模式以襄助多元主体参与监管。若想扭转常态化监管模式下多元主体由于信息数据获取不全面而很难

---

〔1〕 参见朱大旗:《金融法》,中国人民大学出版社 2015 年版,第 102 页。

有效监管的局面,必须利用信息化技术推进数据整合共享。依托智慧农业科技建设高标准农田的监测网络,充分利用物联网、大数据、人工智能、5G 等技术,探索农田建设数量、耕地质量、农田利用“三位一体”的监测体系,及时全面掌握高标准基本农田建设动态,实现动态监测、全面监测,为高标准农田建设的多元主体监督和管理提供信息来源。

第四节 粮食生产环节的质量安全保障制度

目前,随着我国粮食总产量连年增加,已经基本上能够满足人民群众的消费需要,随之人民对粮食的质量提出了更高要求,保证粮食质量安全已经成为农业供给侧结构性改革的核心问题之一。同时,在粮食的国际市场中,由于我国粮食缺乏质量优势,加之一些国家设置绿色壁垒导致的粮食贸易中退货、扣押、销毁、终止合同等事件时常发生,这就为我国粮食进入国际市场设置了障碍。在国内,“质差价高”的国产粮食在与“质优价低”进口粮食竞争中也处于下风,导致国内粮食市场出现“高产量、高库存量和高进口量”三高叠加局面。因此,要实现我国粮食安全的目标,关键在于提高我国粮食的质量和品质。生产作为粮食供应链的源头,是保证粮食质量安全的基础环节。因此,本节将以粮食生产环节的质量安全为切入点,进而提出构建和完善我国粮食质量安全的保障体系。

一、粮食生产质量安全概述

(一)粮食生产质量安全的内涵

要合理界定“粮食生产质量安全”的内涵,前提和关键在于界定“粮食质量安全”的内涵。由于粮食是食品、农产品的一种,所以目前学界有学者将“食品质量安全”和“农产品质量安全”的概念直接引用到“粮食质量安全”的概念中。我国《农产品质量安全法》明确提出“农产品质量安全”是指农产品品质符合保障人身健康和生命安全的要求。就粮食而言,其质量安全意味着粮食在生产、储藏、运输、加工和销售等环节的各种有毒、有害物质得到控制,粮食达到安全标准要求,不会对消费者本人、后代和环境带来危害和损失。[1]

目前,也有学者从“粮食安全”概念得出“粮食质量安全”概念。有学者提出,根据我国《国家安全法》第22条的规定,粮食安全包括粮食供给安全和粮食质量安全。粮食供给平衡是粮食安全的基础,只有供给平衡,人们才“吃得饱”;粮食价格稳定是粮食安全的保障,只有价格稳定,人们才“吃得起”;粮食质量安全是粮食安全的高层次要求,不能停留在“吃得饱”和“吃得起”,更要“吃得好”和“吃得健康”。[2]

综合以上对“粮食质量安全”内涵的界定方法,本书对其定义是:人们可以在粮食的生产、流通、消费等环节获得能够满足人体营养需要,并且不会对人体健康造成损害的状态。进而就可以推导出“粮食生产质量安全”的内涵是,在生产环节能够产出满足人体营养需要、不会对人体健康造成损害的粮食的一种状态。

(二)我国粮食生产质量安全的现状

1. 总体质量安全水平较高

总体来看,我国粮食质量水平逐年提高,整体质量良好。2020年1月14日在北京举行“党的十八大以来中国食品安全风险治理暨教育部哲学社会科学系列发展报告《中国安全发展报告》《中国食品安全网络舆情发展报告》研究成果报告会”,会上发布的《党的十八大以来中国食品安全状况的研究报告》显示,主要食用农产品质量安全“稳中向好”,抽检合格率持续在97%以上。

粮食生产质量的提升离不开优质粮种的培育、生产环境的改善、技术水平的提高。例如,中国水稻育种技术的发展,特别是杂交水稻育种和分子育种技术的发展,不但重视产量的提高,还注重稻米品质、营养、抗病虫害、抗

---

〔1〕 参见欧阳建勋:《对粮食质量安全与监测体系工作的思考》,载《粮食科技与经济》2007年第5期。

〔2〕 参见曾晓昀:《粮食质量安全:中国〈粮食法〉安全价值之实现》,载《学术论坛》2016年第6期。

寒、耐热等方面潜力的挖掘。[1] 韩长赋在2017年中国全国农业工作会议上指出，经过近3年的不懈努力，化肥农药使用量“零增长”目标已提前实现，以后还要负增长，下一步关键要在提高使用效率、减少使用总量上下功夫。这是一个重要转折，这对于中国粮食质量安全的稳步提升是一个喜人的成绩。

随着粮食综合生产能力稳步提升，群众粮油消费由“吃得饱”向“吃得好”转变。在2019年世界粮食日和全国粮食安全宣传周主会场活动启动之际，《迈向粮食产业强国》一文中提出，要高质量发展粮食产业经济，增加绿色优质粮食产品供给，加快推动粮食产业迈向中高端水平，能够在更高层次上保障国家粮食安全。要加快推动粮食产业转型升级，由注重规模扩张向注重质量提高转变，到2025年基本建立现代化粮食产业体系，保障国家粮食安全的能力显著增强，绿色优质高端产品供给大幅增加，逐步形成世界先进的创新引领能力和产业竞争优势。

2. 部分质量问题突出

在粮食质量稳步提升的同时，人们的幸福指数也与日俱增。然而，由于粮食生产的特殊性、粮食生产者的经济人属性等原因致使我国粮食生产质量问题尚存。《党的十八大以来中国食品安全状况的研究报告》指出，现阶段我国食用农产品质量安全风险仍较突出，不仅工业化发展对生态环境造成的破坏影响了食用农产品质量安全，农业污染造成的后果也日益凸显。农药残留问题突出，长期以来，化学品高强度施用使农产品安全风险治理呈现持久性、复杂性、隐蔽性的特点，治理难度大。与此同时，农产品生产经营主体组织化程度仍然相对较低，严重制约农业生产的标准化，大大增加了农产品追溯管理的难度。在流通与储存环节的腐损率相对较高，冷链运输、储藏等技术水平有待进一步提高。

(1) 粮食中的农药残留超标

农药是粮食生产中用于防治病虫害及调节粮食生长的重要生产资料，合

---

[1] 参见王月华、何虎、潘晓华：《我国水稻育种技术发展历程回顾》，载《江西农业学报》2012年第2期。

理施用农药对保障粮食高产、优质具有重要意义。但在农民的劳动力素质整体偏低的情况下，滥用农药的现象在粮食种植中较常见。通过对农民使用除草剂的情况进行实地调查发现，绝大多数农民为了节省除草的时间和力气而滥用除草剂。绝大多数农民缺乏对除草剂毒性的认识，并且对保障粮食质量安全意识不强导致滥用除草剂状况的普遍存在。除除草剂外，不合理使用杀菌剂、杀虫剂、植物生长调节剂等或是为了提高粮食产量，或是为了防治病虫害，但是一旦滥用就会造成不同程度的环境污染、土壤污染，残留于粮食中会严重危害人类的健康。

（2）粮食中重金属超标

粮食生产环节的主要污染主要是来自生态环境中的污染物、化肥、农药等，这些污染源往往是通过土壤对粮食质量造成严重影响。粮食作物的重金属污染主要通过根系从土壤中吸收、富集重金属污染物形成的，有毒重金属难以降解，并在人体内聚集，长期食用会引起慢性中毒或者对生命、身心健康构成严重威胁。据第十一届中国经济法律论坛披露，中国每年有 1200 万吨粮食受土壤重金属污染，造成的损失可达 200 亿元，其中，湖南省和河南省是粮食受重金属污染最为严重的地区。[1]

（3）优质粮的供需平衡问题仍制约我国粮食质量安全

《2019 年中国稻谷（大米）产业报告》指出，尽管优质大米产量增长速度较快，但是优质大米产量仍然偏低。[2] 我国优质大米需求向好，发展速度很快，但与人们日益增长的需求相比仍不匹配。从水稻种植来看，近几年我国优质稻种植面积持续增长，但普通品种的稻谷种植比例依然偏高，每年仍需启动托市收购来稳定市场。从大米加工和销售来看，市场上充斥的依然是普通大米，优质大米比例偏低。如有机大米产量占比只有 1% 多点，远不能满足人们对美好生活的需要。

---

〔1〕 载新浪财经：http://finance.sina.com.cn/money/future/agri/2016-11-21/doc-ifxxwmws3380821.shtml，最后访问日期：2020 年 5 月 7 日。

〔2〕 载腾讯网：https://new.qq.com/omn/20191030/20191030A059RC00，最后访问日期：2020 年 5 月 7 日。

二、粮食生产质量问题产生进路剖判

我们可以从微观和宏观两个层面对粮食生产领域的质量安全问题的成因进行分析。从微观层面来讲，耕地和灌溉水污染、化肥和农药的过度使用、工业污染导致的耕地污染等都是导致粮食生产质量问题出现的直接原因；从宏观层面来讲，法律制度不健全、政府调控能力不足、地方主义等也都是造成粮食生产质量问题的主要原因。本节主要运用市场失灵理论和政府失灵理论对粮食生产质量问题的产生进行分析。

(一) 市场信息不对称引致粮食生产质量安全问题

市场失灵，是指市场发挥作用的条件不具备或不完全具备而造成的市场机制不能发挥作用的情形。[1] 在正常情况下，市场经济能够充分发挥每个主体的积极性和创造性，使资源得到充分利用，提高经济效率。但是，由个人分散决策和个人利益最大化为目标的市场经济并非完美无缺的，本身也存在缺陷，导致市场无法正常发挥作用，出现了市场失灵。改革开放以后，我国从计划经济转变为市场经济，粮食也由最初的国家收购、计划出售转向为现在的市场交易的形式。因此，粮食市场也会发生市场失灵，粮食的“信任品”[2]属性导致信息不对称现象尤为突出，一般而言，在粮食的生产环节，信息不对称主要表现在以下几个方面。

1. 粮食生产者与消费者之间的信息不对称

由于粮食的信任品属性，在很多情况下，消费者购买粮食前和食用粮食后都没法判断粮食是否存在重金属、农药残留和添加剂超标，因为这些因素带来的食源性疾病大多是需要长期观察和专业检验才能知晓的。这就为不法粮食生产者提供了可乘之机，他们为了改进粮食的外观形状或是提高产量而在生产中滥用化肥、农药等，从而获得大量利润，而消费者由于信息收集成

---

〔1〕 参见李昌麒、应飞虎：《论经济法的独立性——基于对市场失灵最佳克服的视角》，载《山西大学学报》(哲学社会科学版)2001 年第 3 期。

〔2〕 信任品，是指在消费后也难以确认其质量或者是个人需要付出极大的成本去了解其真实质量。

本过高、收集能力有限而很难了解到这些内在品质的信息。

2. 粮食生产者与政府之间的信息不对称

近年来，我国粮食规模化生产发展迅速，但是粮食主要还以散户经营为主，加之我国地域广、粮食生产量大，政府虽然能够检测出粮食的质量水平，但是面对小农户这样一个庞大的群体，实施完全监管成本非常之高，难度极大。目前，粮食质量安全标准体系、认证认可体系也不够完善，使职能部门的监管还存在政策上、技术上的难题。对于已经进行农产品认证的生产者，生产经营者一旦获得认证后，在利益的驱使下或者在消费者认知程度不够的情况下，本着追求利润最大化的原则，往往会按照"折扣标准"进行生产，政府很难执行认证后的后续监督，从而导致粮食生产经营者与政府之间的信息不对称。

3. 农资经销商与粮食生产者之间的信息不对称

粮食生产者从农资经销商手中购买种子、化肥、农药等生产资料，此时粮食生产者的采购行为与农资经销商的出售就是一个买卖环节。粮食生产者具有一般消费者的特征，在购买过程中始终处于弱势地位，在经济实力、信息资源等方面远远不及农资经销商，遭遇欺诈和不公平待遇是显而易见的。如种子坑农、化肥农药坑农屡见不鲜就是佐证。

（二）政府规制失灵引起粮食生产质量安全问题

市场经济天生的缺陷和100多年的实践表明，我们必须承认政府干预存在的合理性，但也必须承认政府干预存在失灵。"一个有效的政府能有力地促进可持续发展和减少贫困，但不能保证国家干预必然有利于社会。"[1]政府在粮食安全领域中是普遍参与存在的，但政府的规制在一定程度上会存在一定局限，导致达不到预期的规制效果，综合起来，有以下几个方面的原因。

1. 利益集团的影响

随着社会分工日趋加深，社会必然要不断进行社会分化。基于共同利

〔1〕 世界银行：《1997年世界发展报告：变革世界中的政府》，中国财经经济出版社1997年版，第101页。

益，分散的个人或者组织逐步结成各种各样的集团，目的是追求集团利益而不是社会公共利益的最大化。政府拥有制定经济政策的权力，并且对公共财政以及自然资源行使占有、收益、处分权。在政府资源有限的情况下，各个利益集团之间必然希望政府为本集团分得较多利益。一些粮食生产企业收买有关政府机关，利用政府权力为自己谋取优惠政策，阻挠不利于自身利益的政策、法规的出台，达到政府对其粮食生产质量不安全行为的放松监管的目的。

2. 政府的代理人性质

政府和人民之间是一种委托代理关系。即人民作为委托人将管理社会事务的权力委托给政府，政府以代理人身份从事人民委托的事项。由于双方信息严重不对称，发生道德风险的概率会更高。原因在于，一方面委托人是分散的社会成员，他们对政府及其组成人员的信息知之甚少；另一方面政府虽然是代理人，但却具有高度的独立性和自主性，极易摆脱委托人的监督，为自己或他人谋取私利。此外，政府是一个由自然人构成的实体，它不但容易被利益集团俘获，而且自己本身也构成一个利益共同体，有自己的利益需求。[1] 由于我国粮食主要还以散户经营为主，面对小农户这样一个庞大的群体，政府完全监管的成本非常高，所以政府往往放松对粮食生产环节的小规模种植主体的监管。对于生产环节的种植大户，地方政府出于追逐利益的考虑，政企合谋导致政府牺牲委托人的利益。

3. 信息不完全

国家干预要避免失灵，首先需要正确决策，而正确决策的前提是决策者拥有充分的信息。"信息在决策中起着至关重要的作用，它是正确决策的前提和基础，没有信息，就没法决策。"[2] 应对粮食生产环节中的质量安全问题是一个复杂而艰巨的工程，它需要政府在正确决策后适时采取行动，但是这个前提是政府必须获取充分的信息。但是，由于在这个过程中信息的收集和

---

〔1〕 参见薛克鹏：《经济法基本范畴研究》，北京大学出版社 2013 年版，第 145 页。
〔2〕 应飞虎：《信息失灵的制度克服》，法律出版社 2004 年版，第 1 页。

处理需要巨大的金钱和时间成本,政府与粮食生产者之间存在的信息不对称就会导致政府规制失灵。

除以上3个原因外,政府官员的经济人属性、政府决策者和执行者的能力和素质、政府的时效性和地方性等原因也是导致粮食生产质量安全问题的原因。

三、粮食生产环节的质量安全保障体系构建

(一)完善粮食生产质量安全的法律体系

法律作为上层建筑,是调整社会经济关系的最主要手段。完善现行粮食生产质量安全法律制度,是提高粮食质量最根本和最重要的选择。

对于粮食质量安全立法,我国目前缺乏一个完整的、系统的粮食质量安全保障法律体系。我国《宪法》《食品安全法》《农产品质量安全法》《基本农田保护条例》《土地管理法》《环境保护法》《农业法》《种子法》《水污染防治法》《固体废物污染环境防治法》等法律法规,都涉及保障粮食生产质量的相关内容。但这些法律法规对粮食质量安全的描述缺乏系统性,至今没有一部专门的法律能完整地规定整个粮食供应链的质量安全要求。绝大部分相关立法并不是以维护粮食安全为初衷,没有形成保障粮食安全的立法理念,相关立法在一定程度上维护粮食安全也仅仅是为其他目的实现后所产生的附属效应。[1] 目前,全国人大常委会正在加快推动粮食安全保障法立法进程。2018年9月7日粮食安全保障法列入第十三届全国人大常委会立法规划,位于第一类立法项目,属于“条件比较成熟、任期内拟提请审议的法律草案”。首先,粮食质量安全作为粮食安全的高层次要求,粮食安全保障法在制定中应把“粮食质量安全”纳入其中进行系统、全面规定。其次,中央部委和地方层面应该制定一系列相关法律法规,使其具备可操作性,并要重视粮食生产、加工、存储、运输等全产业链各个环节有关粮食质量的立法表达,避免出现法律“真空”和不适宜的规定。最后,粮食质量安全的有关法规应该尽可能与

---

〔1〕 参见乔兴旺:《中国粮食安全国内法保障研究》,载《河北法学》2008年第1期。

国际接轨,在国际竞争中迅速提高粮食质量,增强国际竞争力。

(二)明晰政府在保障粮食生产质量安全中的职能定位

政府在保障粮食生产质量安全中具有不可推卸的责任。基于此,下面提出规范政府在保障粮食生产质量安全中的职能定位的建议。

1. 处理好政府与市场、粮食生产者、社会中间层的关系

处理好政府干预与市场的关系。在现代市场经济体系中,市场调节与政府干预是紧密结合、相互交织、缺一不可的,但市场调节与政府干预都不是万能的,都有其缺陷,关键是寻求市场机制与政府调控的最佳结合点。针对粮食生产环节的质量安全管理而言,仅仅依靠市场机制根本无法解决粮食质量安全问题,所以政府的介入是必须的也是必要的。与此同时,政府要通过培育市场力量、引入市场机制、公开市场信息等措施,发挥市场在粮食生产环节的质量安全管理中的作用。

处理好政府干预与粮食生产者的关系。政府在是农村发展中的重要主体,但不是唯一主体,它需要在与市场、社会的互动中解决农业农村的发展问题。[1] 政府和粮食生产者分别提供个人消费的公共物品与私人物品,政府主要考虑的是社会效益,粮食生产者主要关心粮食生产的经济效益。在粮食生产环节的质量安全管理中,由于信息不对称等原因,粮食生产者在经济利益的驱动下一般不会主动提高粮食质量安全水平。政府作为公共物品的主要提供者,应通过制定相关的法律法规和质量标准、强化产品认证、加强市场监管等措施,约束粮食生产者的行为,这对提高粮食质量安全必将大有益处。同时,政府也应该采取各种措施调动粮食生产者的积极性,促使粮食生产者主动参与到粮食质量安全管理中来,最终提高粮食的质量安全水平。

处理好政府与社会中间层的关系。现代社会存在大量的公共事务管理活动,政府虽然是这些管理活动的中心,但是政府不可能提供全部公共物品,必须还要吸收社会中间层参与进来。社会中间层的存在和发展是对市场失

---

〔1〕 参见郁建兴、高翔:《农业农村发展中的政府与市场、社会:一个分析框架》,载《中国社会科学》2009 年第 6 期。

灵和政府失灵的一种补充。目前,我国粮食质量管理的社会中间层主体主要包括中国粮食行业协会、中国食品工业协会、中国粮食经济学会、中国粮油学会、中国消费者协会等,食品安全风险评估机构、食用农产品质量检验机构、质量认证机构、高校科研所食品安全研究机构等。要充分发挥社会中间层的中介性的特征,使社会中间层成为连接政府和粮食生产者、其他市场主体的桥梁,协整政府发挥规制的作用,帮助粮食生产者和其他市场主体克服国家干预的缺陷。对于一些规模大、科技实力强的社会中间层,还可以发挥其为政府承担一些政策研究、技术推广、标准制定等方面的职能。

2. 合理设置粮食生产质量监管机构

中央政府是保障粮食质量安全的首要责任主体。但目前,我国中央政府负责粮食质量安全监管的部门过多,粮食生产环节就涉及发改委、农业农村部、水利部、自然资源部、生态环境部、卫健委等多个部门。多个部门监管具有有利的一面,但多头管理也带来了执行成本较高、职权交叉等弊端。为了明确中央政府的粮食安全责任,首先,需要明确中央政府的责任内容,中央政府负责粮食质量安全的整体规划,制定公平合理的地方政府责任,协调主产区、主销区和平衡区的政府责任,并制定相关的法律和政策。其次,要整合多头管理的中央政府部门结构。建议农业农村部、水利部、自然资源部、生态环境部、卫健委等部门中对粮食生产质量管理的下属机构重新整合,组建一个新部门对我国粮食生产进行统一管理,全权负责我国粮食生产质量安全。

粮食生产环节是保障粮食质量安全最重要的环节,我国应该建立健全一个全方位的监管体系才能确保粮食安全。应该建立起一个由中央、省级、县级三层构成的,布局合理、职能明确、专业齐全、反应快捷、运行高效的粮食质量安全管理体系。法律明确规定各级政府、政府各个部门的职能分工,逐步建立权责一致、权威性强、效率高的管理体制。

(三)构建粮食质量安全的政策体系

对于粮食生产质量调控,我国长期以政策、制度调控为主,每年出台的中央一号文件和其他政策性文件大多涉及农产品质量安全内容,但这些政策调控手段目前并没有形成一个系统的调控规划。基于我国的粮食安全现状,建议制定和完善相关政策。

1. 制定粮食科技创新政策

目前,我国粮食质量出现问题的原因之一,就是化肥、农药的不合理使用,种子的质量不高。导致这种现象多发的原因在于,化肥、农药投入的成本低于人工劳动力,高品质种子价格高昂。在这种情况下,政府应制定一些科技创新政策引导市场提供依赖有机肥的粮种,引导低农药使用、优质的种子培育研发。通过科技创新政策,提高种植人员素质,培养一批研发优质种子和先进种植技术的科研人员。地方政府应配合中央政府出台配套政策,引导农民进行种植调整。

2. 建立对粮食生产者的质量激励政策

由于粮食生产者与消费者、政府之间存在严重的信息不对称,所以粮食消费者和政府获取相关信息的成本都非常之大。与缩小信息不对称的鸿沟相比,通过政府制定政策激励粮食生产者主动向消费者提供高质量的粮食是一种更有效的途径。我国政府应该制定相关政策对高质量粮食的生产进行相应的补贴或者奖励,并制定政策提高消费者的粮食消费水平,激励消费者对高质量产品的消费。为了保证粮食生产者提供高质量粮食,建议完善有关消费者投诉和发挥社会组织有效监管的政策,对粮食生产者的行为起到外部监督作用。

3. 健全粮食生产质量的监管政策

针对目前我国粮食生产质量安全的现状,各级政府部门应该认真履行公共管理职能,加强粮食生产的事前、事中、事后监管。粮食生产质量安全监管应以维护市场准入秩序为基本价值取向,如果将粮食质量安全监管定位于市场管理,或将管理环节后置,对于市场上的不合格的粮食只能销毁,这对于社会财富是巨大的浪费,而且无法从根本上杜绝不合格粮食流入市场,所以应该完善我国粮食生产企业的市场准入监管政策。为了确保粮食的生产、收购、储存、运输环节的全程可追溯,中央应从政策上强化粮食质量追溯制度建设,激励地方建立配套政策,使追溯平台逐步在粮食质量安全的保障中得到推广。

第四章　粮食安全的流通法治保障

从粮食的生产到消费,粮食流通环节是必不可少的。从粮食安全的角度来说,粮食流通作为连接粮食生产和消费的中间环节也至关重要。本章将从法律的视角讨论粮食流通的含义;梳理相关的法律规范;具体探讨粮食流通对粮食安全的意义;简要梳理我国粮食流通体制的改革历程,对发达国家粮食流通体制作简要介绍;针对"粮食价格"、"粮食收购"、粮食进出口和粮食的社会储备等具体问题展开讨论。本章对我国粮食流通体制改革的建议散见在每一节针对具体问题的讨论中。

第一节　粮食流通制度概述

一、粮食流通的含义界定

粮食从生产到消费,需要经过粮食流通环节。随着粮食生产和粮食消费的集中,粮食流通的成本会越来越高。从粮食安全的角度来说,安全且高效的粮食流通是必不可少的。安全意味着风险可控,高效则意味着流通成本与收益比例合适。

生产、分配、交换和消费是社会生产的4个环节,经济学认为,粮食流通是联结粮食生产和粮食消费的中间环节。[1] 这样的定义可以帮助理解粮食流通的概念,但是法学要求概念准确和具体,根据《粮食流通管理条例》第2

〔1〕 参见李利英:《粮食经济问题》,中国农业出版社2015年版,第215页。

条的规定，粮食的收购、销售、储存、运输、加工、进出口等经营活动（以下统称粮食经营活动）都应当遵守《粮食流通管理条例》。[1] 据此，粮食经营活动都作为粮食流通的具体经营行为而受到规制，因此本书认为法学意义上的粮食流通包括粮食的收购、销售、储存、运输、加工和进出口等经营活动。根据本书的编写体系，粮食储备问题单独列为一章，但是粮食的社会储备与粮食流通关系紧密，因此放在本章讨论。

因此，本章中所研究的粮食流通包括粮食的收购、销售、运输、加工、社会储备、进出口和其中的粮食价格问题。

二、粮食流通与粮食安全

从整体上来看，粮食安全在流通环节中具体表现为减少流通中的粮食损耗和保障粮食质量安全。传统的粮食安全是粮食的生产安全，即只要保证足够的粮食产量，粮价就是稳定的，粮食市场就是安全的。但是，在粮食生产给定的情况下，粮食自由流通则是稳定粮价的关键。换言之，粮食安全的评价指标，不仅包括粮食产量指标，还应当包括所有人对粮食的可获得性指标，即粮食的分配安全。[2] 作为连接粮食生产和粮食消费的中介环节，粮食流通还要保障粮食供需总体的平衡，实现粮食的分配安全。粮食流通在整个粮食安全体系的架构中属于中介环节，我国现有的粮食生产和粮食消费格局决定了粮食流通在粮食安全中的重要媒介作用。对粮食流通的市场监管从微观层面保障粮食质量安全和粮食交易安全，防止损害消费者权益和破坏市场秩序的经营行为和消极竞争行为，而对粮食流通的宏观调控则保证粮食流通中供求总量的相对平衡。

（一）连接粮食生产和粮食消费

粮食流通是粮食生产和粮食消费的中间环节。粮食流通在整个粮食安

---

〔1〕《粮食流通管理条例》第 2 条规定，在境内从事粮食的收购、销售、储存、运输、加工、进出口等经营活动（以下统称粮食经营活动），应当遵守本条例。前款所称粮食，是指小麦、稻谷、玉米、杂粮及其成品粮。

〔2〕参见叶良芳：《无证收购粮食行为入刑的法理考察——基于规范论和立法论的双重视角》，载《法治研究》2017 年第 1 期。

全体系的架构中也具有重要的媒介作用。对于我国来说，粮食生产越来越集中在部分粮食生产大县，而粮食消费市场也越来越集中在大的城市群。在未来，随着土地经营权流转和土地用途的统一规划，粮食生产会进一步集中，而粮食消费也会随着城镇化程度的提升而进一步集中。因此，粮食流通在粮食安全体系架构中的媒介作用会进一步增强。

粮食流通具有天然的高成本特性。[1] 流通的时滞性带来周期性的仓储成本，包括为解决粮食季节性生产、全年消费问题而产生的必要的粮食仓储成本。空间集散特性增加粮食的收购成本，包括将分散在小农户手里的粮食进行集中收购而产生的交易成本，随着土地经营权的流转和农用地的进一步集约化经营，分散的小农户收购的现状会得到改善。粮食物流特性带来的特殊物流成本，包括为保证粮食使用价值而进行的特殊运输、加工、配送等产生的物流成本。为了保证流通过程中的粮食质量安全，需要对粮食进行加工，粮食加工本身耗费一定的成本，对粮食加工活动进行的监管也需要耗费一定的成本。粮食销售带来的成本相对较低，在销售这一环节上，粮食和一般的工业品没有本质的区别。总而言之，粮食流通相比一般的工业品流通成本更高，在此过程中产生的风险也更大，粮食流通对于粮食安全体系的建构也就更加重要。

粮食流通可以增加粮食的有效供给，从粮食供给的角度解决粮食安全问题。有效供给，是指通过高效的粮食收购将生产环节的粮食转移到消费环节；通过提高粮食质量安全保障消费者的切身利益；打造畅通的粮食物流体系，减少物流环节的粮食损耗；通过粮食进出口增加粮食的绝对供给。

粮食流通可以稳定粮食销售价格，通过保护消费者免予饥饿的权利来解决粮食安全问题。粮食价格问题几乎涵盖了从收购、分销、进出口到消费的整个粮食流通环节。价格是监测粮食安全体系的重要信号，也是调控粮食安全体系的重要工具。粮食保护价、最低收购价、直接补贴和目标价格制度的设计要通盘考量粮食流通的各个环节，不仅要稳定粮食供给，还要保护粮农

---

〔1〕 参见霍焱、高觉民、管利：《基于流通链视角的现代粮食流通组织创新研究》，载《北京工商大学学报》(社会科学版)2014 年第 4 期。

的利益，保护其种粮的积极性。粮食价格调控制度则要立足消费环节，保障粮食价格稳定，保证消费者可以稳定地从市场上获得生存所需的粮食。粮食的社会储备也有助于平抑粮食销售价格波动，在粮食销售价格较高时，储备主体可以通过消化自身储备粮而减少哄抢行为，并可将多余储备粮在粮食价格较高时抛售以平抑粮食价格波动；当市场流动粮食数量较多、价格下降时，可以通过及时收购补充储备而以较低价格购买粮食，减少市场上流通的过剩粮食，抬升粮食销售价格。

（二）粮食流通中的监管保障粮食质量安全

流通环节的质量安全直接关系消费者对粮食的有效获得和消费者的切身利益，粮食流通环节众多，质量安全尤其重要，一旦出现严重的质量安全事故，往往会成为重大的公共事件。

粮食流通的市场监管包括对粮食的收购、销售、运输、加工和进出口的监管。法律针对不同的流通环节设置相应的规制措施，能够保障粮食的质量安全。因为粮食交易链是由粮食收购、销售、运输、加工和进出口等经营活动有机结合的完整链条，从而实现粮食的使用价值从粮食生产者向粮食消费者的转化。针对粮食运输，法律设置相应的粮食运输技术规范，包括对运输条件和运输工具的要求。[1] 针对粮食销售，相关的经营者要取得相应的资质。从粮食的收购、加工、运输，最后到粮食消费，环节繁多，涉及的主体也很多，为了保障粮食消费者的利益，对整个粮食流通环节进行市场监管是必要的，其目的在于保障粮食质量的总体安全。

粮食加工环节的监管对粮食质量安全的保障。根据《粮食流通管理条例》的规定，粮食加工，是指通过处理将原粮转化成半成品粮、成品粮，或者将半成品粮转化成成品粮的经营活动。[2] 我国《农业法》规定，要改善粮食加工设施，提高粮食主产区的粮食加工水平。[3] 《粮食流通管理条例》对粮食加工进行了更加细致的规定。食用粮食加工经营者禁止使用发霉变质的原

---

〔1〕《粮食流通管理条例》第15条。

〔2〕《粮食流通管理条例》第51条。

〔3〕我国《农业法》第32条。

粮、副产品进行加工；禁止违反规定使用添加剂；禁止使用不符合质量、卫生标准的包装材料；禁止影响粮食质量、卫生的其他行为。从事粮食加工的经营者必须要保持必要的库存量。[1] 从事粮食加工的经营者要进行相关的工商行政登记。[2] 粮食加工经营者还要建立粮食经营台账。[3] 还规定了相应的产品质量监督检查和行政处罚。[4]

粮食质量安全标准制度对粮食质量安全的保障。对流通环节的粮食质量安全设置统一的标准，对于特定的质量不符合要求的粮食不得作为口粮进行销售。粮食收购入库和销售出库时都有相应的质量安全检验制度；粮食质量检验机构的设立和运作也需要取得相应的资质，粮食质量安全检验制度对流通环节中的粮食质量安全进行动态保障。

粮食质量追溯体系对粮食质量安全的保障。建立健全粮食质量追溯体系，确保粮食生产、流通和消费环节的全过程可控可查。充分利用现有的技术力量，在建立粮食质量追溯体系时也要进行成本收益分析。2020 年中央一号文件中也强调要"强化全过程农产品质量安全和食品安全监管，建立健全追溯体系，确保人民群众'舌尖上的安全'"。

粮食召回制度对粮食质量安全的保障。粮食召回制度，即经营者发现其销售的粮食有害成分含量超过食品安全标准限量的，应当立即停止销售，通知相关经营者和消费者，召回已售粮食，并记录备查，同时将召回和处理情况向县级以上粮食行政管理部门报告。[5] 我国的粮食召回制度最早规定在《粮食质量安全监管办法》中，各个省也都建立了相应的粮食召回制度。粮食作为一种准公共产品，对存在质量问题的粮食进行召回，甚至销毁是出于对公共卫生和消费者健康的保护。[6]

---

〔1〕《粮食流通管理条例》第 19 条。

〔2〕《粮食流通管理条例》第 13 条

〔3〕《粮食流通管理条例》第 20 条。

〔4〕《粮食流通管理条例》第 35 条、第 37 条、第 43 条、第 45 条和第 46 条。

〔5〕参见孙晓明：《搭建粮食质量安全监管载体，确保问题粮食可追溯可召回》，载《中国粮食经济》2015 年第 9 期。

〔6〕参见《镉米重出江湖？云南镇雄称销毁的近百吨湖南益阳大米系镉超标》，载 https://www.Jfdaily.com/news/detail？id=240889，最后访问日期：2020 年 4 月 26 日。

此外，粮食流通行业的经营者还要公平交易，不得破坏正常的市场交易秩序。

(三)粮食流通中的宏观调控保障粮食供求平衡

粮食流通的宏观调控包括对供应量的调控和对粮食质量安全的规制。宏观调控的着眼点不仅是具体的粮食交易，而是整个粮食交易市场的总体平衡和安全。首先，要实现粮食供求总量的总体平衡，从宏观层面保障粮食的供应量和需求量的动态平衡。因为粮食生产具有季节性的特点，而粮食的消费却具有全年性，而且消费相对比较集中。其次，是粮食质量安全的保障，粮食作为一种特殊的商品，与人类的生存息息相关。现行粮食产销格局呈现越来越集中的特点，这就导致保障粮食流通安全越来越有必要。进而，从保障粮食消费者的角度来说，在流通过程中的粮食质量安全也就尤为重要。

供求决定商品的价格，粮食供求总量的平衡对于粮食价格的稳定具有重要的意义。而且，我国的粮食主产区和粮食主销区都相对集中，粮食流通作为沟通和连接粮食生产和粮食消费的环节，地位和作用十分重要。粮食生产可以解决粮食供应的问题，但是粮食的流通可以在粮食生产和粮食消费之间搭建桥梁，促进粮食供求总量平衡的实现。

国有粮食企业在粮食流通中处于主力军的地位。从粮食收购开始，国有独资和国有控股粮食企业就要服从和服务于国家的宏观调控，而且国有的粮食购销企业要在粮食流通中发挥主渠道作用，带头执行国家的粮食政策。粮食企业，无论是国有制还是其他所有制的企业，都要满足政府着眼于调控需要设置的最高库存总量和最低库存总量的要求。

国家采取储备粮吞吐、委托收购、粮食进出口等多种经济手段，加强对粮食市场的调控，保持全国粮食供求总量的基本平衡。只有粮食供求的基本平衡才可以保障粮食价格的总体稳定。

(四)促进区域协调发展分散粮食流通风险

由于粮食生产的季节性和粮食消费的全年性，广义的粮食流通具有天然的高成本特点。在工业化、城镇化程度较低的阶段，这种高成本主要体现在粮食储备中。随着城镇化水平的提高,粮食生产和粮食消费在时空维度上的不匹配程度增加,对于粮食流通来说,收购、加工、运输、储备等各个环节出现问题对整体的粮食流通的影响也在增加,这意味着粮食流通中相关的风险的集中。

图4-1和图4-2中,对粮食主产区和粮食主销区的界定来自《粮食大辞典》。粮食主产区(main producing area of grain):黑龙江、吉林、辽宁、内蒙古、河北、河南、山东、江苏、安徽、江西、湖北、湖南、四川等省(自治区),具有生产潜力大、商品化率高、商品量大的特点,耕地面积占全国的65%,有效灌溉面积占71%,粮食产量占70%以上,商品粮占产量的80%以上。粮食主销区(main market area of grain):主要集中在东南沿海和大城市,包括北京、天津、上海、浙江、福建、广东、海南,其粮食产量约占全国总量的10%,粮食自给率仅为40%左右。由于没有粮食消费量这一统计指标,因此统计了各地区的年末常住人口数量。从图4-1和图4-2可以看出,粮食生产和粮食消费在空间上具有相当的不匹配程度,而且这种不匹配程度并没有降低的趋势。

粮食流通花费的成本取决于粮食生产和粮食消费在时间和空间上的不匹配程度,粮食主销区城镇化水平的提升也会导致粮食流通中的风险进一步集中。从流通趋势来看,粮食生产将继续向粮食主产区集中,跨区域粮食流通量将进一步增加,粮食市场大幅波动的风险依然存在。区域发展不平衡造成人口越来越向部分经济发达地区聚集,人口向这些地区聚集会造成该地区包括粮食供给压力在内的生态压力的进一步提升。城市群的规模越来越大,那么随之而来的粮食流通压力也会随着增加。

几十年以来,我国的城市化发展造就了越来越大的城市群,也带来了越来越严重的"大城市病"。部分城市的城市化水平越高,所面临的粮食流通中的风险就越大,风险也更加集中。国家鼓励粮食主产区和主销区以多种形式建立稳定的产销关系。制度设想中的大规模机械化农业也未必能够在短时间内得到实现,即使实现了也未必能够有效应对粮食安全面对的风险和挑战。粮食生产和消费的集中会导致风险的集中,个别问题会因为农业的集中经营而被放大。

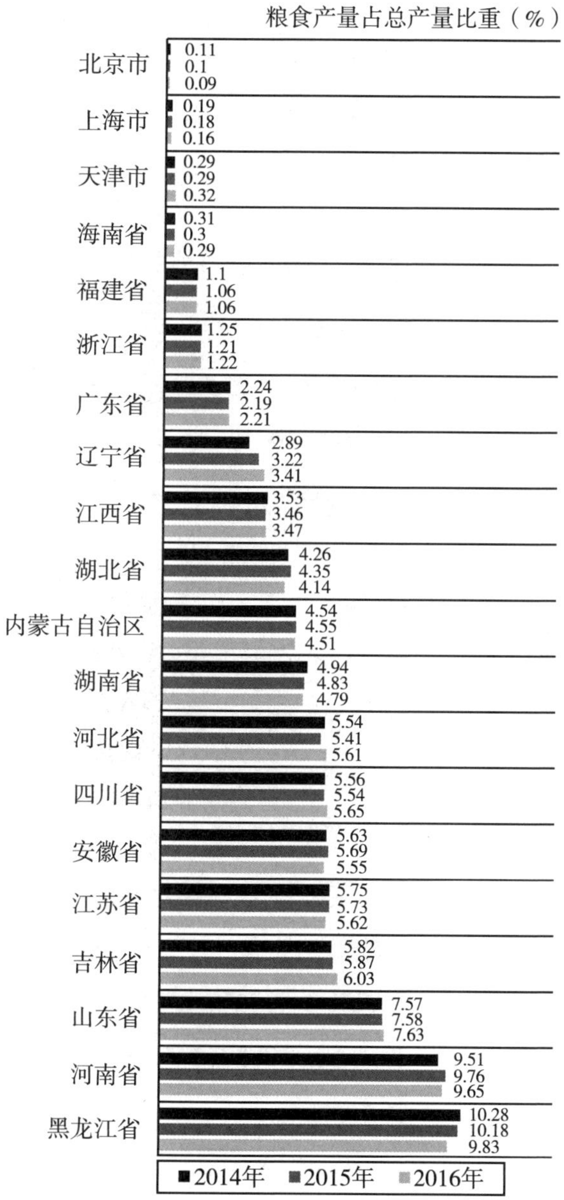

图 4－1　粮食主产区与粮食主销区粮食产量占总产量比重(2014～2016 年)[1]

---

〔1〕 数据来自农业农村部网站,载 http://zdscxx. moa. gov. cn:8080/misportal/public/dataChannelRedStyle. jsp,最后访问日期:2020 年 2 月 10 日。

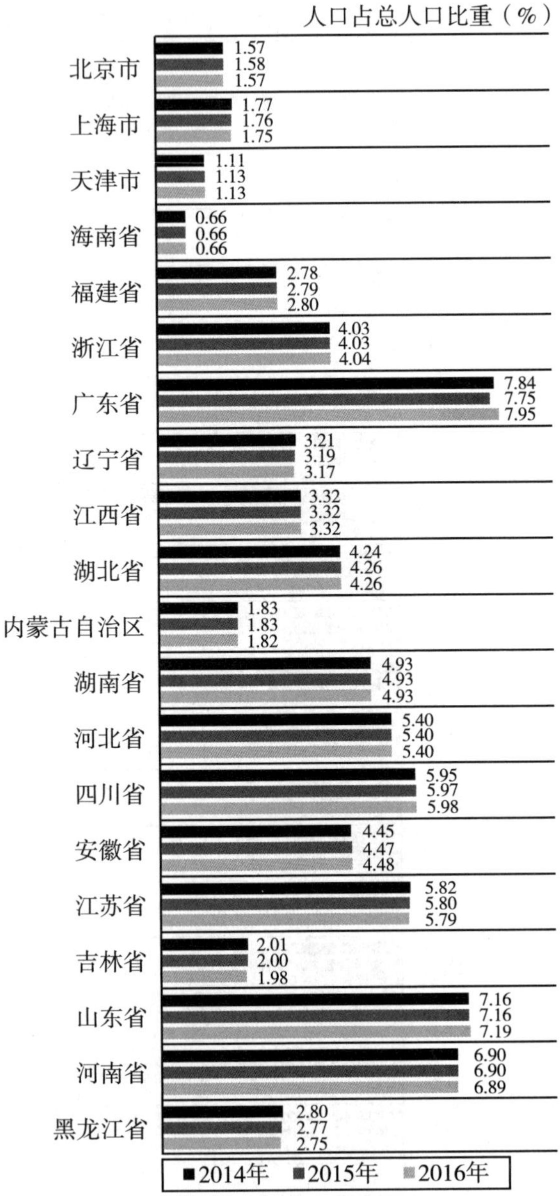

图 4－2 粮食主产区和粮食主销区人口占总人口比重(2014～2016 年)[1]

---

〔1〕 数据来自农业农村部网站，载 http://zdscxx.moa.gov.cn:8080/misportal/public/dataChannelRedStyle.jsp，最后访问日期：2020 年 2 月 10 日。

区域协调发展可以分散粮食流通中的风险。区域发展的相对平衡可以减少粮食生产和粮食消费之间时空上的不匹配程度，分散粮食流通中的风险，更好地保障粮食流通过程中的粮食安全。党的十九大报告指出，中国特色社会主义进入新时代，我国社会主要矛盾已经转化为人民日益增长的美好生活需要和不平衡不充分的发展之间的矛盾。促进区域、行业和城乡发展的协调，分散粮食流通中风险的同时，也可以减少粮食流通中的成本消耗，有利于增加社会总福利。

三、粮食流通相关法律规范梳理

粮食流通相关的法律规范散见在多个法律文件中，集中体现在《粮食流通管理条例》和《粮食质量安全监管办法》中，我国《农业法》中也有部分规定。本节对这些法律规范进行梳理和归纳。此外，我国《进出境动植物检疫法》针对进出境的动植物、动植物产品实施检疫，在粮食安全问题上，主要是针对进口的粮食进行卫生检疫，保障国际贸易中的粮食质量安全。

（一）我国《农业法》对于粮食流通的规定

根据我国《农业法》第 17 条的规定，各级人民政府应当采取措施加强农产品仓储和流通的建设。而且第四章特别规定了“农产品流通与加工”，在第五章“粮食安全”中，也有具体的粮食流通相关的规定。

根据《粮食流通管理条例》第 2 条的规定，粮食是指小麦、稻谷、玉米、杂粮及其成品粮，虽然我国《农业法》并没有对农产品进行概念界定，但是根据语义解释，“农产品”这一概念的外延大于“粮食”。在适用顺序上，应遵循特别法优先于一般法的规定，优先适用《粮食流通管理条例》。

我国《农业法》第四章“农产品流通与加工”的规定相对比较笼统。该法第 26 条规定了农产品购销实行市场调节，以及必要的宏观调控。该法第 27 条规定了农产品交易市场的建立和相关政府部门维护交易市场的职责。该法第 28 条规定了国家鼓励和支持发展多种形式的农产品流通活动以及县级以上人民政府具体的相关职能。该法第 29 条规定了国家鼓励支持农产品加工业和食品工业。该法第 30 条对农产品进口预警制度进行了原则性规定，并且鼓励农产品进出口贸易。

我国《农业法》第五章“粮食安全”中,对粮食流通的规定比较分散。该法第32条对改善粮食收贮,提高粮食主产区的粮食生产、加工水平和经济效益进行了原则性规定,而且鼓励支持粮食主产区与主销区建立稳定的粮食购销合作关系。该法第33条规定了针对部分粮食品种的保护价制度,而且当农民按照保护价制度出售粮食时,国家委托的收购单位不得拒收。

(二)《粮食流通管理条例》对于粮食流通的规定

《粮食流通管理条例》属于国务院制定的行政法规,专门针对粮食流通的各个环节进行了相对详细具体的规定。该条例第51条对于粮食收购和粮食加工进行了较明确的界定。其中,粮食收购,是指为了销售、加工或者作为饲料、工业原料等直接向种粮农民或者其他粮食生产者批量购买粮食的活动。粮食加工,是指通过处理将原粮转化成半成品粮、成品粮,或者将半成品粮转化成成品粮的经营活动。

1. 法律关系主体

《粮食流通管理条例》规定了3种法律关系主体:市场主体、政府主体和粮食行业协会。市场主体又分为国有粮食购销企业和多种所有制市场主体,而且对市场主体的准入设置了资格要求。国有和国有控股粮食企业要服从和服务于国家的宏观调控,而且要在粮食流通中发挥主渠道作用。政府主体主要是国务院发展改革部门,国家和县级以上地方人民政府粮食行政管理部门,国务院和县级以上市场监管部门、卫生管理部门等部门和省级人民政府。同时,对粮食行业协会进行了原则性的规定,强调粮食行业协会以及中介组织应当加强行业自律,在维护粮食市场秩序方面发挥监督和协调作用。

2. 权利(权力)和义务

针对不同的主体,该条例设置了不同的权利(权力)和义务。对于市场主体来说,首先是需要按照规定取得粮食收购资格。其法律权利主要体现为有权向银行申请收购贷款。其法律义务可以总结为:信息公示义务、公平交易的义务、定期报告义务、符合粮食储存标准和技术规范的义务、符合粮食运输技术规范的义务、满足粮食加工条件的义务、满足粮食销售要求的义务、符合库存量要求的义务和建立粮食经营台账的义务。对公权力机关来说,在授权的范围内行使权力,履行其义务和职责。其权力和义务可以归纳为:有权进行宏观调控、建立粮食风险基金制度、设置最低收购价格、建立粮食供需抽查制度并发布信息、建立粮食应急管理体系、进行监督检查的权力。

3. 法律责任

违反义务要求,权利被侵犯或者权力遭到滥用,相应主体都要承担相应的法律责任。对市场主体来说,违反粮食收购资格要求;损害市场交易,违反强制要求;陈粮不符合标准;库存量不符合要求;粮食仓储设备,运输工具不符合要求;违反粮食加工、粮食销售的要求的行为都会承担相应的法律责任。对于政府主体来说,违反粮食风险基金管理的规定以及监督检查人员的非法干预行为也要承担相应的法律责任。

(三)《粮食质量安全监管办法》对于粮食流通的规定

《粮食质量安全监管办法》属于国家发展和改革委员会制定的部门规章。主要对粮食流通过程中的粮食质量安全进行了规定。其适用范围与《粮食流通管理条例》不同。对粮食概念的界定不同,除谷物(包括小麦、稻谷、玉米、杂粮等)及其成品粮外,该办法所指的粮食还包括食用植物油、油料、豆类和薯类。对粮食加工活动和销售活动进行了限缩,该办法中的粮食加工活动仅限于政策性粮食的加工,粮食销售活动也限于政策性粮食销售活动。对于出入境粮食,也就是粮食的进出口活动,应当符合出入境检验检疫的有关规定。

1. 法律关系主体

规定了 4 种不同的主体:粮食经营者、粮食行业协会、粮食检验机构和粮食行政管理部门。相比《粮食流通管理条例》,该办法中的政府主体更加具体、范围更小,仅限于粮食行政管理部门。

2. 权利(权力)义务关系和法律责任

针对不同的法律关系主体,该办法设置了不同的权利(权力)和义务。(1)针对粮食经营者。粮食经营者有义务遵守粮食质量和食品安全标准,对于不符合食品安全标准的粮食,禁止作为口粮销售;粮食经营者有义务建立粮食安全管理制度;在粮食收购入库时,要进行质量安全检验;粮食经营者还要定期对粮食粮情进行检查和品质检验;遵守粮食药剂的使用标准和规范;在粮食销售出库时,也要对其进行质量安全检验;粮食经营者要遵守粮食运输和加工的条件要求;粮食经营者要建立粮食质量安全档案制度,其保存期限自粮食销售出库之日起不得少于5年。粮食经营者还要建立粮食质量安全追溯制度,实现粮食质量安全的可追溯;粮食召回制度,当粮食经营者发现其销售的粮食有害成分含量超过食品安全标准限量的,应当立即停止销售并召回已经售出的粮食。此外,粮食经营者还要事先建立粮食质量安全事故处置方案。(2)针对粮食行政管理部门。国家粮食行政管理部门会同国务院有关部门制定和实施国家粮食质量安全风险监测计划,省级粮食行政管理部门参照国家计划制定和实施本行政区域的粮食质量安全风险监测计划;省级粮食行政管理部门有义务把粮食质量安全风险监测计划及其监测结果和发现的问题向国家粮食行政管理部门报备,并通报同级的其他部门;省级粮食行政管理部门可以设定粮食收购和出库必检项目;县级粮食行政管理部门负有信息公开义务,发布常规粮食质量监测信息等;县级粮食行政管理部门如果需要对粮食质量安全进行检验,应当委托有关的粮食检验机构;对粮食质量安全事故的处理也进行了详细的规定;对粮食质量监督管理计划也进行了规定,县级以上粮食行政管理部门要制定粮食质量安全年度监督管理计划并报上级粮食行政管理部门备案,并且规定了在监督管理中可以采取的措施;对于监督检查的记录要进行归档,并且建立粮食质量安全信用档案。(3)针对粮食检验机构。粮食检验机构要取得相应的资质认定之后才可以从事粮食检验活动。

四、我国粮食流通体制的改革历程

粮食流通体制总是带有时代的印记。在改革开放之前,我国施行高度集中的计划经济体制,粮食流通也相应地呈现高度的计划性和垄断性。在改革开放之后,粮食收购制度领域的改革和粮食储备制度的改革是粮食流通体制改革中的重点。

(一)传统粮食流通体制的形成阶段(1953~1978年)[1]

1. 传统粮食流通体制的形成

1953年10月16日由中共中央作出的《关于实行粮食的计划收购与计划供应的决议》以及1953年11月19日由政务院作出的《关于实行粮食计划收购和计划供应的命令》,标志着我国传统的粮食流通体制开始构建。从1953年12月起,我国的粮食购销开始由国家垄断,为了使这种国家垄断政策得以顺利实施,全国上下逐渐建立起了既行使政府行政职能,又代表国家从事粮食计划购销活动的国营粮食系统。1953~1979年国营粮食系统在组织与机构上迅速膨胀、在制度与政策上逐渐调适与定型,从而形成了一种稳定性极高、缓冲性极强的粮食流通体制。

2. 传统粮食流通体制的特征

传统粮食流通体制运作的基本原理是由政企合一的国营粮食系统在垄断粮食收购、储存、运输、加工、销售业务的同时实现粮食的计划配给,进而强制实现粮食供求的总量平衡、结构平衡及区际平衡。概括而言,传统的粮食流通体制表现为高度的计划性和极强的垄断性。(1)高度的计划性。在传统的粮食流通体制中,粮食收购被称为征购。否定粮食的商品属性,粮食在系统内的销售被称为粮食调拨,粮食在零售环节的销售被称为粮食供应,不同地区之间的粮食流通被称为粮食调运。粮食调运的数量、品种、价格都按相应层级的国家计划严格执行。传统的粮食流通体制在长期实践中形成了一套非常完整的、强度极高的粮食计划体系。(2)极强的垄断性。垄断性表现在国营粮食部门对粮食流通的垄断是一种政府垄断或政府特许的垄断,它具有很浓厚的政治使命色彩,因而通常也被视为一种超经济垄断,这一垄断的核心任务是掌握粮源、稳定供应,并由此获得国民经济工业化所需的原始积累。垄断性还表现在国营粮食部门作为承担粮食购、销、调、存、加的一种复合型的粮食流通组织,是一种政企合一的特殊单位,它既是具体制订与执行粮食计划的关键性的政府行政部门,又是具体承担粮食流

[1] 参见曹宝明:《中国粮食流通市场化改革进程分析》,载《江苏社会科学》2001年第4期。

通业务的经济部门。

(二)改革开放以来我国粮食流通体制改革的若干阶段[1]

1. 改革的起步阶段(1978 ~ 1984 年)

1978 年党的十一届三中全会之后农村改革开始,1979 ~ 1984 年粮食流通部门的主要任务是配合农村改革,增加农民收益,以调动农民从事粮食生产的积极性。主要是收购制度的部分调整:逐步提高了国家计划收购(统购和派购)的粮食价格,适当缩减了统购、派购的数量,实行了超购加价制度,即农民售粮超过统购计划的部分加价,适当放宽了粮食集市贸易。1984 年的粮食大丰收,带来了 1985 ~ 1988 年的改革。

2. 收购制度改革为重点和"双轨制"阶段(1985 ~ 1988 年)

在"计划调节和市场调节相结合"以及其后的"有计划的商品经济"理论指导下,这一阶段的改革仍然将收购制度的改革作为重点,并开始将多渠道流通列入了粮食流通体制的改革内容,其中最主要的制度创新就是"双轨制"。主要是对粮食购销制度进行部分调整,实行粮食购销与价格的"双轨制":取消了统购、派购制度,采取了合同订购和议价收购并行的收购"双轨制",其中合同订购属于国家计划收购,议价收购属于市场收购;在收购"双轨制"的基础上形成了合同订购的计划价格与议价收购的随行就市相并存的价格"双轨制",其中合同订购的价格采取了水稻"倒三七"、小麦"倒四六"的混合平均价,实际上降低了粮食收购价格;实行了鼓励多渠道流通的粮食政策。

3. 改革放缓期和建立国家专项粮食储备制度阶段(1989 ~ 1992 年)

我国于 1990 年建立了国家专项粮食储备制度。这种以"加强粮食市场宏观调控"为目标的专项粮食储备制度尽管没有直接推动粮食流通市场化改革进程,但是由于政府意识到了对粮食市场的干预不能仅仅依赖计划手段,还必须将自身转换为粮食市场主体,通过专储的吞吐行为去调节粮食市场的

---

〔1〕 参见曹宝明、刘婷、虞松波:《中国粮食流通体制改革:目标、路径与重启》,载《农业经济问题》2018 年第 12 期;曹宝明:《中国粮食流通市场化改革进程分析》,载《江苏社会科学》2001 年第 4 期。

供求状况,因而它在另一种意义上为后续粮食流通市场化改革奠定了基础。

4. 两条线运行改革阶段(1993 ~ 1997 年)

这个阶段放开粮食价格和经营,实行"两条线"运行:针对粮食价格出现较大幅度波动的情况,积极稳妥放开粮食价格和经营,实行粮食政策性和经营性业务分开,建立和完善以粮食专项储备、风险基金、粮食省长责任制为主要内容的粮食宏观调控制度。

两条线运行的核心,是要将粮食部门同时承担的政策性业务和商业性经营在业务上和核算上彻底分开,其目的是明确政府与企业、中央和地方的责任界限,以减轻中央财政的补贴负担。但是由于两条线运行既存在因政企不分而出现的政策性经营单位与商业性经营单位难以划分的难题,又存在同一单位因同时承担两类业务而在资金界限、费用界限、财务分配界限方面难以界定的问题,因此两条线运行方案从一开始就陷入了困境。于是 1997 年又推出了"四分开、一并轨"的新方案。由于"四分开、一并轨"中的"并轨",是指计划价格与市场价格并轨,这一提法遭到了"是计划价向市场价并还是市场价向计划价并"的疑问,结果 1998 年这一方案又被改称为"四分开、一完善"。由于"四分开、一完善"在实际操作中还是存在种种困难,于是此后又推出了旨在强制实施"四分开、一完善"方案的"三项政策、一项改革"。

5. "四分开、一完善"和"三项政策、一项改革"阶段(1998 ~ 2003 年)

在第九届人大第一次会议上,中央政府将粮食流通体制改革列为五大改革之首,1998 年 5 月 10 日国务院又作出了《关于进一步深化粮食流通体制改革的决定》,指出这一轮改革的原则是"四分开、一完善",为了确保"四分开、一完善"的顺利实施,此后又提出了"三项政策、一项改革"。

"四分开、一完善",是指政企分开、中央与地方责任分开、储备与经营分开、新老财务账目分开,完善粮食价格机制。具体而言"四分开"是指:(1) 政企分开即粮食部门的粮食行政管理职能要与粮食企业经营分离。这涉及两个层次:一是粮食行政管理部门应代表政府对全社会粮食流通进行管理,要与粮食企业彻底脱钩;国有粮食企业作为粮食流通的主渠道,是独立核算的经济实体,不承担行政管理职能。二是粮食收储企业的附营业务必须与粮食收储业务划开,设立单独法人。(2)中央与地方责任分开即划分和落实中央与地方配比的财政补贴、解决好新老挂账问题,在全面落实粮食省长负责制的基础上,建立中央和省的两级粮食储备制度及粮食风险基金制度。(3)新老财务账目分开的核心是要正确核定应由财政补贴的挂账额度,同时要认真制定和落实消化新老挂账的措施,并要求在新体制下不得再出现新的挂账。(4)在储备与经营分开方面,一是要完善两级储备体系,对储备粮与企业经营周转粮实行分开管理,中央储备粮则在分区建立中央储备粮管理公司的基础上实行垂直管理。二是中央拨付的储备粮贷款和补贴要专款专用,任何单位和个人不得截留、挪用。"一完善",是指完善粮食价格机制,也就是要建立和完善政府调控下的市场形成粮食价格的机制,具体要制定两种保护价:一是要制定主要粮食品种的收购保护价以保护生产者利益;二是要制定主要粮食品种的销售限价以保护消费者的利益。

"三项政策、一项改革",是指按保护价敞开收购农民余粮、粮食收储企业实行顺价销售、粮食收购资金实行封闭运行、加快国有粮食企业改革。(1)按保护价敞开收购农民余粮有3层含义:一是确保农民基本的种粮收益,以稳定粮食生产;二是让农民售粮有渠道,不至于再现"卖粮难";三是使国家能够掌握足够的粮源。(2)粮食收储企业实行顺价销售的目的是使粮食收储企业能够获得正常的商业利润,不至于因亏损而要求政府给予财政补贴。(3)粮食收购资金实行封闭运行旨在杜绝收购资金的挪用和超期占用,以控制财政贴息。(4)加快国有粮食企业自身改革是要在政企分开的基础上,让粮食企业直接面对市场。所以,"三项政策、一项改革"实际上是"四分开、一完善"的配套政策。

6. 粮食直接补贴制度等粮食收购制度改革阶段(2004~2013年)

这一阶段粮食流通体制改革的主要特征是全面放开粮食收购市场,实行粮食收购保护价政策,以粮食直接补贴、粮食最低收购价和临时收储政策为主,加大了对粮食的补贴支持力度,积极推进国有粮食企业改革和多元化市场主体发展。

(1)粮食流通体制改革的完善期[1](2003～2005年)

2003年10月党的十六届三中全会中提到,要完善农产品市场体系,通过流通环节的间接补贴改为对农民的直接补贴,切实保护种粮农民的利益。要加大国家对农业的支持保护,深化农村税费改革,切实减轻农民负担。

2004年中央一号文件要求深化粮食流通体制改革。2004年5月23日,国务院颁布了《关于进一步深化粮食流通体制改革的意见》,强调要深化粮食流通体制改革,建立和完善对种粮农民直接补贴的机制。2005年中央一号文件强调应继续对短缺的重点粮食品种在主产区实行最低收购价政策,逐步建立和稳定粮食市场价格、保护种粮农民利益的制度和机制,同时指出,应切实加强对粮食主产区的支持。

为了保护粮食生产者的积极性,促进粮食生产,维护经营者、消费者的合法权益,保障国家粮食安全,维护粮食流通秩序,《粮食流通管理条例》于2004年5月26日正式生效。

(2)粮食流通体制改革的巩固期(2006～2014年)

2006年中共中央、国务院《关于推进社会主义新农村建设的若干意见》中提到,要完善粮食流通体制,深化国有粮食企业改革,建立产销区稳定的购销关系,加强国家对粮食市场的宏观调控。2006年召开的党的十六届五中全会指出,粮食流通工作的主要目标和任务是:深化一项改革,健全四大体系,建设六项工程,其中深化一项改革指的就是完善粮食流通体制,深化国有粮食企业改革,在"十一五"时期健全社会主义市场经济发展要求和我国国情的粮食流通体制。2007～2009年的中央一号文件都在强调农业补贴问题,加强对农民利益的保护,稳定粮食价格。

《粮食流通管理条例》在2013年进行了修改,主要是修改了粮食出库质量检验制度。将该条例第19条修改为:"建立粮食销售出库质量检验制度。粮食储存企业对超过正常储存年限的陈粮,在出库前应当经过粮食质量检验机构进行质量鉴定,凡已陈化变质、不符合食用卫生标准的粮食,严禁流入口

[1] 参见李利英:《粮食经济问题》,中国农业出版社2015年版,第224～225页。

粮市场。陈化粮判定标准,由国家粮食行政管理部门会同有关部门制定,陈化粮销售、处理和监管的具体办法,依照国家有关规定执行。”将该条例第45条第2款修改为:“倒卖陈化粮或者不按照规定使用陈化粮的,由工商行政管理部门没收非法倒卖的粮食,并处非法倒卖粮食价值20%以下的罚款;情节严重的,由工商行政管理部门并处非法倒卖粮食价值1倍以上5倍以下的罚款,吊销营业执照;构成犯罪的,依法追究刑事责任。”[1]

7. 粮食流通领域改革深化推进阶段(2014年至今)

完善粮食价格形成机制,探索市场定价为基础是价补分离改革,落实粮食安全省长责任制,推动粮食产业高质量发展。《粮食流通管理条例》在2016年也进行了修改,此次修改主要集中于粮食收购者的粮食收购资格。将该条例第9条第1款修改为:“依照《公司登记管理条例》等规定办理登记的经营者,取得粮食收购资格后,方可从事粮食收购活动。”在粮食进出口层面,正在探索如何利用“一带一路”倡议,更好地利用国际国内两个市场、两种资源,促进我国的国家粮食安全。

第二节 粮食价格监管与调控制度

“在市场经济体制下,价格是最重要的供求调节杠杆,发挥市场机制的作用,本质上就是发挥价格机制的作用。”[2]在市场机制正常发挥功能时,价格能够引导消费者自由选择,由消费端刺激经营者调整生产经营,从而调整供给端,通过价格不断波动保持供需平衡。但粮食市场秩序受诸多因素影响,尤其粮食本身具有弱质性,粮食生产在市场经济竞争环节中处于弱势地位,如果完全靠市场配置资源,粮食生产将受到极大制约,因此干预粮食价格、调整粮食供需平衡,是政府义不容辞的义务。[3] 政府应当作为监管者,打击粮食市场中的不正当价格行为,政府还应当作为调控者,通过调整粮食供需以维持粮食价格稳定。在市场经济社会中,商品交易才是消费者获得粮食最主

---

〔1〕 参见国务院《关于废止和修改部分行政法规的决定》(国务院令第638号)。

〔2〕 李瑞:《经济增长与农产品价格调控研究》,载《现代商贸工业》2012年第12期。

〔3〕 参见肖国安:《论粮食的弱质特征本质属性与安全责任》,载《中国粮食经济》2005年第5期。

要的手段,只有保证粮食价格合理稳定,才能保证适足粮食权这一基本人权。

一、粮食价格监管制度

(一)对于粮食价格垄断的监管制度

同样基于农业的弱质性,对于该国家最根本的产业,各国一般都对农业实行保护政策,在反垄断法中则体现为"适用除外"制度。[1] 农业生产者及农村经济组织在农产品生产、加工、销售、运输、储存等经营活动中实施的联合或者协同行为,不适用反垄断法。[2] 该条限定了反垄断法适用除外的主体、范围和行为,因此并非农业生产经营中的所有经济行为都适用该规范而不适用反垄断法。对联合或协同行为不适用反垄断法,以期处于社会弱势地位的农业生产者能够通过联合或协同行为整合并凝聚力量,对抗强势的第二、第三产业和国际市场,弥补农业自身的弱质性。但随着农业产业的自发调整,该条事实上已成为部分强势下游粮食经营者规避反垄断执法的"保护伞"。近年来中国多次出现"蒜你玩""豆你玩"等农产品价格大量上涨的事件,重要粮食 2011 年的价格涨幅甚至达到 12.2%。[3] 但是,农产品价格的上涨却并未带来农民收入的实际改善,而是由农业生产经营中的非弱势群体所攫取。[4] 原因之一就是,处于下游的粮食经营者通过合同、代理等交易方式,与上游多个农业生产者达成协同行为形式的垄断协议,控制粮食价格、数量等并获取垄断利润。[5] 一方面,这种形式的垄断协议本就不属于我国《反垄断法》中规定的典型形式;另一方面,由于我国《反垄断法》第 56 条规定,对农业生产者的联合行为在一定范围内不适用反垄断法。该种垄断协议的一致意思的达成和维持都依赖上游中心粮食经营者相似的交易条件,而且农

---

〔1〕 参见李冰:《反垄断法的适用除外问题研究》,载《山西大学学报》(哲学社会科学版)2004 年第 3 期。

〔2〕 我国《反垄断法》第 56 条。

〔3〕 参见于左:《中国农产品价格过快上涨的垄断因素与公共政策》,载《中国价格监管与反垄断》2014 年第 5 期。

〔4〕 参见战英杰、申秋红:《影响我国农民收入的因子分析》,载《东北农业大学学报》2010 年第 4 期。

〔5〕 参见刘继峰:《"中心辐射型"卡特尔认定中的问题》,载《价格理论与实践》2016 年第 6 期。

业生产者可以分享一定垄断利润而维持横向垄断协议。因此，应当关注该种“中心辐射型”的农业生产者的联合行为，没收违法收入，对中心粮食经营者处以主要责任，次要责任分散于各下游农业生产者，一方面使农业生产者的责任较低，另一方面使农业生产者有法律责任威慑而促进垄断协议的内部破坏。

进言之，对于该条文规定的主体和行为来说也存在一定问题，让部分农业生产者可以获取垄断利润，也使部分促进农业发展，需要一定规模经营的经营模式受到反垄断法的限制。农业生产者应当限定为自然人农户，我国农村采家庭联产承包责任制，各个从事农业生产经营的农户才是反垄断法应当保护的社会弱势阶层，若不将农业生产者限定为自然人，那么大批实际经济实力较强的农业企业也可以依据该条规定不适用反垄断法，形成联合或协同行为获取垄断利润后，不与农户分享收益。同时，以农民为成员，以保障和增进农民利益为宗旨的农民专业合作社作为互助性经济组织，应当解释为该条所称“集体经济组织”，而且农民专业合作社也具有极强的地域性，作为团体可以协调各农业生产者以形成促进农业发展的联合或协同行为。但正因为农民专业合作社的主要成员是农民，农民出资不是很充分，为解决资金问题，非农业生产者，尤其是部分企业热衷于加入或领办合作社，使农民专业合作社为农民成员“自我服务”的功能异化为如企业的“盈利”。[1] 基于这样的现实情况，对农业专业合作社牵头形成的农业生产者或集体经济组织在一定范围内的联合或协同行为不适宜一贯不适用反垄断法，而更适合适用反垄断豁免制度。就联合或协同行为而言，并非仅指向垄断协议，联合滥用市场支配地位、限制或排除竞争的经营者集中也可以通过最宽泛的文义解释而不适用反垄断法。而欧盟、美国、日本对农业反垄断适用除外制度限制性实施，基本将直接从事农业生产的上游农业经营者纳入除外范围，在农产品流通环节

---

〔1〕 参见许英：《农业合作社联合行为豁免适用反垄断法问题研究》，载《商业研究》2013 年第 8 期。

的经营者受到诸多限制,适用除外的行为集中于垄断协议。[1] 建议立足中国现实,汲取国际经验,对我国《反垄断法》第56条规定的主体和行为进行更精细的解释,以确保农业生产者及农村经济组织在一定范围内的联合或协同行为,切实保护并促进粮食安全,避免粮食经营者获取过高垄断利润以侵害农业生产竞争秩序。

(二)对于粮食不正当价格行为的监管制度

粮食安全具有公共产品属性,粮食一直以来也被认为是准公共产品。但在粮食市场化的情况下,其商品属性也不容忽视,因此粮食作为商品在粮食市场中流通时,粮食经营者应当遵守我国《价格法》第14条的规定,不得有影响粮食价格的不正当行为,不得为获取不正当利益影响事关民生的粮食市场的价格稳定。[2]

当然,在粮食市场中还存在大量非典型的不正当竞争行为形成的不正当价格,比如,“与农产品不正当竞争行为认定直接相关的农产品转基因‘阴性标识’、有机农产品虚假宣传等问题,现行法律并没有对其作出特别规定。根据《农业转基因生物标识管理办法》的规定,我国第一批实施标识管理的农业转基因生物目录中包括的品种为大豆、玉米、油菜、棉花、番茄等五种农产品。但实践中,目录之外的农产品加工商在其出厂的农产品包装上标识‘非转基因’字样,并以此进行更高的定价”。[3] 与此类似,许多粮食经营者夸大有机粮食的功效,并滥用“绿色食品标识”。由于粮食对人类生存的必需性

---

〔1〕 参见邱隽思、段宏磊:《中国农业反垄断执法的省思与改进——基于对〈反垄断法〉第56条的再审视》,载《学习与实践》2019年第1期。

〔2〕 我国《价格法》第14条规定:“经营者不得有下列不正当价格行为:(一)相互串通,操纵市场价格,损害其他经营者或者消费者的合法权益;(二)在依法降价处理鲜活商品、季节性商品、积压商品等商品外,为了排挤竞争对手或者独占市场,以低于成本的价格倾销,扰乱正常的生产经营秩序,损害国家利益或者其他经营者的合法权益;(三)捏造、散布涨价信息,哄抬价格,推动商品价格过高上涨的;(四)利用虚假的或者使人误解的价格手段,诱骗消费者或者其他经营者与其进行交易;(五)提供相同商品或者服务,对具有同等交易条件的其他经营者实行价格歧视;(六)采取抬高等级或者压低等级等手段收购、销售商品或者提供服务,变相提高或者压低价格;(七)违反法律、法规的规定牟取暴利;(八)法律、行政法规禁止的其他不正当价格行为。”

〔3〕 许明月、李瑞雪:《市场决定前提下我国农产品价格法律制度的完善》,载《法学评论》2015年第4期。

和粮食本身营养成分、质量等级的隐蔽性,使粮食具有与一般工业产品不同的特征,会产生很多难以适用反不正当竞争法和价格法的不正当价格行为,相关立法对其不应一律排除适用。

另外,由于粮食具有保障免于饥饿的基本人权的重要功能,尤其应当避免形成不正当的粮食价格,且在市场机制失灵时需要国家进行价格调控。为此应当建立高效的粮食价格信息记录机制和粮食价格形成机制。应当在粮食的交易记录中,尤其重视价格的记录,并由经营者或行业协会主动将价格信息上报至价格主管部门和粮食行政管理部门并向消费者通报。

二、粮食价格调控制度

除市场形成的价格垄断行为和不正当价格行为需要法治监管进行矫正外,对于正常的市场风险及自然风险导致粮食市场中粮食供应数量波动并因之引起的价格波动,也不能单纯依靠市场机制渐进调整或期待在经济危机发生后再行进行秩序重建。适足粮食权的人权属性要求所有人都可以在任何时候获取足够的粮食,在市场经济中影响获取粮食的最重要的因素之一,就是价格合理稳定。为保障粮食价格稳定,政府应当针对粮食价格进行宏观调控。

(一)粮食价格支持制度

政府在粮食等重要农产品的市场购买价格过低时,可以在收购中实行保护价格,并采取相应的经济措施保证其实现。[1] 重要农产品保护价制度可以在粮食等重要农产品的市场价格过低时,政府强制干预市场定价,保障农民利益不受因供求关系导致的粮食降价的损害,保证粮食生产经营者的个人生存和粮食可持续生产。自 1993 年我国就根据国务院《关于加快粮食流通体制改革的通知》授权各地在必要时建立粮食保护价制度,并将其写入我国《价格法》和《农业法》中。粮食保护价制度在我国市场经济改革初期为粮食稳定有不可磨灭的贡献。但随着粮食市场不断发展,现阶段粮食价格已基本

---

〔1〕 我国《价格法》第 29 条。

由市场形成，粮食保护价制度直接干预市场定价，影响价格信号，存在破坏粮食市场竞争秩序的风险。

当粮食供求关系发生重大变化时，为保障市场供应、保护种粮农民利益，必要时可由国务院决定对短缺的重点粮食品种在粮食主产区实行最低收购价格。[1] 在全面推进粮食市场市场化改革时，我国开始逐步探索粮食最低收购价制度，以期弥补粮食保护价的制度缺陷。与粮食保护价制度相比，粮食最低收购价制度同样是以能够保证农业生产经营者生存或略有盈余的价格进行价格调控。但不同的是，粮食最低收购价制度的收购主体是主要国有粮食企业，资金源于粮食风险基金，针对短缺的重要粮食直接在粮食主产区进行收购。因此，粮食最低收购价制度对粮食二级流通市场的影响显著降低，主要国有粮食企业在粮食风险基金的资金支持下具备较强的购买能力，且可将过剩粮食出售给粮食承储企业，用于非食用用途等，有较强的消费能力得以实现在保障农业生产经营者利益的同时完成"去库存"。

然而，粮食保护价制度和粮食最低收购价制度都是让粮食经营者以高于供求关系决定的正常市场价格的价格购买粮食，粮食经营者的行为主要是为保障农业生产经营者的利益和粮食的可持续发展，为保障粮食安全，其收购行为具有正外部性，因此不能由粮食经营者承担其中损失的利益，应当由政府财政通过财政补贴或税收优惠等财政政策予以补偿。但是这类补贴是对处于流通领域的粮食经营者的补贴，属于 WTO《农业协定》规定的"黄箱"补贴范畴，会明显扭曲粮食市场的竞争。我国已加入 WTO，应当遵守 WTO"一揽子"协议尽量少使用"黄箱"补贴。既然政府财政应当补偿稳定粮食价格逸散于保障粮食安全的利益，那么可以从对粮食经营者的财政补贴转换为对粮食生产经营者的直接补贴，这样的补贴也可认定为 WTO《农业协定》的"绿箱"补贴，直接补偿粮食生产成本，不影响粮食市场价格的形成。但也需要认识到，粮食直接补贴政策在保障农业生产经营者收入和平抑市场粮食价格波动方面的作用不甚理想，且资金来源粮食风险基金资金筹措困难，容易

---

〔1〕《粮食流通管理条例》第 27 条。

使粮食直接补贴政策偏离社会公共利益。[1]

目前,许多国家采取粮食目标价格制度,政府从扶持农业生产和保护农民利益出发,根据农产品生产成本和收益水平以及市场供求状况等因素所确定的农产品预期价格水平。这个价格水平是政府认为应该让农民得到的单位农产品的价格水平,是政府对农民进行补贴的价格目标线,因此称为目标价格。在目标价格制度下,农民完全按照市场价格从事农产品生产和销售。在一个生产年度内,如果农民所产农产品的实际销售价格高于政府确定的目标价格,则政府不启动补贴手段,不给农民发放补贴;如果实际销售价格低于目标价格,则政府启动补贴手段,向农民发放补贴。市场价格低于目标价格的部分就是单位农产品所能获得的补贴。单位补贴同农民销售农产品数量的乘积就是农户所能获得的补贴数量。单位补贴同农产品销售总量的乘积就是政府所需支付的农业补贴总量。[2] 粮食目标价格制度应当建立在完善的市场机制之上,坚持粮食价格由市场决定,促进粮食产业链上各环节有效运行。[3] 通过粮食目标价格制度,可以在保障粮食生产经营者利益的基础上,使粮食价格与财政补贴脱钩,降低财政政策对市场竞争的扭曲程度,真正实现粮食市场决定资源配置,积极发挥政府作用。鉴于此,2014 年中央一号文件《关于全面深化农村改革加快推进农业现代化的若干意见》提出"坚持市场定价原则,探索推进农产品价格形成机制与政府补贴脱钩的改革,逐步建立农产品目标价格制度"。

由此可见,粮食保护价、粮食最低收购价、粮食直接补贴和粮食目标价格 4 种粮食价格支持制度在对粮食生产经营者的保障水平、平抑粮食价格波动水平、平衡粮食供求关系能力及扭曲市场竞争程度等各有优劣。不能认为最有利于市场化改革的粮食价格支持政策就是最佳选择,应当始终把保障粮食安全作为粮食价格调控最根本的目的,这样才能支撑市场发展。因此,应当

---

〔1〕 参见肖国安:《粮食直接补贴政策的经济学解析》,载《中国农村经济》2005 年第 3 期。

〔2〕 参见冯海发:《对建立我国粮食目标价格制度的思考》,载《农业经济问题》2014 年第 8 期。

〔3〕 参见詹琳、蒋和平:《粮食目标价格制度改革的困局和突破》,载《农业经济问题》2015 年第 2 期。

形成“四价一补”的粮食价格支持体系,粮食市场价格可以发挥基础性作用;粮食保护价制度可以及时在市场中发挥直接干预的作用;粮食最低收购价制度可以发挥间接调控的作用;以实现全面市场化为基础的粮食目标价格为目标,或在完成粮食市场市场化改革后探索粮食价格支持制度,同时要确保粮食价格支持制度不会扭曲市场竞争。以上述4种价格为基础,对粮食生产经营者提供直接财政补贴或在实行目标价格制度时提供目标价格补贴,使粮价政策退出“保收益”功能,将其回到“解决农民卖粮难”的设计初衷——“保供给”,再通过补贴政策“保收益”,形成以市场为主、保障粮食安全的粮食价格体系。

确定粮食价格支持制度的体系建设后,还应当为粮食价格支持制度能够实现目标提供法治保障。我国已有粮食保护价、粮食最低收购价和粮食直接补贴3种价格支持政策的法律依据,但实施价格支持政策的决策存在多头管理。应当在保障粮食经营者市场定价权的基础上,建立价格调控协同机构以协调多个国家部门合力决策,探索价格约谈制度法治化,让接受补贴的粮食经营者明晰补贴力度和经过科学评估形成的价格建议。[1] 同时,综观治理体系,另一种迹象表明,对政府的问责越来越多地通过参与网络型的安排来实现。在这类体系中,国家主体、公共或私人主体享有真正的自治,但同时也必须就其行为向统一体系中的其他主体负责。[2] 因此,在政府实行粮食价格调控时,应当积极吸纳社会参与决策过程,通过有效的价格听证等公开方式,保障价格调控的效果足以稳定粮食价格、保障粮食安全。尽量模拟市场环境,而非通过简单的“成本+合理收益”形式的结构定价模式确定价格,模拟出同时平衡粮食生产经营者利益、消费者利益、粮食市场秩序和保障粮食安全的动态价格。

---

〔1〕 参见陈志:《新改革背景下完善价格法之思考——基于韩国价格调控的经验》,载《法学》2014年第4期。

〔2〕 See R. E. Goodin, *Democratic Accountability: The Distinctiveness of the Third Sector*, *European Archives of Sociology*, XLIV, 2003, pp. 359 – 396. Colin Scott, “Accountability in the Regulatory State”, 27 *Journal of Law and Society* 38, 2000. 转引自[英]科林·斯科特:《规制、治理与法律:前沿问题研究》,安永康译,清华大学出版社2018年版,第351页。

粮食价格支持政策也对政府收集信息、分析数据、合理预测形成价格的能力提出了要求。政府应当依托于既有的食品追溯机制,做好粮食流通的价格记录,获取准确、完整的粮食价格信息是指定保护价格、最低价格、目标价格和决定补贴金额的重要数据基础。另外,还可以积极发挥粮食期货的价格发现和套期保值功能,农业保险的价格稳定器功能,配合粮食储备吞吐,运用多种手段形成科学价格和补贴金额,保障粮食价格稳定。

(二)粮食价格紧急调控制度

当粮食价格显著上涨或者有可能显著上涨时,国务院和省、自治区、直辖市人民政府可以按照我国《价格法》的规定,采取价格干预措施。[1] 具体是指国务院和省、自治区、直辖市人民政府可以对部分价格采取限定差价率或者利润率、规定限价、实行提价申报制度和调价备案制度等干预措施。[2] 此外,由于粮食作为适合储备的重要商品,事关全国人民的基本生存,因此,我国实行中央和地方分级的粮食储备制度,当全国或者部分地区粮食明显供不应求或者市场价格异常波动时,可以动用储备粮平抑价格,直接调控市场流通的数量以平抑价格波动。[3] 当市场价格总水平出现剧烈波动等异常状态时,国务院可以在全国范围内或者部分区域内采取临时集中定价权限、部分或者全面冻结价格的紧急措施。[4]

储备粮主要由国有粮食企业储备,国有粮食企业为执行粮食价格调控政策的同时不出现经营亏损,关键在于它必须对粮源和价格实现全面垄断,而这种垄断从理论和实践来看实现的难度很大。国有粮食企业需要有极强的资金实力和全国性的价格联盟,随着粮食领域政企分开的推进,国有粮食企业越来越难以实现对粮源和价格的全面垄断。[5] 维持全面垄断带来的极高财政压力使储备粮食的国有粮食企业难以盈利,从而基于垄断地位而无优化发展动力,加大储备风险而加大难以调控粮食价格的风险。因此,可以通过

---

〔1〕《粮食流通管理条例》第28条。

〔2〕我国《价格法》第30条。

〔3〕《中央储备粮管理条例》第38条。

〔4〕我国《价格法》第31条。

〔5〕参见胡小平:《粮食价格与粮食储备的宏观调控》,载《经济研究》1999年第2期。

税收优惠、低息贷款等方式，激励农业生产经营者或民营粮食企业自觉储备粮食，并调整生产经营计划，在粮食价格大幅上涨时可以国家与市场同时发力，保障粮食安全。

第三节　粮食收购制度

粮食问题属于超经济范畴，其产生却源自粮食作为经济范畴的市场特征，即极低的需求价格弹性和供给价格弹性。由于供需缺乏弹性，粮食供求的失衡往往会造成市场价格的剧烈波动，不利于粮食生产者的利益和粮食产量的稳定。[1] 粮食流通是沟通生产和消费的重要环节，良好的粮食流通可以保障粮食供求的动态平衡。粮食收购是粮食流通中重要的环节，现阶段我国的粮食生产仍然比较分散，但是粮食储备和加工都是相对集中的，粮食收购要解决这两者之间不匹配造成的收购成本较高的问题。

粮食收购是粮食储备的前提，粮食收购要保障国家粮食储备机构“有粮可收”，同时也要保障粮食生产者和粮食消费者的利益。调控政策目标的两重性加重了政府调控市场的难度。一方面，最低收购价格、临时收储政策是为了防止“谷贱伤农”，保护农民利益；另一方面，储备及其竞价销售是为了避免“米贵伤民”、维持粮食市场的稳定。[2] 对粮食生产者的利益保护具体体现为收购价格合理，不伤害粮农利益；对粮食消费者的利益保护要求粮食收购成本不能过高，同时还要保障粮食质量安全，如果粮食收购成本过高，会直接导致消费环节的价格提升。从整体上来看，合理的粮食收购制度既要有利于粮食产量的稳定和提高，也要有利于粮食质量的提升，满足不断提升的对粮食质量的需求。

粮食收购主体和粮食收购价格是粮食收购中关键因素。粮食收购是粮食从生产向其他环节转换的第一步，粮食收购直接关系到粮食生产者的利

---

〔1〕 参见张爽：《粮食最低收购价政策对主产区农户供给行为影响的实证研究》，载《经济评论》2013 年第 1 期。

〔2〕 参见谭砚文等：《中国粮食市场调控政策的实施绩效与评价》，载《农业经济问题》2014 年第 5 期。

益,而粮食生产者的利益保护主要体现在粮食收购价格上。现阶段,我国事实上依然实行粮食最低收购价制度。此外,粮食行业协会作为重要的市场主体,在粮食收购问题上,也可以发挥其独特的优势,协助相关的市场主体降低交易成本,实现高效且安全的粮食收购。

一、粮食收购主体市场准入制度

粮食收购主体市场准入制度的设计初衷,是确保粮食收购市场中经营者具有一定的经营能力,通过市场准入制度对其进行统一的管理。对粮食收购主体设置相应的市场准入门槛,施行准入规制。从事粮食收购活动的经营者,应当具备下列条件:具备经营资金筹措能力;拥有或者通过租借具有必要的粮食仓储设施;具备相应的粮食质量检验和保管能力。在经营者还未进入市场时,预先对经营能力和条件设置要求。对粮食收购者的市场准入需要登记备案,根据登记备案可以为其他制度提供条件,如对粮食收购者的信用考核等。

但是随着粮食收购市场的发展,粮食收购主体市场准入制度的弊病也逐渐显现。有学者认为,当前我国粮食收购市场准入制度,作为一种先导性制度,却成为粮食市场化的障碍,成为粮食自由流通的障碍。随着市场经济的深入发展,有必要对这一制度的合理性进行反思,在坚守"确保谷物基本自给、口粮绝对安全"的战略底线的前提下,适时放开粮食收购市场,全面引入市场竞争机制。[1] 是否全面放开粮食收购市场,这涉及对政府和市场作用边界的划分,一时难有定论。但是,粮食收购主体市场准入标准过高的确引发了现实的问题,其中引发各方广泛讨论的是"内蒙古收购玉米案"。关于该案,有学者认为,在规范论视角下,无证收购粮食的行为无疑具有违法性,但在立法论视角下,作为违法性基础的粮食收购市场准入制度的正当性却值

---

〔1〕 参见叶良芳:《无证收购粮食行为入刑的法理考察——基于规范论和立法论的双重视角》,载《法治研究》2017年第1期。

得反思。[1] 实际上,该案引发巨大争议也反映出当前的粮食收购主体市场准入制度存在改进的空间,至少在某种程度上,该制度并没有按照制度设想的那样提高粮食收购效率,反而打击了广泛的市场主体参与粮食收购的竞争积极性,间接提高了粮食收购的交易成本,降低了粮食收购效率。缺乏效率的粮食收购市场,较高的交易成本会损害粮农的利益,通过价格传导机制会进一步损害粮食消费者的利益,在保障粮食储备量的前提下,花费的财政成本也进一步提升,最终影响整体的粮食安全。

(一)粮食经纪人有利于减少粮食收购环节的交易成本

根据《粮食大辞典》,粮食经纪人(grain broker)被定义为:从事粮食经纪业务的公民、法人或其他经济组织。为促成他人粮油交易而从事居间、行纪和代理等经纪业务的公民、法人和其他经济组织,或既从事粮油生产和购销经营,又从事粮油的居间、代理等经纪活动的公民、法人和其他经济组织。[2] 前者以收取佣金为目的,后者以收取价差的方式直接从生产者手中收购粮食,销售给国有粮食企业或其他粮食企业的公民、法人和其他经济组织。粮食经纪人的存在有利于活跃粮食收购市场,疏通分散的农户和大型粮食收购企业之间的渠道,减少交易成本,提升粮食收购效率。

粮食经纪人可以减少粮食收购环节的交易成本。粮食经纪人是我国粮食流通体制改革的产物,在分散的粮食种植户和粮食企业之间起到了衔接的作用。粮食经纪人的存在可以有效地减少粮食收购环节中的交易成本。举例而言,虽然施行粮食最低收购价,但是执行最低收购价的收购点较少,分散的农民单独卖粮的成本较高,因此粮食经纪人就活跃在收购点与分散的卖粮农民之间。一方面,可以使农民卖粮,降低农民单独卖粮的交易成本;另一方面,粮食经纪人也可以赚取一定的差价。

乡土社会中的信誉机制对粮食经纪人可以起到很好的约束作用。乡土社会中信誉机制的约束作用,是指由于粮食经纪人和卖粮农民是乡里乡亲的

---

〔1〕 参见叶良芳:《无证收购粮食行为入刑的法理考察——基于规范论和立法论的双重视角》,载《法治研究》2017 年第 1 期。

〔2〕 参见《粮食大辞典》(第 1 版),中国物资出版社 2009 年版,第 302 页。

关系,如果粮食经纪人在收购粮食的过程中作出损害卖粮农民利益的行为,如过分压低收购价格等,那么乡土社会中的信誉机制会导致该粮食经纪人很难再开展粮食收购。

针对粮食经纪人面临的现实需求——政策信息沟通不通畅,缺乏统一的管理机构等。有学者提出,可以组建粮食经纪人协会旨在加强粮食经纪人之间的联系,协助做大经营规模,并通过制定粮食经纪人协会章程,实现粮食经纪人的自我管理、自我完善、自我约束和自我服务。[1] 笔者也认为,粮食经纪人的存在是我国当下的粮食种植结构和粮食消费结构的必然产物,对于粮食流通中的收购环节起到相当重要的作用。

粮食经纪人是市场机制的产物,粮食经纪人协会的建立也要充分尊重市场规律,在提供政策信息等单一个体难以完成的领域可以发挥必要的作用。在粮食经纪人监管问题上,要让市场发挥更多的作用,也要考虑到乡土社会的特殊性。如果坚持把粮食经纪人看作一般的市场主体并对其进行相应的监管,那么监管的成本将会很高,监管成本也会通过价格传导机制影响粮食消费等其他环节,威胁整体的粮食安全。至少也会提升粮食收储的成本,增加财政压力。

(二)培育多种所有制市场主体

《国家粮食安全中长期规划纲要(2008 - 2020 年)》和《粮食流通管理条例》(2016 年修订)都在强调国有的粮食企业在粮食收购中的主渠道作用,与此同时,也越来越强调多元市场主体在粮食流通中的作用和参与。[2] 鼓励粮食收购市场主体多元化、完善市场竞争机制,能通过提高市场竞争程度提高粮食收购市场的交易效率;降低交易费用、提高市场交易效率是实现粮食

---

〔1〕 参见穆中杰:《河南省粮食经纪人现状调查及其法治引导》,载《河南工业大学学报》(社会科学版)2015 年第 3 期。

〔2〕 参见《国家粮食安全中长期规划纲要(2008 - 2020 年)》:继续深化国有粮食企业改革,推进国有粮食企业兼并重组,重点扶持一批国有粮食收购、仓储、加工骨干企业,提高市场营销能力,在粮食收购中继续发挥主渠道作用。

收购市场中粮农、私营粮商和国有粮食收购企业多方利益共赢的有效途径。[1] 笔者认为，应当具体区分不同的粮食收购场景，针对不同规模的粮食收购主体设置不同的资质要求。

国有粮食企业占据主导地位是政府感知的粮食安全目标的具体体现。政府感知的粮食安全目标，是指政府在作出粮食领域的决策时所依据的粮食安全目标，这一概念的提出是为了强调政府在作出粮食领域的决策时，其依据的粮食安全目标往往高于粮食安全领域实际面临的挑战；而政府感知的效率目标，是指在实现政府感知的粮食安全目标时，政府不得不面对的财政约束。[2]

在粮食收购问题上，出于效率的考量，应当适当放松监管，针对不同规模的粮食收购主体设置不同的资质要求。当前，国有粮食企业在粮食收购中占据主导地位，该主导地位的合理性值得探讨，尤其是在面对分散的粮食生产者时，多元市场主体的参与对于降低交易成本有很大作用。党中央始终把粮食安全作为保障社会稳定的头等大事，其对粮食安全的关注度已超越了其定义本身而属于政府感知的粮食安全；而较高的粮食安全目标有利于实现更高的粮食安全标准，弊端就在于加重财政压力，政府感知的效率目标则是其在实现终极目标前不得不面对的成本约束，也是中央政府在改革过程中的财政边界。[3] 粮食安全体系是可持续的，需要考虑成本—收益分析，而不能枉顾成本约束。事实上，我国历次粮食流通体制改革也都是财政压力下的改革。

为避免“内蒙古收购玉米案”等类似案件的再次出现，针对不同的粮食收购主体，设置不同的资质要求，2016 年国家粮食局（已撤销）在下发《粮食收购资格审核管理办法》的通知（国粮政〔2016〕207 号）中，针对活跃在分散的农户之间的粮食收购主体，如农民、粮食经纪人、农贸市场粮食交易者等，

---

〔1〕 参见王薇薇等：《粮食收购市场各主体利益协调的经济学分析》，载《中国农村观察》2009 年第 4 期。

〔2〕 参见钱煜昊、曹宝明、武舜臣：《中国粮食购销体制演变历程分析（1949～2019）——基于制度变迁中的主体权责转移视角》，载《中国农村观察》2019 年第 4 期。

〔3〕 同上。

规定上述粮食收购主体从事粮食收购活动的,无须办理粮食收购资格。[1] 此举有利于活跃粮食收购市场,降低在分散的农户之间进行粮食收购的高成本。而且如前所述,乡土社会中自有一套行之有效的信誉机制,并不需要过多的行政干预,否则只会增加制度运行成本,影响整体的粮食收购效率。

为了实现政府感知的效率目标,党中央采取了带有刚性的粮食购销改革制度。这种刚性体现在两个方面:一是数量刚性,主要体现在统购统销或国家订购;二是价格刚性,即目标价格制度实施以前的所有粮食定价制度。这种刚性不可避免地引起了粮食购销体制中主体权责的扭曲。当扭曲造成的制度成本让政府感觉难以承受时,政府对之前改革获得收益的感知便会受损,不得不转而追求政府感知的效率目标。但只要财务状况稍有好转,政府对效率目标的感知就会下降,对终极目标(政府感知的粮食安全目标)的追求便会卷土重来。新一轮的改革再次开始,如此循环往复。[2] 这样的反复也证明了在粮食收购的制度设计上,要进行成本—收益分析,在粮食安全目标和制度成本之间寻求平衡点。我们强调中国人的饭碗要端在中国人自己的手上,同时也要考量其制度成本。

如何利用市场机制更好地提升粮食收购效率是制度设计中需要考虑的问题,具体到不同的收购环节,相应的制度设计也要考虑实际情况。多种所有制的粮食收购主体分别活跃在不同的粮食收购环节中,对于提升整体的粮食收购效率大有裨益。比如,在面对分散的粮农时,市场中自发的粮食收购主体,如粮食经纪人等,可以减少在这一环节中因为粮农分散所造成的较高的交易成本。

但是,毋庸置疑,为了保障国家粮食政策的执行,在面向区域性甚至全国性的粮食收购市场时,还是应当保持国有企业的主渠道地位。因为我国的粮食流通情况更加复杂,在粮食流通体制的改革过程中,要从我国的具体实际

---

〔1〕《粮食收购资格审核管理办法》第3条。

〔2〕参见钱煜昊、曹宝明、武舜臣:《中国粮食购销体制演变历程分析(1949~2019)——基于制度变迁中的主体权责转移视角》,载《中国农村观察》2019年第4期。

出发，有针对性地应对我国粮食流通体制中存在的实际问题。

（三）粮食行业协会的监督协调作用

粮食行业协会是介于政府和企业之间的社会团体。行业协会是经济法重要的市场主体之一，运行良好的行业协会一方面可以为政府政策制定建言献策，另一方面也可以协调监督本行业内的经营者，维护公平竞争的市场环境。

《粮食流通管理条例》对粮食行业协会进行了原则性规定，粮食行业协会以及社会团体当加强行业自律，在维护粮食市场秩序方面发挥监督和协调作用。[1] 粮食行业协会应当加强行业自律，引导粮食经营者依法经营，推动行业诚信建设，加强行业信用监管，宣传、普及粮食质量安全知识。[2] 对于粮食流通环节来说，不同于粮食生产和粮食消费，流通环节涉及主体繁多，经营活动种类多样，不同的环节会涉及不同行业的经营者和相应的行业协会。

具体到粮食收购问题上，如本章所述，活跃的非公有制经营者，比如，粮食经纪人可以有效地减少粮食收购中的交易成本。他们对于市场信息非常敏锐，但是同时也存在恶性竞争的问题。粮食经纪人协会的建立和良好运转有望解决这些现实存在的问题。对于粮食经纪人协会的筹建，可以考虑以国有粮库或各类粮食贸易、加工企业为牵头人，以有效保障国家和地方各级储备粮的收购数量和质量，并为粮食市场提供充足粮源；同时，由于粮食经纪人等部分市场主体不需要取得粮食收购的资质就可以开展经营活动，粮食经纪人协会的日常运转，也不能对粮食经纪人施加不必要的监管，其工作重点在于服务和维持粮食收购市场秩序。[3]

二、粮食最低收购价制度

对于粮食收购制度的完善，要放在整个粮食流通环节中来看，不能用孤

---

〔1〕《粮食流通管理条例》第23条。

〔2〕《粮食质量安全监管办法》第5条。

〔3〕参见穆中杰：《河南省粮食经纪人现状调查及其法治引导》，载《河南工业大学学报》（社会科学版）2015年第3期。

立的眼光看问题。而对于粮食流通问题,也要结合粮食生产和粮食消费来讨论。粮食收购价格是粮食收购中的重要问题,具体到我国的粮食收购实践,粮食最低收购价制度是一个绕不开的主题。粮食最低收购价(bottom grain purchasing price),是指在放开粮食收购市场和价格的情况下,政府在必要时对短缺的重点粮食品种在主产区实行的一种保护性收购价格。在新粮上市时,如果粮食市场价格低于最低收购价格,为保护粮农利益和促进粮食生产发展,国家将指定部分粮食经营企业按照制定的最低收购价格收购。[1] 从粮食安全的角度,首先要考量粮食最低收购价制度是否有利于维护粮农的利益,提高粮食生产量;其次也要基于效率的角度考量其对粮食安全的影响。

(一)粮食最低收购价制度对粮食生产的积极作用

农户享有生产经营自主权,政府需要通过市场价格机制引导粮食作物的种植。粮食最低收购价会对粮食生产发挥正向作用。实证分析表明,政府每年公布的最低收购价格对粮食主产区农户的粮食供给存在显著的正向影响。[2] 粮食最低收购价格通过影响农作物调控政策,间接对粮食种植面积发挥导向作用。实施了最低收购价格的省份,其小麦价格调控政策相对有效,而未实施的省份的小麦价格对调控小麦产量的市场能力比较有限。[3] 有学者采用反事实模拟方法肯定了粮食最低收购价政策对重点粮食品种的种植面积起到了正向作用,随着最低收购价的逐年推行,政策对于扩大粮食种植面积的作用越来越明显。[4] 因此,我们要肯定粮食最低收购价对粮食生产的刺激作用。

同时,粮食最低收购价格的调整幅度不同,对市场发挥的影响也不同。

---

〔1〕 参见《粮食大辞典》,中国物资出版社2009年版,第319页。

〔2〕 张爽:《粮食最低收购价政策对主产区农户供给行为影响的实证研究》,载《经济评论》2013年第1期。

〔3〕 参见李邦熹:《小麦最低收购价政策效应及福利效果研究》,华中农业大学2016年博士学位论文,第101页。

〔4〕 参见李波:《我国粮食最低收购价政策效果与评价研究》,载《价格理论与实践》2016年第11期。

最低收购价格的小幅调整对市场影响不大，较大幅度下调（超过10%）甚至取消最低收购价格对粮食市场的冲击非常大。调整最低收购价格对粮食主产区尤其是稻谷主产区农户纯收入的影响比较大。最低收购价政策调整后，在产量和生产者价格双重下降的压力下，稻谷和小麦的种植收益下降较明显，将对稻谷和小麦主产区的农民收入产生明显的负面影响，尤其是对种植稻谷和小麦收入占农户纯收入比重大的地区，如对东北三省、山东、河南等地影响更大。[1] 在制度设计上，最低收购价的调整要考虑到具体的区域差异，针对粮食主产区、粮食主产县而言，粮食收入占居民总收入的比重较大，最低收购价的调整要考虑到这些特殊的情况，因地制宜。

粮食生产的稳定和粮食安全与粮农增收之间是相互促进的内在关系。[2] 如前所述，粮食最低收购价制度有利于促进粮食生产，同时也有利于促进农户的福利增加。[3] 同时也要看到，粮农增收不仅只是提高粮食收购价格那么简单。粮食作为重要的准公共产品，同时也具有商品的属性，因此，粮农增收问题也要放在整个粮食市场中来考量。粮农增收需要强化粮食的收购、销售、储存、运输、加工、进出口等经营活动的协同和衔接，构建粮食生产和经营者之间的利益联结机制。[4] 因此，在讨论粮食最低收购价与粮农收入的关系时，至少还需要考虑粮食最低收购价对粮食消费环节的影响、对消费者福利的影响。

粮食最低收购价实际上会提高消费环节的成本，但依然是利大于弊。粮食作为重要的商品，最低收购价也会通过价格传导机制影响消费环节。有学者认为，执行最低收购价政策虽然对消费者有所不利，但损失不会太大；对于国家和整个社会来说，交易效率提高，交易费用下降，农民种粮积极性得到提

---

〔1〕 参见曹慧、张玉梅、孙昊：《粮食最低收购价政策改革思路与影响分析》，载《中国农村经济》2017年第11期。

〔2〕 参见杨彩虹：《粮食安全视角下粮食主产区粮农增收问题研究》，湖南农业大学2013年博士学位论文，第128页。

〔3〕 参见李邦熹：《小麦最低收购价政策效应及福利效果研究》，华中农业大学2016年博士学位论文，第102页。

〔4〕 参见杨彩虹：《粮食安全视角下粮食主产区粮农增收问题研究》，湖南农业大学2013年博士学位论文，第128页。

高,粮食安全得到保障,因此从总体上来看,最低收购价政策的实行利大于弊。[1] 虽有争论,但是可以确定的一点是,粮食最低收购价的设计要立足于粮食生产、粮食流通和粮食消费的全过程,不能顾此失彼。

考虑到中国"人多地少水缺"的基本国情,国家粮食安全压力长期存在,粮食托市收购政策在未来一段时期内仍有存在的必要性。[2] 在粮食最低收购价问题上,我们要关注的是如何合理确定最低收购价水平。在粮食最低收购价水平的确定上,有学者认为,国家应在认真组织每年的粮食产销和成本利润调研工作的基础上,综合测算近年来平均生产成本利润、国际国内供求和价格变化等各方面影响因素,科学确定、适时提高粮食最低收购价水平。[3] 也有学者提出,最低收购价格调整的步伐不宜过快;加强配套政策保障农民收入,减少最低收购价政策调整带来的负面影响;财政补贴要向粮食主产区倾斜。[4] 还有学者主张,针对不同的作物,粮食最低收购价的制度设计也应不相同。稻谷和小麦两种基本口粮不急于退出最低收购价政策,但收购价格应逐步调低至生产成本略高水平,发挥"保成本"功能,主要通过粮食提质增效和直接补贴实现种粮获利。[5]

(二)粮食最低收购价对粮食安全的消极作用

粮食最低收购价虽然有利于提高粮食生产效率,保护粮食生产者的利益。但是粮食安全不仅是粮食产量的增加,更有粮食质量的提升和对粮食消费者的保护。从理论上来说,粮食最低收购价格实质上是一种市场价格干预政策,这种最低收购价格无异于计划经济时期的政府行政定价,定价依据则

---

〔1〕 参见王薇薇等:《粮食收购市场各主体利益协调的经济学分析》,载《中国农村观察》2009 年第 4 期。

〔2〕 参见廖进球、黄青青:《改革开放以来粮食收购价格政策演进轨迹》,载《现代经济探讨》2018 年第 8 期。

〔3〕 参见张爽:《粮食最低收购价政策对主产区农户供给行为影响的实证研究》,载《经济评论》2013 年第 1 期

〔4〕 参见曹慧、张玉梅、孙昊:《粮食最低收购价政策改革思路与影响分析》,载《中国农村经济》2017 年第 11 期。

〔5〕 参见廖进球、黄青青:《改革开放以来粮食收购价格政策演进轨迹》,载《现代经济探讨》2018 年第 8 期。

主要是粮食生产成本。粮食生产成本逐年提升,粮食最低收购价格也就随着不断提升。[1] 对粮食最低收购价制度的负面作用的分析主要集中于其对粮食生产效率的影响和对粮食消费者福利的影响。

从整体上来看,粮食最低收购价制度尽管可以对粮食生产发挥正向的作用,但是粮食最低收购价造就了粮食价格刚性,价格刚性会造成粮食购销体制中主体权责的扭曲,使粮食生产者缺乏调整粮食种植结构,提高粮食生产效率的积极性。[2] 在消费市场日渐要求粮食高质量、多品种的情况下,价格刚性会影响粮食种植产业的升级。最低收购价只涨不跌,对于农户来说,会使其缺乏调整粮食生产结构的积极性,影响进一步提升粮食质量的动力。粮食质量也是粮食安全的重要指标。如果国内缺少高质量的粮食品种供给,直接的结果是对于特定的高质量粮食品种供给问题上,粮食自给率会下降,我国粮食市场面临的国际粮食市场压力也会增加。

粮食最低收购价也会通过提高财政开支,最终减少社会整体的福利。有学者认为,价格刚性是造成粮食购销体制中主体权责扭曲的根本原因,而价格支持政策则会间接造成社会福利损失与财政负担加剧。[3] 粮食最低收购价的本质是国家财政对粮食收购价格进行兜底,不断提高的粮食收购价格也会挤压其他领域的财政开支,减少社会整体福利。

对粮食最低收购价的替代解决方案考量。基于对粮食最低收购价降低粮食生产效率的基本观点,学者提出了相应的替代解决方案,主要思路在于降低粮食收购价格刚性,转向价格刚性更弱的目标价格政策、直接补贴政策或者农业保险。取消最低收购价,施行农业保险制度。农业本身的弱质性使保护农民成为社会共识,但这种保护如果导致个体权责扭曲过大,就会造成严重的后果。因此,政府有必要向农民和市场转移部分风险责任,推广农业保险可有效地降低农户尤其是种粮大户的种植风险。虽然有学者提出,粮食

---

〔1〕 参见谭砚文等:《中国粮食市场调控政策的实施绩效与评价》,载《农业经济问题》2014 年第 5 期。

〔2〕 参见钱煜昊、曹宝明、武舜臣:《中国粮食购销体制演变历程分析(1949 ~ 2019)——基于制度变迁中的主体权责转移视角》,载《中国农村观察》2019 年第 4 期。

〔3〕 同上。

购销体制改革应倾向将托市收购、最低收购价等价格支持政策转变为价格刚性更弱的目标价格政策甚至直接补贴政策。[1] 但是相应地,全面实施直接补贴政策对监管提出了更高的要求,从短期来看,实施成本很高。

第四节　粮食进出口制度

粮食进出口也属于粮食流通的组成部分。着眼于本节,首先,介绍我国粮食进出口贸易的基本情况,然后分析粮食进出口与粮食安全的关系。其次,关注跨国企业在粮食进出口中的重要作用。并指出在我国粮食进出口问题上,应当关注的是具有国际竞争力的大粮商和跨国农业企业集团。最后,对我国粮食进出口贸易中存在的时滞性问题和大豆对外依存度高且不掌握定价权的问题进行分析。

一、我国粮食进出口贸易现状

粮食安全问题要统筹国际国内两个市场、两种资源。但是我国的基本国情决定了我们国家对粮食的需求量大,粮食种植面积受到城市化的不利影响,粮食产量受到自然因素的影响较大。在粮食进出口问题上,我们需要更加关注的是粮食进口,而不是粮食出口。根据国家统计局的相关数据显示,我国粮食进口数量远超粮食出口数量,从整体上来看,粮食进口对我国粮食安全的重要程度远超粮食出口。具体而言,在我国粮食进口贸易中,大豆的进口数量占据绝对优势,小麦、稻谷和大米的进口数量较小,占比也较小(见图4-3、图4-4)。

---

[1] 参见钱煜昊、曹宝明、武舜臣:《中国粮食购销体制演变历程分析(1949~2019)——基于制度变迁中的主体权责转移视角》,载《中国农村观察》2019年第4期。

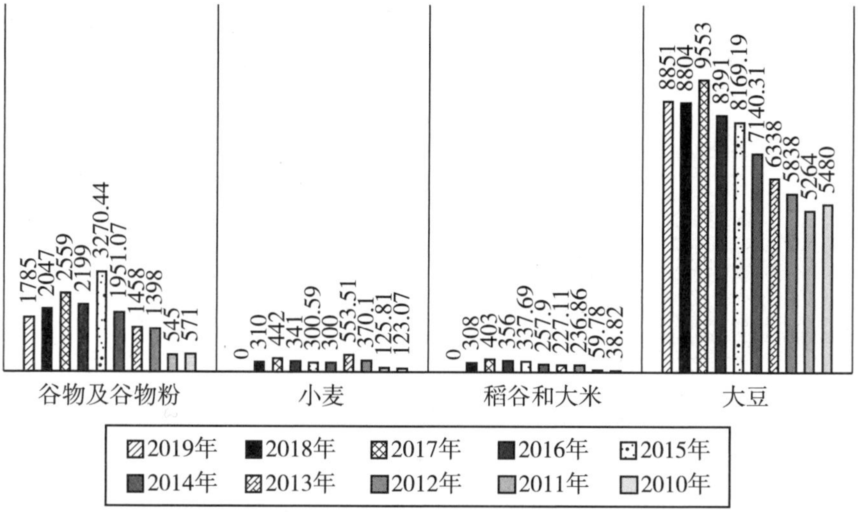

图 4－3　2010～2019 年主要粮食作物进口数量统计（单位：万吨）〔1〕

在粮食出口贸易中，谷物及谷物粉出口数量较大，但是依然远低于进口数量；稻谷和大米的出口数量占比较大，但是也远低于进口量。

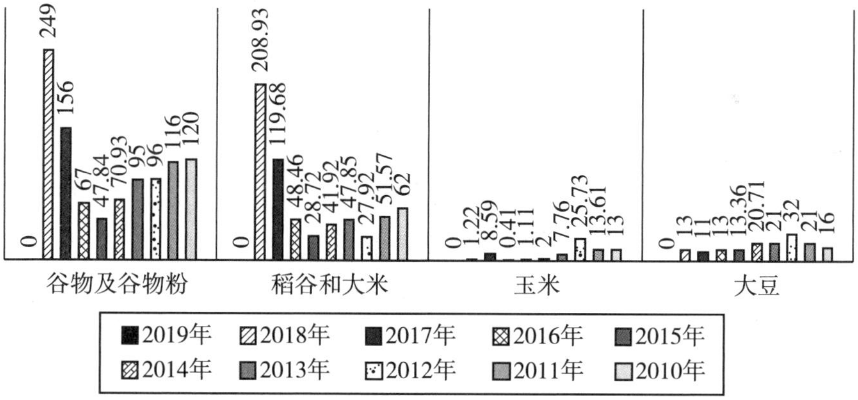

图 4－4　2010～2019 年主要粮食作物出口数量统计（单位：万吨）〔2〕

从本书对粮食安全的界定来看，我国的粮食安全体系关注的问题主要还

〔1〕 数据来自国家统计局，载 http://www.stats.gov.cn，最后访问日期：2020 年 4 月 5 日。

〔2〕 同上。

是粮食的供给问题。因此,具体到粮食进出口,更重要的应该是粮食进口问题,而不是粮食出口问题。虽然依然使用“粮食进出口”的表述,但是本节主要讨论粮食进口对我国粮食安全体系架构的影响。

二、粮食进出口与粮食安全

粮食进出口在国家粮食安全体系中处于辅助性地位,粮食进出口的制度目标是促进粮食供求平衡和价格稳定。从生产、流通和消费的关系来看,进口属于流通环节。把粮食进出口放置于整个粮食流通环节来考量其对国家粮食安全的影响时,要从生产和消费两个维度切入,具体而言,要从粮食的有效供给和粮食的价格来分析其对我国粮食安全的影响。本书所架构的粮食安全观主要集中于粮食供给问题,同时,粮食价格也是对粮食市场上的供求关系的反映,粮食价格会对粮食消费市场产生直接影响,影响消费者从市场上获得粮食。

(一)增加粮食绝对供给

从增加粮食绝对供给的维度来看,粮食进口主要影响我国的粮食供给,也可以通过价格机制间接影响我国的农产品生产结构。

一方面,粮食进口可以增加我国的粮食绝对供给,体现在两个方面:海外粮食生产基地和直接进口外国粮食。另一方面,也通过价格机制影响我国包括主要粮食作物在内的农产品的生产。具体体现为,由于我国大豆消费严重依赖进口,进口大豆有价格优势,国内大豆的生产就相对萎缩。同时,在顶层设计中,将稻谷、小麦作为必保品种,稳定玉米生产,确保谷物基本自给、口粮绝对安全。反映在进出口贸易中,就表现为:稻谷和小麦的进口比例非常小;大米和小麦作为基本口粮,几乎全部依靠国内生产来供给。

(二)平抑粮食价格波动

从粮食价格的维度来考量粮食进出口对我国粮食安全的影响。粮食进出口的制度目标是平衡粮食供求,平抑粮食价格波动。从理论上来讲,在国内粮食丰收,供大于求,粮食价格下跌的时候,我们应当适当增加粮食出口。反之,如果国内粮食供不应求,粮食价格上涨的时候,那就应该适当增加粮食进口，利用国际粮食市场增加国内粮食供给，促进国内粮食供求平衡，稳定国内粮食价格。国内粮食价格在粮食进出口中不仅起到检测指标的作用，平抑国内粮食价格波动更是粮食进出口的制度目标。

因此，粮食进出口对我国粮食安全的影响体现在供给和粮食价格两个方面。粮食进出口本质上还是要确保国内粮食供给，尤其是要实现口粮的绝对安全。同时，以国内粮食价格作为检测指标，粮食进出口还要维持国内粮食价格的平稳，以此保障粮食消费者能够有效获得粮食。

三、跨国企业在粮食进出口中的重要作用

针对粮食进出口经营活动，我国施行市场准入制度，从事粮食进出口活动的粮食经营者应当在市场管理部门登记。从企业所有制的角度来看，根据《粮食流通管理条例》的规定，国家虽然鼓励多种所有制市场主体从事粮食经营活动，但是国有粮食购销企业依然应当在粮食流通中发挥主渠道作用。[1] 同时，在政策上，国家也鼓励培育跨国农业企业集团和具有国际竞争力的大粮商。[2] 从市场主体的角度来分析粮食进出口时，应该重点考量的是具有相当竞争力的大企业大集团，而不是中小企业。

重点培育跨国农业企业集团和具有国际竞争力的粮食企业，可以发挥大企业的纽带作用，以大企业为抓手，有利于更好地执行我国的粮食进出口政策。这一点可以参考日本高度组织化的粮食流通体系。在粮食流通的一级市场上，存在垄断势力。在二级批发市场上，经营者更多，更具竞争性。一级的批发商只有少数几家公司参与，二级、三级的批发商遍布全国。在粮食零售环节，几乎所有的商业组织体系都经营粮食，这使粮食流通真正步入商业轨道。此外，日本粮食流通体系的高度组织化特点还体现在粮食行政体系、流通环节中有序的商业组织和完备的粮食流通商业组织体系上。日本的粮食行政体系上组织制度明晰、组织体系完善，包括粮食厅以及遍布全国各地

---

〔1〕《粮食流通管理条例》第3条。

〔2〕参见2019年中共中央、国务院《关于坚持农业农村优先发展做好"三农"工作的若干意见》和2018年中共中央、国务院《关于实施乡村振兴战略的意见》。

的分支机构；在粮食流通环节中，民间组织发挥重要作用，包括指定的收购商、指定的批发商、指定销售商、指定运输公司、指定仓库保管机构和指定粮食加工机构和完备的粮食流通商业组织体系。

从整个粮食流通体系的架构来看，也要重视培育规模化的粮食流通组织。从市场经济的运行来看，适度规模化的经济组织也是经济发展的必然结果。世界粮食流通体系变化的一个很重要的趋势就是粮食流通组织的大型化，很多大型粮食流通企业不仅只是粮食流通的中间组织、贸易商，而是通过产业链向上延伸到粮食生产领域、向下延伸到粮食加工领域和零售体系。大型的粮食企业甚至以海外投资的方式进入粮食出口国，在国际粮食市场上享有重要的发言权。

四、粮食进出口贸易中存在的问题和对策

我国粮食进出口贸易中，存在时滞性的问题和大豆对外依存度高的问题。笔者认为，之所以存在时滞性问题，粮食进口数量不断增加，本质上是因为我国粮食生产和消费之间的矛盾。在进口粮食已成定局的情况下，只能考虑调整粮食进口结构，在确保基本口粮绝对安全的前提下，努力化解大豆进口对我国粮食安全的不利影响。在国际大豆生产市场由美国实际绝对把控的前提下，我国应利用在国际大豆市场上的市场份额优势，集中大豆进口渠道，进而充分利用“大国优势”，推进人民币国际化，逐渐掌握国际大豆市场定价权，努力化解国家大豆市场波动对我国粮食安全的不利影响。

（一）粮食进出口数量的时滞性

粮食进出口的制度应该是作用在调节粮食供求平衡和平抑粮食价格，从理论上来说，在国内粮食产量增加的情况下，应该减少粮食出口；反之，增加粮食进口。从历年数据可以看出，在我国粮食产量增加的多数年份，粮食进口量也在同步增加，在我国粮食产量减少的年份，出口量反而在增加。呈现粮食进出口与国内粮食产量的同周期波动现象（见图 4－5）。

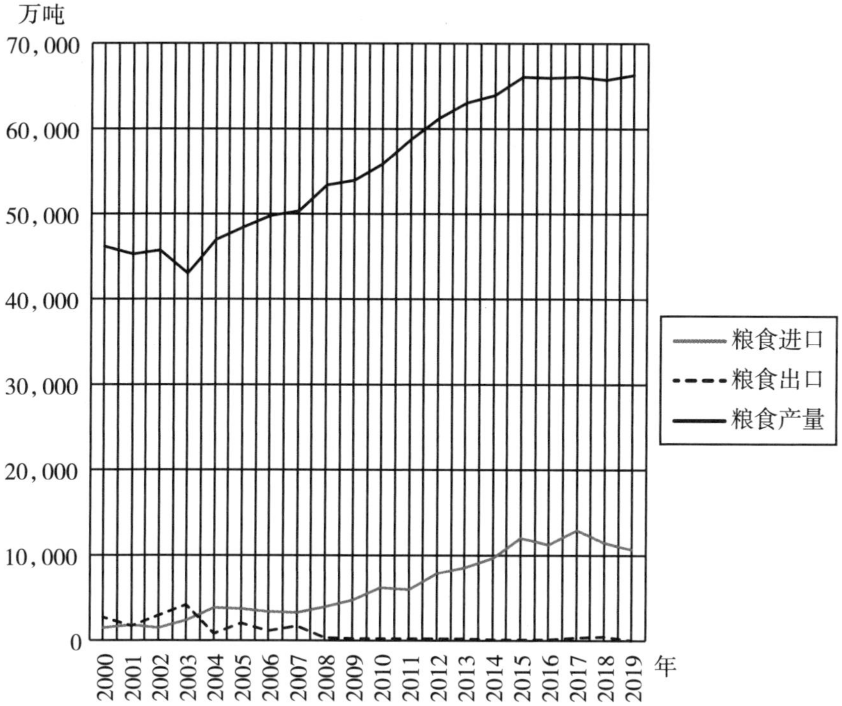

图 4－5 2000～2019 年全国粮食产量、粮食进出口量〔1〕

有学者认为，我国粮食进出口数量时滞性的原因，是我国粮食进出口计划的制定滞后于粮食供给周期，具体而言，就是粮食进出口的政策制定时信息不充分，严重依赖历史数据而无法对市场变化做出反应。〔2〕同时也要注意到，由于该观点的提出时间是 2009 年，其数据统计到 2006 年。根据 2006～2019 年的数据来看，我国的粮食进出口依然存在比较严重的时滞性。而且粮食出口数量减少幅度较大，粮食进口数量总体上呈现增加趋势。仅从体制角度来分析粮食时滞性的原因是不充分的，还要考虑到 2006 年以来我国的工业化和城市化进程对粮食生产的影响。

因此笔者认为，我国粮食进出口时滞性的原因还是在于国内粮食需求

〔1〕 数据来自国家统计局，载 http://www.stats.gov.cn，最后访问日期：2020 年 4 月 5 日。

〔2〕 参见陈晓群：《粮食进出口与粮食安全》，载《农村经济》2009 年第 3 期。

和粮食生产之间的矛盾,不得不进口粮食以平衡国内的粮食供求。我国人口众多,粮食需求量大,而且随着工业化和城市化的进一步推进,粮食生产和粮食需求之间的矛盾会进一步地增加,粮食安全保障必须要考虑国际粮食市场。考虑到我国的粮食安全问题,我们应该更好地利用国际国内粮食资源,在粮食进口结构上加以合理的调整。在确保基本口粮绝对安全,高自给率的同时,也要努力化解其他粮食作物对国际市场高依存度带来的风险。

(二)大豆对外依存度高缺乏定价权

尽管大豆并不属于《粮食流通管理条例》中规定的"粮食",但是属于我国传统的四大主粮之一。[1] 大豆属于国家统计局统计标准下的采用广义的粮食范畴。从大豆的进口数量上来看,2010 年以来,我国大豆进口数量总体呈现上升趋势,从 2010 年的 5480 万吨到 2019 年的 8851 万吨。[2] 我国的大豆需求量不断增加,但是国内产量却没有随之增加,而是呈现产量下降,对外依存度不断提升的趋势。有学者认为,中国大豆对外依存度不断提升的原因是中国大豆没有价格优势。中国大豆种植成本不断增长、单产增长不明显,而单价又逐年下降,直接导致了中国大豆种植利润低下。种植利润的下降和补贴力度的不足,严重影响了豆农种植的积极性,大豆种植规模减小。[3] 进而,希望增加国内大豆生产来降低我国大豆对国际市场的依存程度。

但从现实情况来看,我们很难寄希望于国内大豆产量增加来增加大豆的供给。因为从根本上来说,大米和小麦等基本口粮的高自给率是牺牲了国内大豆生产换来的,在现有科技水平下,增加大豆的产量就意味着挤压其他粮食作物的产量。在大豆进出口问题上,从粮食安全的角度来说,我们能够做的只剩下了扩展进口渠道和争夺国际大豆市场的定价权。目前,

---

〔1〕 参见王文涛、彭珊:《大豆在国家粮食安全中的地位及差异化竞争战略》,载《合作经济与科技》2016 年第 12 期。

〔2〕 数据来自国家统计局,载 http://www.stats.gov.cn,最后访问日期:2020 年 5 月 8 日。

〔3〕 参见崔戈、焦玉平:《国家粮食安全视角下的中国大豆贸易》,载《社会科学》2019 年第 2 期。

中国大豆进口量的90%以上集中在美国、巴西、阿根廷。美国通过转基因技术控制了巴西、阿根廷90%以上的大豆生产。虽然中国在国际大豆市场上的消费量占比很大,但是却并不掌握国际大豆市场的定价权。美国本土生产的大豆产量和价格占据绝对优势,其他主要的大豆出口国的大豆生产也不同程度地受到美国转基因技术的控制,中国想通过分散进口渠道来分散风险的做法,目前来看是行不通的。能够做的只有争夺国际大豆市场中的定价权。

美元霸权支撑美国在国际粮食价格市场中的定价权。美国的粮食流通体制以高度的市场化和金融化为特征。芝加哥期货交易所已经成为世界粮食价格形成的中心。在粮食价格补贴问题上,美国逐步减少价格支持政策,鼓励部分农民进入芝加哥期权交易所的期权市场。在应对美国主导的国际大豆市场时,一个重要举措在于推动人民币的国际化,分散美元在国际大豆价格构成中的权重,充分发挥中国在粮食进口中的“大国效应”,争取国际大豆市场定价权。

若某个国家在国际市场上进口某种商品占有较高的市场份额,则其进口量往往会影响该国进口这种商品的价格,即若某国对某种商品大量进口,则会使该国进口这种商品的价格不断下降,这种现象就是所谓的“大国效应”。〔1〕既然大豆必须要依赖进口而且美国在国际大豆市场上占据绝对优势,那么与其分散进口渠道,不如集中进口渠道,以此利用在国际大豆市场上的“大国效应”,努力争取国际大豆定价权,进而减少国际大豆市场波动对我国国内粮食安全的不利影响。

第五节　粮食的社会储备制度

以储备主体为标准,粮食储备可以分为国家储备和社会储备。具体而言社会储备包括企业储备和农户储备,非农居民家中粮食储备一般只供短期日

〔1〕参见赵峰、宋学锋、张杰:《地域性失衡、“大国效应”扭曲与我国粮食安全战略研究》,载《江西社会科学》2018年第3期。

常消费食用而无粮食储备功能,所以不在本书所述粮食储备范围内。国家储备粮中的中央储备粮只有在全国或者部分地区粮食明显供不应求或者市场价格异常波动,发生重大自然灾害或者其他突发事件需要以及国务院认为需要的其他情形下才可以动用,地方储备粮也根据各省的规定有相应的动用条件。[1] 总体而言,国家储备粮主要保障粮食公共事件或公共危机下的粮食安全,市场化程度较低,除轮换外几乎不在市场中流通,难以在流通环节保障粮食安全。因此,本节仅讨论粮食储备中的社会储备在保障粮食安全中存在的制度问题。

完善的粮食储备制度对保障流通环节的粮食安全有重要意义,充足的粮食储备能够在市场流通的粮食数量过多或过少时通过收购或销售平抑粮食市场波动,储备主体也可以凭借充足的粮食储备提高自身的抗风险能力。若没有足够的粮食储备,则在粮食市场出现市场波动或遭遇紧急事件时,价格调控措施、流通设施等都难以发挥作用,因此应当重视粮食储备制度建设。具体到本节聚焦的社会储备而言,该部分储备粮由储备主体自行储备,当市场流动粮食数量较少、价格上涨时,可以通过消化自身储备粮而减少哄抢行为,并可将多余储备粮在粮食价格较高时抛售平抑粮食价格波动,补充市场流通粮食短缺;当市场流动粮食数量较多、价格下降时,可以通过及时收购补充储备而以较低价格购买粮食,减少市场流通的过剩粮食,抬升粮食价格。

目前,国际公认的粮食储备的定义是由联合国粮农组织第 18 次会议提出的,粮食储备,是指在新的作物年度开始时,可以从上年度收获或储藏的作物中得到的粮食库存。根据储备的性质和作用,粮食储备包括周转储备(Working Stock)和后备储备(Reserve Stock)两个组成部分。[2] 所谓周转储备是指为克服粮食生产的季节性、地域性与消费的连续性的矛盾,保证从产

---

[1] 《中央储备粮管理条例》第 38 条。

[2] 周转储备也被称为结转储备、营运储备或缓冲储备;后备储备也被称为专项储备。参见金梅、刘洋等:《粮食安全与粮食储备制度的发展演变》,载《粮油仓储科技通讯》2015 年第 1 期;杜彦坤:《国家储备粮管理的国际比较与政策选择》,载《经济研究参考》2004 年第 88 期;娄功源:《基于国家粮食安全的专项储备粮规模研究》,载《农业技术经济》2003 年第 4 期。

地和进口地平稳顺利、连续不断地得到供应并周转到加工厂,最后到达消费者手中的储备。周转储备其本身属于市场储备的范畴,具有商业性。而后备储备则有赖政府的作用,主要是国家用于化解因粮食歉收造成的供给不足或平抑粮价造成的粮食公共危机,即国家主要用于粮食安全保障的粮食储备。[1] 根据联合国粮农组织粮食安全的标准,一个国家的安全储备粮食需要满足3~4个月的口粮,粮食储备总量至少应达到当年粮食消费总量的17%~18%,后备储备占5%~6%。[2]

从我国粮食储备体系来看,现阶段我国粮食储备可大致分为政府储备和社会储备两类。不同于美国的委托代储粮食储备制度将粮食储备更多地交给市场、法国依赖农业合作社和粮食经营商,我国的粮食储备更依赖政府的宏观调控。[3] 政府储备规模占据绝对的比重,以中央储备粮总公司垂直管理为核心,辅以"中央—地方"分级管理。中央储备主要包括战略储备和专项储备,由中储粮公司负责,实行粮食储备垂直管理;地方储备则有赖地方政府,实行粮食储备分级管理。此外,社会储备主要是周转储备,包括农户、企业的储备,数量较少,也未纳入国家粮食储备计划之内,缺乏国家层面的管理制度(见图4-6)。本章主要研究在粮食流通环节中发挥作用的社会储备,而关于粮食政府储备部分的内容将置于本书第五章进行研究。

---

〔1〕 参见胡小平等:《我国粮食安全保障体系研究》,经济科学出版社2013年版,第194~195页。

〔2〕 参见孙树志主编:《民以食为天 粮食生产与粮食安全》,中国民主法制出版社2016年版,第75页。

〔3〕 参见杜彦坤:《国家储备粮管理体制的国际比较与借鉴》,载《农业经济问题》2004年第10期。

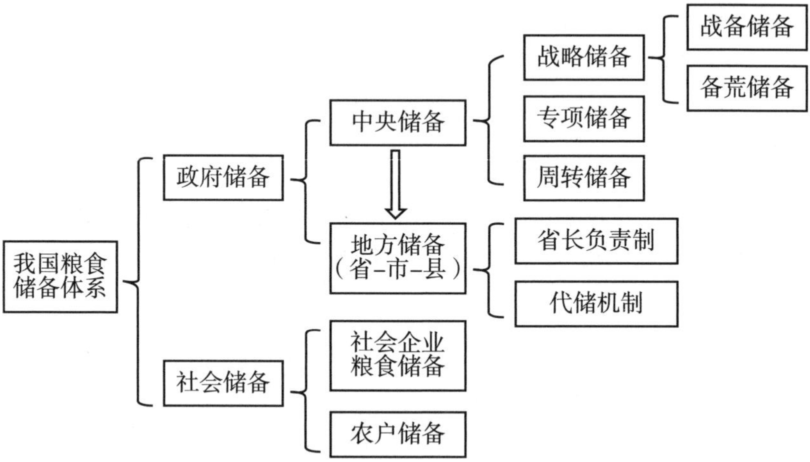

图 4–6　我国粮食储备体系

一、农户粮食储备

我国农民向来有“养儿防老，积谷防荒”的储存粮食的传统，相较非农居民而言，农民作为粮食的生产者，粮食对于农民来说除满足消费需求外，还是其所经营的重要商品，而且农民从市场中获得粮食的能力较弱，因此我国农户储备粮食的规模较大，能够发挥保障粮食安全的粮食储备作用。但是，实际上农户真正为市场供给而储备的粮食比例很少，绝大多数农户粮食储备是为了满足自身粮食安全的需要，储粮数量一般仅能满足 6～12 个月粮食消费需求，多余粮食在一个粮食年度内售出，而随着农户家庭非农化的进程，农户离土比例增高，其对粮食储备的意识越来越淡化，而对市场依赖的程度越来越高，市场供给也将成为解决农户家庭粮食安全的一个重要途径。[1] 检视农户储备可以加强农民抗击风险的能力，减轻国家储备带来的财政压力，也符合我国的农业生产传统，是粮食储备中不可缺少的一部分，应当在引导农户利用市场解决粮食安全问题的同时，保证农户储存粮食发挥社会储备粮的

---

〔1〕 参见武翔宇：《农户粮食储备行为研究》，载《农业技术经济》2007 年第 5 期；史清华、徐翠萍：《农家粮食储备：从自我防范到社会保障——来自长三角 15 村 20 年的实证》，载《农业技术经济》2009 年第 1 期。

粮食安全保障功能。

(一)降低农户储备成本

农户粮食储备的意识淡化的原因除市场有效供给提升外,另一重要原因是农户储备粮食的成本过高,储存一定数量的粮食后,再储存不如直接到市场上购买粮食,从而限制了农户储备粮食的规模。具体而言,农户储备粮食的高成本主要基于粮食仓储技术低下,农民的低收入使农民没有足够资金改善粮仓设施和管理,也难以承担储存粮食而非出售造成的财产损失。因此,要想促进农户储备发挥粮食储备保障粮食安全的作用,应当通过改善粮食仓储设施和管理手段达成。

1. 政府参与、引导建设粮仓

若农户储存一定规模粮食从而形成农户储备,可以减少国家储备规模以减轻财政压力,因此将本用于国家储备的财政资金运用于支持粮仓建设,保障粮食安全水平稳中有升并提高农村基本公共服务水平,可以更有效地利用财政资源,提高政府治理能力。政府可以动用财政资金或发行公债等方式直接投入资金的方式,也可通过公私合作的方式建设粮仓。

直接投入资金的方式可以将粮仓建设的全程把握在政府手中,防止资金因委托代理而用于其他用途,但也加大了政府的监管成本。大部分发达国家由于农民资金充足,粮仓一般由农户或与私营公司共同建设,但我国多数农户显然不具有如此充分的财力。[1] 建议可以引入社会资本,促进农户可以与企业、社会组织合作,政府当然也可以通过与市场主体合作来引导市场资本进入农村投入粮仓建设,从而提高财政资金利用效率。

2. 政府提供资金支持

政府还可以通过提供资金支持的方式,激励其自主改善粮仓。政府可增加以改善粮仓为目的的农业补贴,或调整原有农业补贴构成对农户改善粮仓进行补贴。还可以通过农业发展银行提供低息贷款的方式为农户提供资金支持。

[1] 参见宋维佳:《我国粮食储备体系重组的基本分析》,载《财经问题研究》2006 年第 3 期。

(二)引导农户合理储备

除农户储存粮食数量未形成规模外,农户储存的粮食难以发挥储备粮保障粮食安全的作用的另一原因是,农户以期待粮食收购价上涨为目的进行粮食储存,使农户储存的粮食纯粹成为农户营利的商品。因此,应当落实本章所提及的粮食价格制度确保粮食价格稳定,确保对粮食的保护价格作用于保障农民利益而非农民谋取超额利益的工具。可以仿照美国设立专门信贷公司向农民提供低息贷款,在粮食收获后要求返还贷款,促进农民出售粮食,以防止农民为等待高价而不合理囤积粮食。

改善粮仓有利于农户储备形成一定的规模,在粮食市场波动时有稳定的粮食购买或收购来源,也可以在市场中的粮食数量暂时不足时保障储粮的农户免于饥饿的基本人权,储备的粮食若有盈余时有利于增加市场上的粮食供给。保障储粮农户的粮食绝对安全,并且在有盈余的情况下,尽可能通过粮食流通环节保障整体的粮食安全。

二、企业粮食储备

粮食经营者是粮食市场流通环节最活跃的主体,农民生产的粮食或由粮食加工形成的粮食产品要流动到消费端供消费者消费,需要经过粮食收购、运输、加工、销售等不同经营者,因此粮食经营者实际上掌握了市场上大部分粮食。国家储备往往用于缓解市场波动、化解暂时粮食短缺、满足初期需求,最终还是需要粮食经营者动用其自行储备的粮食使市场秩序恢复正常。因此,应当重视企业储备制度建设,引导企业储备粮食以应对常规波动和粮食公共事件。

(一)企业实物储备

《粮食流通管理条例》规定,从事粮食收购、加工、销售的经营者,必须保持必要的库存量。[1] 这部分库存量主要用于粮食经营者经营需要,以备在粮食周转不灵时确保市场粮食流通稳定,主要为种子用粮、工业用粮和饲料

---

[1] 《粮食流通管理条例》第20条。

用粮。[1] 但由于国家储备粮承担了大部分储备粮保障粮食安全的责任，为切实保障粮食安全，一旦出现粮食安全事件国家即高度重视，使企业储存的粮食功能异化成为企业待价而沽的营利工具。因此，除重视企业最低库存量防止粮食不足外，还应当重视科学设定企业最高库存量，防止企业储存的粮食过多而无法进入市场。同时，虽然企业储备粮食规模极大，但也极为分散，政府应当依托已有的粮食物流网络和信息平台，确保在需要时能够及时有效地综合动用一定区域内的企业储备，保障粮食安全。

（二）生产能力储备

除《中央储备粮管理条例》中规定的代储企业外，其他粮食经营者还可以通过公私合作的形式提供粮食的生产能力储备。“生产能力储备是通过和那些能够生产、转产或研制救灾物资的企业或其他单位签订有关协议，确保突发事件发生后这些单位能够按照协议要求迅速生产、转产或研制救灾物资的储备方式。”[2] 通过协议承担生产能力储备义务的粮食经营者在常规时可维持正常生产经营，只需要保证一定量的粮食原料储备，能够在突发事件发生时迅速进行相应的生产并投入市场流通即可。生产能力储备相较实物储备对市场竞争的影响更小，在不需要调控时几乎不影响粮食经营者的生产经营，但也对政府治理能力提出了更高要求，政府需要在与企业签订的储备合同中明确双方的权利义务，在需要调控时能够及时生产出所需的粮食产品。

---

〔1〕 参见贾晋：《中国粮食储备体系：历史演进、制度困境与政策优化》，载《广西社会科学》2012年第9期。

〔2〕 张永领：《我国应急物资储备体系完善研究》，载《管理学刊》2010年第6期。

第五章　粮食安全的政府储备与应急管理法治保障

粮食政府储备制度与粮食应急管理制度有机统一于应对粮食安全突发事件问题中,是确保国家粮食安全的特殊制度安排。维持粮食市场价格与供需日常稳定的粮食政府储备制度是应急管理制度得以发挥重要作用的前提,能保证粮食安全突发事件不常规化。同时,良好的粮食政府储备制度也能使政府储备粮的数量和质量得以满足应对粮食安全突发事件的需要。

第一节　粮食的政府储备与应急管理制度概述

粮食政府储备制度是保障粮食市场价格和供需日常稳定的手段之一,亦是应对粮食安全突发事件的制度前提,而粮食应急管理制度则是发挥粮食储备制度突发状态下保障粮食安全功能的必要条件。从历史经验来看,粮食政府储备和粮食应急管理不仅事关社会公共利益,更关系国家安全和社会稳定,是我国粮食安全保障机制中重要组成部分。[1]

一、对于粮食安全应急状态的界定

粮食安全应急状态,也称为粮食应急状态。我国国务院办公厅从国家层面发布了粮食应急预案,此外,全国 31 个省(区、市)都制定了省级粮食应急

〔1〕 参见胡小平等:《我国粮食安全保障体系研究》,经济科学出版社 2013 年版,第 194～195 页。

预案,587 个市(地)、2440 个县也建立了区域性粮食应急预案。[1]

在上述应急预案中,对于粮食应急状态并未形成完全统一的定义,各省份的表述仍有所差别。2005 年国务院办公厅发布的《国家粮食应急预案的函》将“粮食应急状态”定义为因各类突发公共事件或者其他原因,引起国内粮食供求关系突变,在较大地域范围内出现群众大量集中抢购、粮食脱销断档、价格大幅上涨等粮食市场急剧波动的状况。《广东省粮食应急预案》中对粮食应急状态分为紧张状态、紧急状态和特急状态,并从持续时间、价格涨幅、粮食抢购现象和粮食供给方面作出不同的区分。2013 年修订的《上海市粮食应急预案》中除上述国家粮食应急预案中列举的情形外,还增加了“粮食库存急剧下降”的表述。《浙江省粮食安全应急预案》对粮食应急状态根据范围、影响程度和处置要求分级表述。此外,河北、天津、安徽、宁夏等地的粮食应急状态定义与国务院办公厅发布的粮食应急预案中的表述大致相同,主要是从粮食供给、价格上涨以及市场情况来进行界定。

从广义上讲,粮食安全应急状态的主要表现为粮食公共事件和粮食公共危机。[2] 这两者都体现了在国家粮食形势整体向好的情况下,突发事件在粮食方面的表现。而狭义上的粮食安全应急状态则是一种公共危机,即粮食公共危机,检视现有法规及规章等,其表述更契合狭义上粮食安全应急状态的界定。

粮食公共事件主要是由突发事件导致的。结合粮食安全应急状态和突发事件的定义,我们可以将粮食公共事件界定为突然发生,造成或者可能造成国内粮食供求关系突变,在较大地域范围内出现群众大量集中抢购、粮食脱销断档、价格大幅上涨等粮食市场急剧波动的状况,需要采取处置措施予以应对的自然灾害、事故灾难、公共卫生事件和社会安全事件。如果在出现粮食安全事件时,未能及时有效处置,其影响就会扩散、演化成为粮食公共危

---

〔1〕 参见刘慧:《我国正处于粮食安全形势历史最好时期》,载《经济日报》2019 年 10 月 15 日,第 6 版。

〔2〕 参见罗叶:《突发事件下粮食安全问题研究——论粮食公共危机管理》,西南财经大学 2011 年博士学位论文,第 34 ~ 44 页。

机。因此,粮食公共危机主要标志就是在特定区域内的部分群体因为突发事件产生的粮食公共事件扩散,或者是因突发事件而在特定时期不约而同地在多地同时发生粮食公共事件,例如,出现粮食抢购,致使粮食价格迅速上涨、出现粮食脱销等现象。在通常情况下,局部一段时间内出现的粮食供给不足是不会产生粮食安全危机的。申言之,粮食公共事件是粮食公共危机的诱因,但并不必然引发粮食公共危机。

二、粮食的政府储备与应急管理制度的功能定位

作为应对粮食安全突发事件的有力工具,粮食政府储备和粮食应急管理制度在保障粮食安全中发挥重要作用,但两种制度的配合仍存在一定问题亟待解决。因此,首先需要厘清二者在应对粮食安全突发事件中的具体作用,明确这两项制度的功能定位,以使其分工明确,有序配合。

(一)政府储备制度的功能与定位

政府粮食储备对粮食安全的重要性体现在其功能之中。第一,粮食政府储备能供给市场、平抑粮食价格波动。粮食作为特殊商品是人们所必需的,由于粮食生产和消费具有时间、空间上的差距,难以确保粮食生产的稳定和持续,因此,粮食供给和价格也将面临不确定性,若粮食难以有效供给或者价格过高则会危及人们的生存。粮食政府储备作为粮食"蓄水池",能调节粮食供给和平抑粮价波动,确保消费者能够获得粮食,同时避免"谷贱伤民"。第二,粮食政府储备是应对突发事件和粮食公共危机的有力保障。自然灾害、事故灾难以及公共卫生事件都有可能造成粮食供应短缺、粮食价格上涨以及群众哄抢等现象,如果不能有效解决,这些事件将演变为粮食公共危机并直接影响社会的长治久安。因此,一定规模的粮食政府储备能够保证在突发事件下人们能够获得必需的粮食,保障他们的生存权,消除突发事件向粮食公共危机转化的可能性,维护社会稳定。第三,粮食政府储备是一国实力的体现,是应对战争等危机的必要保证。自古以来就有"兵马未动,粮草先行"的经验,有足够的粮食政府储备作为支撑才能提高获胜的可能性。综观全球,当前的国际形势呈现整体和平、局部战争的基本态势,虽然我国处于和

平之中，但仍面临经济利益的纠纷、政治方面的压力，因此，为应对战争、贸易摩擦等突发事件，国家需要储备粮食，以备不时之需。

综合分析各国粮食政府储备管理体制，高度重视粮食政府储备，发挥粮食政府储备在平抑粮食价格和应对突发事件等方面的作用，是各国通行的做法，也是粮食安全保障体系的重要内容。[1] 因此，粮食政府储备体系的建立要以保障国家粮食安全为目标，维护粮食市场的稳定。但值得一提的是，粮食政府储备并非越多越好，不能无限放大粮食政府储备的功能，而忽视其所需要耗费的成本，所以要从粮食安全保障的角度出发，客观看待粮食政府储备的作用，确定最合适的粮食政府储备规模。

（二）粮食应急管理制度的功能与定位

前已述及，粮食安全同时具有非排他性和非竞争性两种属性，国家维持国内粮食安全可以保障任何公民免受饥饿，因此，粮食安全是国家必须建立制度并采取措施保持的公共品，完全交给市场会出现市场失灵的问题。[2] 但粮食安全是一个综合、复杂的体系，生产、流通、储备、消费全产业链都会影响粮食安全，任何制度或政策都不能绝对避免粮食公共事件，甚至导致粮食公共危机的发生。因此，必须建立粮食应急管理制度以应对粮食公共事件，以及时解决，防止其演化成粮食公共危机，同时应对由灾害等直接造成的粮食公共危机，最大限度地降低粮食公共危机带来的影响并及时解决。无可置喙，粮食公共事件和粮食公共危机都是小概率事件，但是缺乏良好的应急管理制度将会带来巨大且不可逆的损失。粮食应急管理制度是粮食安全法治保障体系的“保险丝”，通过完善的粮食应急管理制度对粮食公共事件和粮食公共危机进行预警、解决和重建，成为国家粮食安全的最后一道防线。

粮食应急管理制度可以从事前、事中、事后全方位保障粮食安全。第一，粮食应急管理制度可以通过对预警指标进行日常监测，并对收集的信息科学分析，以预测、预警并及时发现可能引发粮食公共事件的因素，通过储备粮吞

〔1〕 参见张占斌主编：《政府经济管理》，国家行政学院出版社 2015 年版，第 356 页。

〔2〕 参见胡靖：《中国粮食安全：公共品属性与长期调控重点》，载《中国农村观察》2000 年第 4 期。

吐或调查执法将风险扼杀于摇篮之中。第二,粮食应急管理制度可以在粮食公共事件或粮食公共危机发生时快速成立领导与执行组织,按计划有序地调动一切可以调动的资源,在粮食安全应急预案下,通过健全应急管理网络体系及时解决微观层面的个人温饱问题,再解决宏观层面的粮食安全问题。第三,粮食应急管理制度还应当考虑灾后重建,尽可能保障粮食综合生产能力和消费能力不降低,粮食物流体系和加工体系正常运行,粮食政府储备积极发挥作用后快速回归正常储备水平,确保粮食安全状态不因粮食公共危机遭受不可逆的损害。

三、粮食的政府储备与粮食应急管理制度的独立性与关联性

粮食政府储备制度保障政府按照储备规划收购、轮换粮食和经营粮仓,确保时刻有足量保质的储备粮能及时平抑粮食市场价格波动或在出现粮食供需大幅失衡时能紧急吞吐保障粮食供应。粮食应急管理制度保障政府在出现粮食安全突发事件时,按照应急预案及时回应突发事件需要,保障农业可持续经营和所有人免于饥饿的基本人权,保障粮食安全。一方面,粮食政府储备制度同时保障日常和突发状态下的粮食安全;另一方面,粮食应急管理制度也不仅运用储备粮保障突发状态下的粮食安全。一言以蔽之,这两项制度密切联系但也具有相对的独立性。

粮食政府储备制度是粮食应急管理制度的基础。尽管有多种方法可以应对粮食安全突发事件,但储备粮是突发事件中处于核心地位的应急产品,整合利用全国储备的粮食资源是粮食应急管理制度最重要的手段之一。粮食政府储备制度确保全国粮仓时刻储备有大量粮食,当粮食安全突发事件导致粮食大幅短缺时可及时向市场出售储备粮,向极端贫困人士直接分配粮食;在粮食严重充溢时粮食政府储备机构有足够储存空间、财政能力和实际需求收购市场上过多无效供给的粮食。因此,完备的粮食政府储备制度是粮食应急管理制度的基础,只有当具备良好的粮食政府储备规划和经营管理,科学的收购与轮换制度,才能在粮食安全突发事件中及时、有效地吞吐,运用储备粮应对粮食安全突发事件,解决粮食安全问题。

粮食应急管理制度是发挥粮食政府储备制度保障突发状态下粮食安全功能的必要条件。粮食政府储备规划能满足储备粮常规收购和轮换的需要，但发生粮食安全突发事件时，由于突发事件具备瞬间性和偶然性，储备规划难以实现突发事件中储备粮的有效配置。[1] 粮食应急管理制度设置了完备的预警机制和应急预案，在粮食安全突发事件发生时，通过政府主动行使权力，平衡和保障各主体利益，活用“静止”的储备粮，实现储备粮的优化配置。

如上所述，粮食政府储备制度与粮食应急管理制度关联统一于应对粮食安全突发事件问题中，但只有健全用以维持粮食市场价格与供需日常稳定的粮食政府储备制度，才能有效避免粮食安全突发事件的发生。良好的粮食政府储备制度也能使储备粮的数量和质量得以满足应对粮食安全突发事件的需要。因此，粮食政府储备制度是保障粮食市场价格和供需日常稳定的手段之一，是应对粮食安全突发事件的制度前提。

此外，自然灾害的发生可能不是直接的经济问题，但是，灾前期的备灾，临灾期的紧急救助、临时安置和过渡安置以及灾后期的重建等，都是经济问题。[2] 应对粮食安全问题也是如此，粮食政府储备制度和粮食应急管理制度都涉及政府的财政支出和补贴问题、社会融资问题、征收征用的补偿问题及产业规划与布局问题。因此，适宜以经济法的视角，对这两项制度进行统一的制度研究，以形成完备的粮食政府储备与应急管理制度，保障粮食安全。

四、我国粮食的政府储备与应急管理制度的演进

自中华人民共和国成立以来，国家高度重视粮食安全。粮食政府储备和粮食应急管理作为粮食安全中的重要组成部分亦受到重视，这在历年中央的政策和法律法规都有所突显，并从酝酿、发展逐步走向成熟。

（一）粮食政府储备制度的演进

我国粮食政府储备制度的发展大致历经 3 个阶段：

---

〔1〕 参见朱力：《突发事件的概念、要素与类型》，载《南京社会科学》2007 年第 11 期。

〔2〕 参见郑功成：《灾害经济学》，湖南人民出版社 1998 年版，第 2 页以下。

一是1949~1978年,该阶段主要是粮食政府储备制度的酝酿与初步形成。1949年中华人民共和国成立后,因久经战乱,粮食的供给情势十分严峻。当时的粮食政府储备主要源于征收公粮和收购余粮。在中华人民共和国成立后的一段时间内,国家利用储备粮有效地抑制了几次粮食波动。[1] 1953年中共中央作出《关于实行粮食的计划收购与计划供应的决议》,推行粮食统购统销政策,由国家严格控制粮食市场,实行在中央统一管理下,中央与地方分工负责粮食管理。在这一阶段,由于国家实行统销,不再需要政府储备粮食来平抑粮价,但是出于自然灾害等因素的影响,致使粮食产量存在不确定性,迫切要求国家建立专门的粮食政府储备。因此,1954年中共中央在《关于粮食征购工作的指示》中提出,"为了应付灾荒和各种意外,国家必须储备一定数量的粮食"。1955年建立国家备荒储备粮,名为"甲字粮",明确粮权属于国务院,由国营粮食企业承担储备任务。1962年国家又建立了"506"战备粮,这是应对战争环境下的战略储备,粮权由军政共管,具体储备仍由国营粮食企业承担。与此同时,国家也提出"逐渐增加国家、集体和个人的粮食政府储备"。1963年农村集体储备逐步建立。

二是1978~2000年,该阶段是粮食政府储备制度的重要发展时期。党的十一届三中全会的召开,家庭联产承包责任制的逐步落实逐渐改变了粮食短缺的状况。到了1990年,粮食生产大丰收,使"卖粮难"成为新的问题。为了避免"谷贱伤农",国家开始探索粮食后备储备。[2] 国务院于1990年印发《关于建立国家专项粮食储备制度的决定》,建立了国家专项粮食储备制度,由中央政府储备和地方政府储备两部分组成。中央政府储备方面,成立由商务部代管的国务院直属机构,也就是国家粮食储备局来具体负责;而地方政府储备方面,要求各省、自治区、直辖市人民政府也要根据实际情况,建立本地区的粮食政府储备,并将计划报国家专项粮食储备领导小组和商业部。

---

〔1〕 具体内容见《当代中国》丛书编辑部:《当代中国的粮食工作》,中国社会科学出版社1988年版,第34~65页。

〔2〕 1983~1984年粮食大丰收使"卖粮难"成为粮食市场的新问题,但由于国家缺乏粮食专项储备体系,没有及时吸纳农户增产的粮食,挫伤了农民种粮的积极性。参见胡小平等:《我国粮食安全保障体系研究》,经济科学出版社2013年版,第197页。

1995 年中央农村工作会议中提出“米袋子”省长负责制，进一步将地方粮食政府储备制度化。明确提出粮食主产区要建立 3 个月以上的粮食销售量的储备，在粮食销区要建立 6 个月以上粮食销售量的储备。[1] 此外，在这一时期进一步深化粮食流通体制改革后，形成了国家粮食储备局、中国储备粮管理总公司和委托单位组成的垂直管理体系，呈现“总公司—分公司—直属库”的格局。[2]

三是 2000 年至今，这一阶段也是粮食政府储备制度的完善阶段。从 2000 年以来的中央一号文件多以“三农”为主体，并凸显了我国粮食政府储备的发展方向。一是对粮食品种的确定。我国粮食政府储备主要是稻谷和小麦的储备，此外还有玉米储备。二是增加了粮食政府储备的规模，延伸了粮食政府储备的功能，除平抑价格等基础功能外，也发挥了保护粮食产区农民利益的作用，即通过稻谷、小麦最低收购价政策来保障种粮农民的利益以解决粮食过剩问题。三是实行临时粮食政府储备。2010 年和 2012 年的中央一号文件就明确表述要“适时采取临时收储政策”。为此，在 2010 年增加了中粮集团有限公司和中国华粮物流集团公司两个粮食收购主体，发挥粮食主产区对特定品种实施限时低价收购的职能，以实现临时储备。[3] 四是对粮食政府储备制度具体内容的重视与完善，其中，包括粮食政府储备轮换制度、粮食政府储备吞吐调节机制等，并强调科学确定粮食政府储备规模、粮食品种结合和布局。五是立法层面积极推动粮食安全保障立法。现阶段，关于粮食政府储备的立法最高层级是行政法规，尚未上升到法律的高度。这也体现了目前粮食安全保障体系中各项制度立法层级较低的问题。为了更好地实现我国粮食安全的目标，推动包括粮食政府储备、粮食流通在内的粮食安全保障法体系构建将成为趋势。

---

〔1〕 参见贾晋：《中国粮食储备体系：历史演进、制度困境与政策优化》，载《广西社会科学》2012 年第 9 期。

〔2〕 参见费佐兰、余志刚：《中国粮食储备制度的历史变迁和发展趋势》，载《世界农业》2015 年第 3 期。

〔3〕 同上。

(二)粮食应急管理制度的演进

从粮食应急管理的涉及具体环节来看,粮食应急管理包括粮食预警监测、粮食政府储备、粮食流通等内容。因此,从这一角度而言,粮食应急管理制度产生与发展实际上与粮食政府储备制度、粮食流通制度等演进密不可分,例如,上述提及的国家备荒储备粮、“506”战备粮实际都是应对突发事件的储备,是粮食应急管理制度中的重要内容。但如将粮食应急管理作为突发事件应急管理的一部分,以预防与应急准备、监测与预警、应急处置与救援、事后恢复与重建为内容构建体系,实际上该制度还处于发展阶段。

相较粮食其他领域的立法而言,粮食应急管理制度的立法相对薄弱,主要还是作为突发事件应急管理制度的一部分予以规范。就具体制度而言,2005 年国务院根据《价格法》《粮食流通管理条例》《中央储备粮管理条例》《国家突发公共事件总体应急预案》等,制定和颁布了《国家粮食应急预案》(以下简称《预案》),《预案》涉及建立粮食应急管理机制的原则、目的和意义,从粮食监测预警体系、应急响应、应急管理保障和后期处置几个方面对各部门的职责予以明确。2007 年第十届全国人大常委会第二十九次会议通过《突发事件应对法》,其中明确了突发事件的概念以及应对突发事件的具体环节、各部门的职责,是我国应急管理法律体系中起总体指导作用的“一般法”,亦是作为粮食应急管理制度的发展的基础。此外,2014 年国务院在充分征求地方人民政府和党中央、国务院有关部门的意见后,拟定了《关于建立健全粮食安全省长责任制的若干意见》,并于 2015 年正式发布实施。该意见强化了粮食安全意识和省长要承担的责任,从而保障在突发事件下能有效应对粮食风险。

目前,我国粮食应急管理制度已经形成了以《突发事件应对法》为基础,以国务院颁布的《预案》以及各地政府制度的地方性规范文件为具体内容,涵盖国家、省、市、县四级的粮食应急预案体系,以粮食安全省长负责制为保障,构成了应对粮食突发事件的基本法律框架。

五、粮食的政府储备与应急管理制度存在的问题

尽管我国粮食政府储备制度和粮食应急管理制度不断探索与发展，作为应对突发事件的有力工具在保障粮食安全中发挥重要的作用。但在现阶段，两制度仍存在一定的问题，制约了粮食安全储备应急管理法治保障的进一步发展，有效解决这些问题才能更好地发挥其作用。

（一）法律位阶低且制度不完善

当前，我国关于粮食政府储备与应急管理法治保障的立法在法律层面只有《突发事件应对法》，其余的重要内容包括粮食政府储备、应急预案等都是由国务院颁布的法规和部门规章，尚未上升到法律的高度。总体而言，法律位阶较低。同时，现行粮食政府储备制度和粮食应急管理制度还不能完全适应危机管理的要求。自 2004 年以来，我国在粮食市场化改革的同时，逐步建立面向全社会粮食流通管理的法规，但在粮食相关制度的设计上，侧重国家宏观调控而忽略了突发事件下应急管理法治保障。虽然有粮食行政首长负责制，但是现行制度演化为对各级政府层层分解责任的做法，致使在储备、流通等环节存在不实、不合理等问题。此外，从制度具体条文的规定来看，各地关于粮食政府储备和应急管理制度的规范存在下位法与上位法相冲突的问题，例如，前述提及的对于粮食应急状态的定义和分级的规定等。

（二）粮食政府储备结构不合理且管理不到位

优质稳定的粮食政府储备是粮食安全应急状态下“调得动”的前提，中央对粮食政府储备的数量和质量有明确要求，“产区保持 3 个月销量、销区保持 6 个月销量”。[1] 然而，有些地方并未能充足保障粮食政府储备，尤其是在销区和生产能力薄弱地区。现行粮食政府储备制度要求地方财政配套储备费用，这意味着粮食政府储备需要占用大量财政资金，为了尽量压低粮食

---

〔1〕 具体内容见国务院于 2006 年发布的《关于完善粮食流通体制改革政策措施的意见》（国发〔2006〕16 号）。

库存,有些地方甚至存在以"存钱"代替存粮。[1] 同时,为保障储备粮的数量和质量,中央和地方还实施轮转制度、粮食政府储备计划制度等,但是由于目前我国地方储备粮的储备计划法治化水平较低,大多只规定应当确定粮食政府储备的规模,从而导致对于其他配套制度落实的低效率。此外,就粮食政府储备的结构而言,一是大米和小麦的储备相对不足,玉米储备的规模偏高,储备结构和消费结构的不匹配降低了粮食安全的保障力度;二是现有的储备粮食都是以原粮的形态进行存储,在突发事件需要紧急动用的情形下,需要先进行加工,难以立即动用;三是现有粮食政府储备库的布局与流通体系缺乏衔接。粮食布局结构合理才能使粮食政府储备在关键时刻"调得出",而目前我国粮食政府储备库点的交通运输条件较差,不足以完全满足紧急调运的需要。

粮食政府储备的经营者管理需要依托财政投入和政府治理。我国幅员辽阔,仅靠中储粮集团公司承担中央储备粮的储备工作,深入我国各个地区的粮食产地效率较低,且我国各省基本采取地方粮食政府储备制度,因此,仅依靠中储粮集团公司对粮食政府储备进行管理势必会耗费大量的资源,其管理效果也难以保证。虽然引入市场竞争,将部分地区的中央储备粮储备委托给其他市场主体代储是有效的方法。但在实践中,由于市场准入不明确、经营者权利义务不明晰、监管不力等原因,使不同种类的粮食在储备管理上没有明确区分,存在骗取储备粮贷款,将粮食政府储备经营管理资金挪作他用等问题,难以提高储备效率。

(三)粮食应急管理过于侧重突发事件应对环节

粮食安全应急事件在我国时有发生。在2003年,我国受"非典"疫情扩散的影响,在广东、北京、浙江等地相继出现了粮食抢购的现象。[2] 此后,2008年的南方雪灾、汶川地震,2010年玉树地震、西南大旱、舟曲泥石流,2013年雅安地震,2014年威尔逊台风等自然灾害,也在不同程度上导致部分

---

〔1〕 参见胡小平等:《我国粮食安全保障体系研究》,经济科学出版社2013年版,第316~317页。

〔2〕 参见韩鹤忠:《"非典"引发粮食抢购带来的启示》,载《调研世界》2003年第8期。

地区出现粮食抢购的现象。而今,新冠肺炎疫情也引起不同程度的粮食抢购情况。[1] 我国对粮食安全应急状态的理论和政策问题的研究还相对薄弱,对于粮食应急管理主要还是侧重在突发事件发生后如何应对粮食问题的层面,对于突发事件发生前针对粮食安全的预防与应急准备、监测与预警等制度还较缺乏。为此,国务院办公厅颁布了《国家粮食应急预案的函》,各地政府也据此制定了相应的地方粮食预案,形成了国家、省、市、县四级粮食应急预案体系。但仍存在一些问题:一是缺乏职责分明、高效灵敏的监测预警机制。我国地域辽阔,不同地域之间的自然环境和经济发展状况存在较大差异,现有的预警机制还难以涵盖全产业链从中央到地方层面的粮食安全预警。另外,在风险级别的识别和提供准确的预测信息方面还有待提升。二是虽然建立了粮食应急预案体系,但是对于政府相关部门和机构的职责规定还不明确,缺乏具体的问责机制。

六、粮食的政府储备与应急管理法治保障体系的构建

突发事件下粮食供给保障是重大的粮食安全问题。在粮食政府储备的基础上,建立粮食安全紧急事件应急管理制度是必要的,其能够在短时间内有效平息粮食不安全事件,以实现社会稳定。本章第三节将重点研究粮食应急管理制度中的预警机制和粮食安全应急预案制度以回应粮食应急管理过于侧重突发事件应对环节的问题。第一,建立粮食安全预警机制,对可能出现的危害粮食安全的问题提前预报,进而及时作出相应的应对措施,这是切实保障粮食安全的必然选择。[2] 第二,依据有关法律、法规和本级突发公共事件总体应急预案预先制定专项工作方案,这是应对粮食市场供求异常波动的必要反应程序和应急响应的操作指南。[3] 虽然现阶段已建立国家、省、市、县四级的粮食应急预案体系,但仍需着眼粮食应急管理的不同阶段,进一

---

〔1〕 截至 2020 年 2 月 2 日,从已发布的新闻信息来看,全国包括湖北省、浙江省、湖南省、福建省等多个省份出现不同程度的粮食抢购的情况。

〔2〕 参见李文明:《大国粮食安全的底线思维:预警机制和实现路径》,中国农业出版社 2014 年版,第 205 页。

〔3〕 参见杨航桂:《做好粮食应急预案修编工作》,载《中国粮食经济》2019 年第 4 期。

步明确政府部门的权责,有效开展粮食安全应急预案演练等以应对突发事件下的粮食安全问题。

第二节　政府储备法治保障体系

针对粮食安全的储备与应急管理法治保障问题,需要注意两方面的内容:一是应将以稳定为核心的粮食政府储备制度作为应急管理制度的前提;二是架构权责分明的粮食应急管理制度。因此,本章第二节、第三节也将围绕这两部分内容展开研究。

粮食政府储备法治体系是保障粮食安全的"稳定器"。粮食政府储备的收购和经营管理依靠政府财政,储备粮的动用往往出于赈灾应急或调控粮食市场的目的,而不具有较强的营利性。因此,作为粮食应急管理基础的粮食政府储备主要是政府储备。在第二节中,将以政府储备为切入点,重点研究粮食政府储备计划制度、经营管理制度和吞吐制度,以应对现阶段粮食政府储备结构不合理且管理不到位的问题。首先,通过建立和优化科学有效的粮食政府储备计划,能够规范各级政府的粮食政府储备行为,明确相关部门的权责,对粮食存储规模、数量、质量、品种、粮库布局以及粮食购销计划予以指导。其次,粮食政府储备经营管理制度是在粮食市场基本实现市场化的前提下,更科学高效地管理粮食政府储备的重要举措,通过严格的市场准入标准和监督管理,使政府补贴和融资落于实处。最后,为保障储备粮始终保持良好的质量和数量,粮食政府储备吞吐制度必不可少,其作为粮食政府储备吞吐的行为规范,为粮食政府储备吞吐不影响粮食市场秩序,减少财政支出提供法治保障。

粮食政府储备法治保障体系对与粮食政府储备有关的经济行为规定权威、可预测的行为规范,降低粮食政府储备的复杂性并提供稳定的行为预期,降低交易成本,进一步保障粮食政府储备的粮食安全保障功能。粮食政府储备法治保障体系着重规制与粮食政府储备有关的政府经济行为,具有克服国家权力运作的任意性,提高其运作效率,减少社会管理成本,减轻财政压力等作用,从而使粮食政府储备成为保障粮食安全的坚实基础而非政府权力"寻租”的捷径。粮食政府储备法治保障体系还有力保障市场对于粮食资源配置作用的发挥,推动政府发挥监管和调控作用,促进社会分工合作以扩张市场体系,对所有主体配置必要的义务以更好行使相应权利,为粮食政府储备的运行和发展提供必要的前提条件。[1]

粮食政府储备法治体系是保障粮食安全的“稳定器”,是平抑粮食市场各种风险引起的价格波动、供应短缺的有力保障。粮食政府储备的收购和经营管理依靠政府财政,储备粮的动用往往出于赈灾应急或调控粮食市场的目的,而不具有较强的营利性。为规避财政压力,作为理性经济人的政府易于忽视粮食政府储备的作用,仅满足于完成最低保障,或在收购、储存的经营管理时不注重保值保本,认为粮食政府储备本就属于“必要支出”而无须节省,造成不必要的粮食损耗和财政浪费。不科学的粮食政府储备制度将影响粮食政府储备发挥调整产业结构、保护农民利益等的功能。因此,必须通过完备的粮食政府储备法治保障体系,解决粮食政府储备中的政府失灵问题,再通过政府解决其中的市场失灵问题,对粮食政府储备法治保障体系应当得到重视。

一、政府储备计划制度

粮食政府储备计划规定粮食政府储备的目标和任务,体现了国家对粮食政府储备的意图。粮食政府储备计划应当根据当期的实际经济状况、粮食供求状况等制定,粮食政府储备计划制度无须具体规定粮食政府储备计划的内容,只需通过相应的制度配合,规定计划的执行主体、考核标准和监督措施,避免指令式计划的出现。为避免导致粮食政府储备无法正常发挥保障粮食安全的重要功能,应当将粮食政府储备计划的法治化作为粮食政府储备法治保障体系的前提。

(一)中央储备粮计划制度

《中央储备粮管理条例》第二章规定了中央储备粮的计划,规定中央储

---

〔1〕 参见叶传星:《法治的社会功能》,载《法律科学(西北政法大学学报)》2003 年第 5 期。

备粮的储存规模、品种和总体布局方案,由国务院发展改革部门及国家粮食行政管理部门会同国务院财政部门,根据国家宏观调控需要和财政承受能力提出,报国务院批准。[1] 中央储备粮的收购、销售计划,由国家粮食行政管理部门根据国务院批准的中央储备粮储存规模、品种和总体布局方案提出建议,经国务院发展改革部门、国务院财政部门审核同意后,由国务院发展改革部门及国家粮食行政管理部门会同国务院财政部门和中国农业发展银行共同下达中国储备粮管理总公司。[2] 国家粮食和物资储备局和国家发展和改革委员会是我国粮食政府储备计划的制定主体,其中,储存规模、品种和具体布局方案等粮食政府储备目标应由国务院批准,以保障全国粮食安全,最终由中国储备粮管理总公司具体组织实施收购、销售。[3]

为保障中央储备粮的质量,中央储备粮采取均衡轮转制度,每年轮转的数量一般为中央储备粮的20% ~30%,中国储备粮管理总公司应当根据中央储备粮的品质情况和入库年限,提出中央储备粮年度轮换的数量、品种和分地区计划,报国家粮食行政管理部门、国务院财政部门和中国农业发展银行批准。中国储备粮管理总公司在年度轮换计划内根据粮食市场供求状况,具体组织实施中央储备粮的轮换。[4]

(二)地方储备粮计划制度

审视各省的粮食安全保障条例、地方储备粮管理条例或粮食流通管理条例实施办法,其中,仅浙江省规定地方储备粮的品种结构和收储、轮转计划由本级人民政府批准。宁夏回族自治区规定,自治区粮食管理部门按照自治区储备规模,根据市场供求情况下达购销计划。湖北省规定,地方储备计划由本级政府下达,实行指令性管理。其他制定相应条例的省份仅规定政府确定粮食政府储备规模,[5]或仅规定省内建立地方分级粮食政府储备制度,规定

---

[1] 《中央储备粮管理条例》第13条。

[2] 《中央储备粮管理条例》第14条。

[3] 《中央储备粮管理条例》第15条。

[4] 《中央储备粮管理条例》第16条。

[5] 包括四川省、吉林省、河南省、湖南省、广东省、贵州省、河北省、天津市、新疆维吾尔自治区。

粮食政府储备最低要求。[1]

(三)政府储备计划制度存在的问题

申言之,目前我国地方储备粮的储备计划法治化水平较低,大多只规定应当确定粮食政府储备的规模。但除此之外,根据《中央储备粮管理条例》的规定,储备粮的品种和总体布局,以及储备粮的收购和销售,也应当遵循科学的计划。粮食政府储备法治保障制度除规定政府粮食行政管理部门有制定储备粮的储存规模、品种和总体布局方案及收购、销售计划的义务外,还应当以兜底条款的方式授权地方政府粮食行政管理部门有权根据地方粮食储存的情况和需要,通过科学评估后增加计划内的内容,并配置违反计划制定等违法行为的责任。唯有如此,才能为科学有效的粮食政府储备提供坚实的法治保障。

另外,对于储备粮的储备规模及轮换数量,有的省份采取"最低限度"的方式,有的省份采取"区间控制"的方式,《中央储备粮管理条例》对轮转数量也采取了区间调整的方式。始终应当保障让市场在粮食市场资源配置中起决定性作用,不能因为储备粮的公共产品属性而忽略粮食本身的商品属性,粮食政府储备规模过高会导致大量余粮未进入市场流通,使粮食的市场价格与正常的供求关系偏离过大,在粮食市场波动不明显的年份也容易造成粮食浪费。因此,粮食政府储备计划应当以法律的形式规定储备规模的上下限,兼顾粮食的商品属性与公共产品属性,同时保障粮食安全和"去库存"。粮食政府储备计划中的规模、品种和总体布局方案以及相应的价格,应当与农业,尤其是粮食产业供给侧结构改革的政策目标相适应,通过价格信号引导粮食生产经营者的种植选择,逐步实现粮食市场产业结构优化。

二、政府储备经营管理制度

(一)中央储备粮的经营管理

粮食政府储备的经营管理能力影响储备粮的质量和对应的财政支出,体

---

[1] 包括云南省、内蒙古自治区。

现了政府的治理能力。为兼顾粮食的公共产品属性和商品属性,中央储备粮采取由中储粮集团公司具体负责,由下属企业专门储存,由具备条件的企业代储的模式。中储粮总公司作为我国的公共政策性国有企业,承担弥补市场失灵的重大任务,是粮食政府储备的直接责任主体。为保障我国国家粮食安全,中储粮集团公司及其直属企业应当退出营利性市场业务领域、专注公共政策目标的实现,逐渐剥离已从事的经营性业务,加大国有资本的投入力度并提高公司管理科学化水平。[1]

然而,我国幅员辽阔,仅靠中储粮集团公司深入我国各个地区的粮食产地承担中央储备粮的储备工作,效率较低,且我国各省基本采取地方粮食政府储备制度,因此出于经济考量,将部分地区的中央储备粮储备委托给其他市场主体代储,能够节省中储粮集团公司的成本,实现"保值保本"的目标。但由于中央储备粮事关全国整体粮食安全,对代储中央储备粮的企业应当实行严格的市场准入标准和监督管理。具体而言,代储中央储备粮的企业,仓库容量应达到国家规定的规模,仓库条件应符合国家标准和技术规范的要求;具有与粮食储存功能、仓型、进出粮方式、粮食品种、储粮周期等相适应的仓储设备;具有符合国家标准的中央储备粮质量等级检测仪器和场所,具备检测中央储备粮储存期间仓库内温度、水分、害虫密度的条件;具有经过专业培训的粮油保管员、粮油质量检验员等管理技术人员;经营管理和信誉良好,并无严重违法经营记录。[2] 具备条件的代储企业,经国家粮食行政管理部门审核同意,取得代储中央储备粮的资格,中储粮集团公司从取得代储中央储备粮资格的企业中,根据中央储备粮的总体布局方案择优选定中央储备粮代储企业,报国家粮食行政管理部门、国务院财政部门和中国农业发展银行备案,并抄送当地粮食行政管理部门。[3] 通过严格的市场准入标准审核和备案监管制度,有利于中储粮集团公司集中管理、集中布局、降低成本,优化

---

〔1〕 参见中国社会科学院工业经济研究课题组:《论新时期全面深化国有经济改革重大任务》,载《中国工业经济》2014 年第 9 期。

〔2〕 《中央储备粮管理条例》第 19 条。

〔3〕 《中央储备粮管理条例》第 20 条、第 21 条。

粮食政府储备经营管理，降低财务压力，保障粮食安全。

（二）对储备粮经营管理的监管

中储粮集团公司及其直属企业和代储企业（以下简称承储企业），应当严格按照粮食政府储备计划，确保储存中央储备粮的数量、质量，尽量降低中央储备粮的自然损耗和质量降低，配备必要的安全防护措施，不将中央储备粮用于盈利目的，专仓保存、专人保管、专账记载、定期统计。对于地方储备粮来说，为保障粮食安全也应当设置严格的地方储备粮承储企业市场准入标准和监督备案，并定期评估随时审查获批企业是否仍具备承储地方储备粮的条件。地方储备粮承储企业应当以中央储备粮承储企业承担的经营管理义务为基础，根据地方实际情况对全国性粮食政府储备经营管理的制度进行适用，如市场准入标准可以根据原粮、成品粮或重点口粮、其他粮食等分类设立不同的市场准入标准。还要明晰骗取储备粮贷款和贷款利息、管理费用等财政补贴等违法行为的构成要件及相应法律后果。

（三）政府储备粮经营管理的支持保障

粮食政府储备的经营管理事关粮食安全，因此，粮食政府储备不宜以盈利为首要目标，必要时为保障粮食安全这一公共政策目标应当牺牲一定经济利益。中储粮集团公司虽为公共政策性国有企业，主要为弥补市场失灵，保障粮食安全，但中储粮总公司收购与销售中央储备粮都需要在市场中进行，且一般为微利采购甚至赔本采购。为保证中储粮总公司有足够资金维持公司正常运行和购买粮食以供储备，中国农业发展银行应当及时、足额安排中央储备粮所需贷款并实施信贷监管，政府应当尽量以“绿箱”或“蓝箱”的形式提供补贴，并不断加大国有资本的投入，不断提升经营管理的科学化。[1]而对于代储企业和承储地方储备粮的企业来说，究其根本是以盈利为目的的企业，粮食政府储备的极强正外部性使粮食政府储备经营在国家干预后盈利的空间较小，因此应当施以一定的政府补贴、税收优惠等财政支持政策，或采用由商业银行提供低息贷款等金融手段为承储企业提供资金支持，填补因正

---

〔1〕《中央储备粮管理条例》第9条。

外部性而逸散于整体社会的利益缺口,引导具备条件的企业积极参与粮食政府储备经营。此外,还应当鼓励支持高等院校、科研机构等积极研发减少粮食自然损耗、延长储存时间、安全防治等的技术,为其提供政策制度支持以促进粮食政府储备经营管理的发展。

三、政府储备吞吐制度

(一)粮食政府储备吞吐制度的价值

国家粮食政府储备需要在市场中从粮食生产经营者手中收购,由于粮食本身会发生自然损耗,决定了粮食政府储备需要定期对库存储备粮实行轮换制度,以此保障储备粮始终能够保持良好质量,因此,粮食政府储备会周期性地收购和出售。由于国家储备粮事关部分地区,甚至全国的粮食安全,而且其存量规模较大,每次轮换的收购和销售的数量规模较一般粮食经营者也较大,所以具有调控市场粮食供求关系的能力。储备粮的收购和销售,即粮食政府储备吞吐可以作为干预粮食市场的有效手段,以保持全国粮食供求总量基本平衡和价格基本稳定。[1] 充足的粮食政府储备是中国面对各种自然风险、市场风险引起粮食市场供需波动、价格波动的底气,但每一次储备粮的收购和销售,由于其规模较大,若由承储企业自发收购或销售,大量的粮食吞吐本身就是对粮食市场的巨大冲击,必将与实行粮食政府储备制度的目标背道而驰。因此,需要建立粮食政府储备吞吐制度作为粮食政府储备吞吐的行为规范,促进有序吞吐粮食政府储备,稳定粮食市场秩序,减少财政支出。

(二)粮食政府储备吞吐制度的构建

承储企业应当根据粮食政府储备计划确定的粮食的品种及其质量、数量进行储备粮收购,主要可以采取直接收购、委托收购、公开收购 3 种方式。由于储备粮主要为平抑粮食市场的价格波动和在粮食供应突然不足时保障粮食供应稳定,其与一般粮食经营者的营利目标存在本质差异。如果采取直接收购的方式进行储备粮收购,则承储企业直接进入粮食市场进行吞吐,会在

---

〔1〕《粮食流通管理条例》第 25 条。

短时间内引起粮食市场流通的粮食的剧烈数量变化。日常轮换储备粮虽然对粮食流通总量的影响不大,但粮食质量等级却相差甚远。不宁唯是,采用直接入市收购的方式进行储备粮收购,还会客观上导致承储企业与一般粮食经营者直接竞争,影响粮食市场秩序。

采取委托收购的方式进行储备粮收购则可以使收储企业与粮食经营者形成一种和谐的合作关系。而且可以利用粮食经营者既有的粮食收储体系,减少承储企业建立自己的收储体系的沉没成本和资源浪费,减少财政压力的同时也不会扭曲粮食市场功能。[1]

而采取公开收购的方式进行储备粮收购是通过招投标的方式,让粮食经营者在集中交易场所集中竞价进行收购。通过相应的信息披露机制,可以使粮食的质量、数量、产地、营养成分、储存期限等信息更公开透明,在公开竞价的情况下促进公平交易。同时,短时间内的集中竞价还有利于形成科学的粮食市场价格,日本就在《稳定主要粮食供需与价格法》中规定,为形成合理的稻米价格,并将价格作为交易指标,设置稻米价格形成中心,将交易的数量、价格等信息及时公布作为交易指标。可以建立"粮食价格形成中心",要求储备粮轮换收购必须以公开收购的形式在中心进行,以形成"粮食价格",该价格可以作为市场定价的参考,也可作为最低收购价格等粮食价格政策的参考。虽然公开收购具有形成交易指标的优势,但公开收购对集中竞价的充分竞争性,以及参与集中竞价的粮食供求关系与现实市场情况的对应程度等有较高要求。基于我国目前粮食市场的市场化程度及其他条件可能无法有效形成交易指标,因此,可以同时采用委托收购和公开收购两种收购方式,并结合我国《政府采购法》《证券法》等法律规定开展粮食政府储备收购。[2]

承储企业一般只在轮换时出售储备粮,出售方式的选择分析与收购几乎无差异,在此不多论述。但需注意的是,轮换出售的储备粮应当是储存年限较长的粮食,而轮换收购的粮食应当质量更好,适合长期储存的粮食。尽管

---

〔1〕 参见卢波:《中央储备粮管理机制研究》,新疆农业大学 2006 年博士学位论文,第 149 页。

〔2〕 委托收购可以作为《粮食流通管理条例》第 26 条及《中央储备粮管理条例》第 30 条规定的"国家规定的其他方式"。

吞吐行为并未改变市场流通的粮食总量,但其粮食质量标准实际上仍有区别。因此,承储企业应当严格遵守粮食政府储备经营管理的法律法规和技术要求,保证轮换出售的粮食仍然具有经济价值,否则轮换出的粮食将成为无效供给,或造成粮食质量安全事件。[1]

当然,储备粮也可在国际粮食市场中进行吞吐,我国长期实行"政府主导型"的粮食政府储备模式。截至2018年,全国共有标准粮食仓房仓容6.7亿吨,有效仓容总量比1996年增长31.9%,"这不仅能够应对重大自然灾害,而且完全有能力通过市场吞吐调节有效地稳定国内粮食市场"。[2] 因此,在粮食政府储备应对国内粮食安全紧急事件绰绰有余的前提下,可以在国内供给宽裕、价格较低;国际供给紧张、价格较高之时,将轮换出售的储备粮在国际市场上进行出售。对于因意外未进入轮换期即快失去经济价值的粮食,可以对该部分粮食有针对性地进行小幅轮换,实现"新粮换旧粮",而不必让仍有经济价值的储备粮在等待轮换期时失去经济价值。但以上措施应当谨慎使用,在微小的经济利益面前,粮食安全才是粮食政府储备吞吐制度的首要保障目标。

目前,按照《中央储备粮管理条例》的规定,中央储备粮的动用条件包括全国或者部分地区粮食明显供不应求或者市场价格异常波动;发生重大自然灾害或者其他突发事件需要动用中央储备粮;国务院认为需要动用中央储备粮的其他情形。[3] 而储备粮日常轮换时的出售行为客观上也应属于"中央储备粮的动用"。中央储备粮的年度轮换计划由国家粮食行政管理部门、国务院财政部门和中国农业发展银行批准,粮食动用则属于国务院批准的行为。[4] 为促进粮食政府储备吞吐法治体系的完备,建议在中央储备粮动用条件的相关规定中增加"粮食轮换时出售中央储备粮",并作为非国务院批

---

〔1〕 不一定具有食用价值。

〔2〕 数据来源:中华人民共和国国务院新闻办公室于2019年10月14日发布的《中国的粮食安全》白皮书,载http://www.scio.gov.cn/zfbps/32832/Document/1666192/1666192.htm,最后访问日期:2020年5月11日。

〔3〕 《中央储备粮管理条例》第38条。

〔4〕 《中央储备粮管理条例》第16条。

准的特别授权项目。

第三节　粮食应急管理法治保障体系

紧急事件下粮食供给保障是重大的粮食安全问题。受到如地震、极端气候灾难等自然灾害以及大范围卫生疫情等突发事件的影响,即便是在全社会粮食供应稳定的情况下,仍可能会出现粮食抢购、粮食饥荒等问题,如果对这类事件处理不及时,就会累积、扩散形成粮食公共危机。基于此,在粮食政府储备的基础上,建立粮食安全紧急事件应急管理制度是必要的,能够在短时间内有效平息粮食不安全事件,以实现社会稳定。

一、粮食应急管理的预警机制

良好的预警机制能够有效地防御和化解粮食安全风险。预警机制的存在,将使政府从"消防员"的角色中解放出来,能够减少粮食供给波动对社会层面的经济和政治的影响。

(一)粮食安全预警机制的价值

在粮食购销市场逐步开放的情形下,建立一套职责分明、高效灵敏、保障有力的粮食预警机制是十分迫切的。"预警"一词本运用于军事领域,字面上可以理解为预先警告,后逐步扩展运用于政治、经济等领域。现代社会中的预警主要是对可能发生的危险提前进行预报以便事先做好应对工作。粮食应急管理的预警机制主要是通过对粮食风险信息的监测分析,能够快速、准确地揭示有关粮食公共事件或粮食公共危机在发生前的风险信息预兆,进而在风险信息分析的基础上结合实时跟踪预测来安排及时的应对策略,做到防患于未然,最大限度地减少和降低基于粮食安全应急状态而给社会造成的不利影响。

我国的特殊国情与粮情,决定了构建粮食应急管理的预警机制具有重大现实意义。我国是一个人口大国,同时也是世界上最大的粮食生产国和粮食消费国。巨大的粮食需求使我国必须立足国内粮食生产,保障粮食安全。根据我国粮食中长期发展的目标,粮食总需求量将由2000年的近5亿吨增长到 2030 年的 7.2 亿吨左右。[1] 从粮食需求角度来看,随着国内人口数量增长、饮食结构的变化、我国粮食需求呈波动增长态势。[2] 但是自 2011 年以来,在耕地、淡水等资源的硬约束下,我国粮食产量增速基本处于下降的状态。由此可见,在整体粮食供给向好的情势下,应密切关注粮食供需情况,尤其是为有效应对难以预测的突发事件,避免出现粮食公共危机,建立粮食应急状态下的预警机制是非常必要的。

粮食预警机制具有预见和监测的作用,从而能防范和纾解粮食公共事件和粮食公共危机的突发性和不确定性带来的影响。虽然粮食公共事件或粮食公共危机的发生具有复杂性和不确定性的特点,但是通过对以往事件的梳理发现,这些粮食安全应急状态的出现,在一定程度上有其自身的规律,在预警机制的作用下,可以基于对其发展规律的把握,对未来事件发生趋势作出预判,尤其是当粮食公共事件的风险要素处于潜伏阶段时,可以通过风险信息数据指标进行分析研究,从而更好地防范危机。

(二)粮食安全预警机制的基本架构

粮食安全预警机制需要建立在大量信息的基础之上,不仅包含粮食供求状况,更涉及粮食的生产、销售、运输、储备等多方面的信息,各方面的变化都可能造成粮食安全的风险,从而产生粮食安全应急状态。故而,粮食安全应急预警机制应当包含以下 3 个方面内容。

一是粮食数据收集机制。粮食数据收集机制主要的职能是负责粮食生产、市场、储备等有关信息的收集,以满足建立粮食预警系统对数据、信息的要求,有效保障数据采集和供给。这是支撑预警机制建立的先决条件。[3] 粮食数据源于多部门,因此需要相应的组织、制度作为保障,设立或者指定专门的机构进行协调与收集。具体数据收集的内容包括以下方面:(1)关于粮

---

〔1〕 参见田力为:《中国真的可以免于"大饥荒"威胁吗》,载贺雪峰主编:《三农中国》(总第 4 辑),湖北人民出版社 2004 年版,第 38 ~ 39 页。

〔2〕 参见李丰等:《中国粮食发展报告——中国的粮食产业》,经济管理出版社 2017 年版,第 14 ~ 17 页。

〔3〕 参见广东省粮食局:《广东省粮食安全预警机制的基本框架》,载《中国粮食经济》2005 年第 7 期。

食生产情况的数据，涉及粮食种植面积、气候状况（包括极端气候天气）、生产投入以及主要的产出、销售量等内容；(2)关于粮食政府储备的情况，涉及粮食政府储备总量、储备条件、粮食损失比率等；(3)关于粮食流通的情况，涉及粮食供给数量及价格、销售情况和存储情况等；(4)有关粮食消费的情况，涉及居民消费、饲料用粮、粮食消费结构以及粮食价格等内容。此外，还要密切关注自然灾害状况等可能造成粮食安全应急状态的因素。在信息收集的基础上，建立粮食安全资源数据库，同时应加强数据收集部门之间的数据分析和信息共享，为有效分享预测提供数据支撑。

二是粮食数据分析制度。数据获得以后，通过建立模型进行分析、预测是实现粮食预警的重要条件。首先，要建立组织保障，由专业的人员来进行数据处理和分析，并且需要密切跟踪、加工形成报告，及时上交有关部门，作为决策的依据。其次，由于粮食问题的复杂性和专业性，建立专家咨询制度也是十分必要的。通过模型测算出来的预警信息需要经过专家的确认，为应对存在的潜在风险，也需要专家对于相应的信息予以反馈，提出相应的建议和措施。

三是粮食安全应急状态预报机制。其主要是根据测算的信息，对未来的粮食安全状况发布预报信息，为政府相关部门采取粮食调控措施提供参考依据。首先，根据粮食安全风险的严重程度可以将预警预报划分若干等级，根据不同等级来进行相应的应对。其次，就预报信息的发布而言，必须要建立规范的粮食预报信息发布制度，其中包括要明确粮食安全信息发布程序、发布的具体形式和受众范围等，确保信息能真实有效传达给有关部门和社会公众。

此外，就粮食安全应急状态的预警机制的建立而言，目前我国尚没有一个具有足够权威性的独立粮食安全预警机构，也未指定某一部门作为粮食安全预警机构。因此，建立粮食安全预警组织机构是当前迫切需求的。

（三）科学完备的粮食安全预警机制构建

粮食安全预警机制是一国粮食安全战略的重要内容。建立科学完备的预警监测机制，对我国粮食安全状况可能出现的问题提前预报，为有关部门决策提供可靠的预测信息,进而及时作出相应的调整,是应对应急状态下粮食风险的保障。

粮食安全预警机制应建立于不同层级的战略定位基础之上。从宏观、中观和微观视角来区分我国粮食安全的战略定位,有利于明确粮食安全的目标,进而更全面地监测预警。(1)就宏观层面而言,以全球化的视角,应立足于整个国家,实际上是一个长期性、全局性的问题。[1] 因此,需要关注世界范围内的粮食供给与需求的情况,平衡粮食进出口比重,以确保在世界粮食供给出现问题时,受到尽可能小的影响。(2)中观层面则是涉及一国中的局部地区,主要是结构性问题,如前述提及的粮食在区域结构和品种结构上不够合理,产区余粮多粮食政府储备充足而销区相对较少,在三大谷物供给中玉米占的比重过大等问题。重视监测这一层面的问题,能够促进区域性粮食供给在结构和品种上的调整,弱化区域性粮食危机潜在风险。(3)微观层面的粮食安全问题则主要是确保消费者能够获得粮食。结合预警机制的基本架构,需要在粮食数据收集环节对消费者粮食购买情况以及粮食消费结构进行动态监测,以应对在粮食哄抢情形下的供给问题,避免造成局部粮食危机的出现。

粮食安全预警机制要科学完备并具有可操作性。我国地域辽阔,不同区域间的粮食安全保障水平也存在较大差异。为此,要从中央到地方建立纵向一体化的粮食安全预警机制,划分为国家、省、市、县四级进行监测预警,涵盖粮食政府储备、粮食进出口贸易等部门,加强不同区域间的协调配合。根据粮食安全预警机制的基本架构,粮食安全预警机制应包括粮食收集与整理、预警分析、警示预报等内容。这需要由预警责任部门负责做好国内外、省(地区)内外的相关信息的采集、整理、分析和预测,当市场发异常时能立即发出预警信号给总指挥部门,进行宏观调控。[2] 此外,要注重形成一套适合我国国情的粮食安全预警指标体系,立足宏观、中观和微观3个层级,涵盖粮食生

---

〔1〕 参见李文明:《大国粮食安全的底线思维:预警机制与实现路径》,中国农业出版社2014年版,第197页。

〔2〕 参见胡小平等:《我国粮食安全保障体系研究》,经济科学出版社2013年版,第319页。

产、消费、流通、储备和进出口等整个粮食产业链，尤其要注重预警指标的可操作性，能够直观和准确反映粮食安全存在的问题，真正发挥预警机制的作用。

粮食安全预警机制的建立要充分运用大数据技术。大数据时代已然到来，并正以不可预估的速度渗透到生活的方方面面，农业大数据技术在更深层面的应用将会对传统粮食的储备管理和监测预警起到至关重要的作用。[1] 有别于传统粮食预警机制存在的数据量不足、代表性不强、数据较分散等缺陷，以物联网、云处理计算、相关性分析等技术为内容的大数据技术能通过对海量数据的研究和分析，推动粮食应急管理监测预警向智能化、精细化、全面化发展，更准确、高效地提供监测信息，以便及时预警、预报。同时，通过数字化平台的运用，也使信息数据能更广泛地共享，突破时空、地域的局限，更系统地反映粮食安全状况以便进行调控。

二、粮食安全应急预案制度

粮食安全应急预案，是各级政府有效应对和消除因突发事件引起的粮食市场供求异常波动，有效减少因供求异常而造成的损害，依据有关法律、法规和本级突发公共事件总体应急预案预先制定的专项工作方案，是应对粮食市场供求异常波动的标准化反应程序和应急响应的操作指南。[2] 目前，国务院、各省市都依据《突发事件应急预案管理办法》的规定，针对各地的不同情况，制定了具有实用性、可操作性的粮食安全应急预案。

（一）粮食安全应急预案内容

国务院以及各地的粮食应急预案主要包括总则、组织机构和职责、预警监测、应急响应、应急管理保障、后期处置以及附则这七个部分的内容。其中，总则部分对粮食安全应急预案编制的目的、适用范围、工作原则等进行明确界定，并体现粮食应急管理采用分级制的方式。根据粮食应急状态影响范

---

〔1〕 参见高巍等：《大数据时代粮食储备管理与监测预警变化分析》，载《粮食科技与经济》2017年第6期。

〔2〕 参见杨航桂：《做好粮食应急预案修编工作》，载《中国粮食经济》2019年第4期。

围和严重程度进行划分。国务院《国家粮食应急预案》主要将粮食应急状态分为国家级(Ⅰ级)和省级(Ⅱ级),而具体到各省份可根据实际情况分级。[1] 因此,各省份的分级状况有所差异,从现有的粮食应急预案对粮食应急状态概念的表述可知,存在省级应急预案中的概念内容与国务院发布的应急预案不一致的情况。同时,在应急状态的划分上,有的省份采取的是特别重大、重大、较重大和一般这四级划分,而有的省份对于其划分与上位预案界定的级别存在冲突。另有脱离本地区的粮食流通和消费实际而规定应急状态的内容。[2]

组织机构和职责部分是规定针对粮食安全应急工作政府各部门的职责。要求建立粮食应急工作指挥部,统一领导粮食应急处置工作,协同各部门共同应对粮食安全应急状态。预警监测部分属于应对突发事件的预防措施,主要是对粮食供求关系及价格进行监测,也是上述提及的粮食安全预警机制中的重要部分。应急响应部分的内容主要是在出现粮食安全应急状况的情形下,针对粮食应急状态的影响范围和程度划分响应级别,以此作出不同的处置措施。应急管理保障部分则主要是为了立足现有资源和权限范围,应对和消除出现的粮食安全应急状态的具体措施。根据《粮食流通管理条例》《中央储备粮管理条例》等法规规章的要求,应当建立健全包括粮食应急加工网络、应急供应网络、应急储运网络等方面的粮食应急管理保障系统。同时,在应急管理保障部分也要增强培训演练,以便形成一支熟悉日常业务管理,能够贯彻落实粮食应急措施的专业化队伍。后期处置部分是针对在粮食安全应急措施实施以后作出的处置,主要包括对应急处理效果的评估,对执行中发现的问题加以改进,完善粮食应急预案;对应急经费进行清算,并且补充粮

---

〔1〕 国务院《国家粮食应急预案》等级划分中,按照在国家宏观调控下,省级人民政府对本地区粮食生产和流通全面负责的原则,本预案规定的粮食应急状态分为国家级(Ⅰ级)和省级(Ⅱ级)两级。1.2.1 国家级(Ⅰ级):两个以上省、自治区、直辖市出现粮食应急状态,以及超过省级人民政府处置能力和国务院认为需要按照国家级粮食应急状态来对待的情况。1.2.2 省级(Ⅱ级):在一个省、自治区、直辖市较大范围或省会等大中城市出现粮食应急状态,以及省级人民政府认为需要按照省级粮食应急状态来对待的情况。1.2.3 省级人民政府可以根据本地区实际情况,研究制订省级(Ⅱ级)以下粮食应急状态分级和应急处理办法。

〔2〕 参见杨航柱:《做好粮食应急预案修编工作》,载《中国粮食经济》2019 年第 4 期。

食政府储备以恢复应对粮食应急状态的能力;针对参加应急工作的人员予以奖励和处罚。

(二)粮食安全应急预案制度存在的问题

"十三五"规划和国务院办公厅发布的《国家突发事件应急体系建设"十三五"规划》中要求"规范各级各类应急预案编制工作"和"评估修订"。粮食安全应急预案作为重要的组成部分也是这一轮修编的重点之一。从近年来粮食应急预案制度的实践来看,还存在以下问题亟待解决。

首先,相关法律制度的不完善使应急预案权力被放大。当下,除国务院办公厅发布的《国家粮食应急预案》,以及《国家突发公共事件总体应急预案》可以对粮食安全应急预案指导外,其他的法律、法规等对于应急预案的内容涉及较少。并且现有应急预案规定的内容大多是原则性的,缺乏可操作性,存在应急管理主体不明确、授权不清晰、责任缺乏刚性、禁止性规范比例小等问题。[1] 在粮食突发事件出现时,容易引发应急预案权力扩张,进一步会危及法治权威。

其次,对于政府相关部门和机构的职责规定不明确,缺乏具体的问责机制。粮食安全应急预案涵盖的内容包括对粮食应急状态事先的监测预警、事中的积极响应和事后的处置。无论在事前、事中、事后哪一阶段,对政府的职责应是具体的。但现有规定针对政府在应对粮食安全应急状态下的职能大多规定得较原则性,且由于不同级别的政府部门都有相应的粮食安全应急预案制定权,还存在下级预案内容与上级预案内容冲突的情形。同时,因为应急预案的编写主要是负责粮食应急管理部门,有的层级的编制部门缺乏协调能力,进而使权责内容的表述不够完整,过于简化。此外,就政府部门的问责机制而言,预案中的表述只是对于应受到惩罚情形的列举,并未清晰明确其对应具体法律法规的责任承担的内容。

---

〔1〕 参见马怀德、周慧:《〈突发事件应对法〉存在的问题与建议》,载《人民论坛·学术前沿》2012年第7期。

最后,现有的粮食应急预案的综合演练制度落实不到位。[1] 粮食安全应急预案能够对可能发生的粮食安全应急状态作出设想,但是实际情形和预想往往存在差距。粮食公共事件和公共危机往往都是由于突发灾难引起的,这种情形对于应急处置提出较高要求,而现有各级的粮食应急预案缺乏演练难以发现实践中存在的问题。在未来粮食应急预案修编中,必须针对实践中存在的问题进行调整。

(三)完善粮食安全应急预案的思考

着眼于粮食安全保障法治体系的完善,应当理顺粮食安全应急预案与相关法律法规的关系。着眼于粮食安全应急立法与应急预案工作的有效衔接,一般是"立法先行、预案执行"。但在我国,考虑到立法时间较长,而应急管理刻不容缓,所以采取的是"预案先行"的思路。[2] 因此,粮食应急管理工作中应该防止预案超越法律权限,要将应急预案制度建立在现有法律制度的基础之上来应对突发事件带来的粮食安全应急状态。同时,要尽量避免法律制度的滞后性,及时跟进现有粮食应急管理的实践,尽可能做到前瞻性立法,为应急管理提供明确的、可操作性的依据。[3] 同时,立法要对粮食安全应急预案中的内容起到统一和指导作用,尤其是关于粮食安全应急状态的界定、分类、分级方面的内容,要形成较统一的标准。

基于粮食应急管理的不同阶段,要明确政府应急管理的职责,完善问责机制。政府在粮食安全应急中拥有不同角色,起至关重要的作用。政府是粮食安全应急状态的预警者,也是粮食安全应急状态的响应者。不同的身份意味着政府部门需要承担不同的职责,因此应当根据应急管理的不同阶段,明确政府的职责,详细规划政府应急组织的职权,保证其行为在法律的约束之下。在监测预警阶段,要授权政府部门进行数据收集和数据分析处理,保证

---

〔1〕 参见张海波、童星:《中国应急预案体系的优化——基于公共政策的视角》,载《上海行政学院学报》2012 年第 6 期。

〔2〕 参见张海波、童星:《中国应急管理结构变化及其理论概化》,载《中国社会科学》2015 年第 3 期。

〔3〕 参见温志强、郝雅立:《〈突发事件应对法〉实践十年:成绩、问题与未来展望(2007—2017)》,载《江西财经大学学报》2017 年第 5 期。

数据的真实性，监测与粮食有关的包括粮食供给需求、粮食价格等方面的情况，及时反馈和报告。同时，政府的信息公开也尤为重要，及时、准确对涉及粮食供给情况的信息公开，能够有效引导舆论，避免一些突发事件的出现。在应急响应阶段，重要的是明确和协调各部门的职责，明确划分粮食政府储备、粮食加工、粮食供应、粮食应急储运以及通信保障等方面的职权。同时，要建立问责机制，传统的问责一般强调对事后职权行为问责，而在粮食安全应急预案制度下，应当延伸到事前的监管和预警。此外，上下级部门预案要有效衔接，上级预案要注重对于粮食应急管理保障的宏观整体安排，下级预案则要注重操作措施的具体化，使原则性、概念化的流程具有可实施性。[1]还要有效开展粮食安全应急预案演练，建立健全演练优化机制。粮食安全应急预案形成以后，以粮食安全应急状态出现后的处置来判定和评估应急预案的有效性是不合理的。最理想的方式是进行应急演练。由于应急演练的成本较高，所以并不适合经常进行，从应急演练投入的经济性来看，应重点加强综合演练。[2] 通过应急演练能够发现实践中的问题，在此基础上对现有的粮食应急预案进行修订以符合实际要求。但值得注意的是，虽然应急预案能够发现和解决执行中的问题，但仍不能顾及在监测预报方面起点上的问题。

---

〔1〕 参见肖文涛、许强龙：《基层政府应急预案管理：困境与出路》，载《理论探讨》2016年第1期。

〔2〕 参见张海波、童星：《中国应急预案体系的优化》，载《上海行政学院学报》2012年第6期。

第六章　粮食安全的财税法治保障

第一节　粮食安全的财税法治保障概述

自2004年至今，中共中央和国务院已经连续17年发布了以"三农"(农业、农村、农民)问题为主的中央一号文件，17份中央一号文件均提及了政府应采取农业补贴、税收优惠等一系列财税措施来保障粮食产量的充足供应和种粮农民收入的提高，由此可见"三农"问题的财税支持在国家治理环节中占据举足轻重的位置。其中，在2020年的中央一号文件中，即中共中央国务院《关于抓好"三农"领域重点工作确保如期实现全面小康的意见》(中发〔2020〕1号)(以下简称《意见》)，强调了中央财政和地方财政要继续加大在支农方面的支出，扩宽资金的来源，进一步完善农业补贴政策，加大对产量大县的奖励力度。与此同时，《意见》在税收优惠方面也予以了相关的规定，不仅要落实农户小额贷款税收优惠政策，而且对于符合条件的家庭农场等新型农业经营主体可按规定享受现行小微企业相关贷款税收减免政策。

如果不将财税支持政策纳入法治的轨道上，恐不利于粮食安全的战略目标的实现。第一，财税支持政策离不开财政资金的使用，容易引发管制俘获和权力"寻租"，滋生官员腐败的现象，从而导致资金利用率低下，不能充分地发挥财税政策的效能。第二，政策的灵活性一般较高，但是稳定性和权威性不足，不能很好地保护种粮农民和相关利益者的预期利益。因此，将粮食安全的财税保障建立在法治框架下具有重大现实意义。现阶段，我国关于财税支持方面的法律主要有《农业法》《土壤污染防治法》《种子法》等,但主要集中在《农业法》中。检视既有立法,在粮食安全的财税保障方面还不是很完善,仍有很大的进步空间。因此,要首先在既有法律法规和相关政策的基础之上,健全财税支持的政策体系,并在条件成熟的情况下,将部分财税支持的政策上升为法律,以此来更好地推进我国粮食安全的法治保障进程。

一、粮食安全的财税法治保障制度演进

(一)粮食安全的财税法治保障制度的发展进程

新中国成立初始,百废俱兴。在当时内忧外患的形势之下,我国选择了优先发展重工业的道路。为了保证国家财力能够集中支持重工业的发展,国家对财政的收入和支出活动进行严格的管制,实行统收统支的经济管理体制。具体到粮食产业,1953 年中共中央制定的《关于实行粮食的计划收购与计划供应的决议》规定了国家在粮食的收购和销售环节施行统购统销政策。在统购统销政策之下,国家负责粮食的购买和销售活动,并同时制定粮食的购买和销售价格。为了提高种粮农民的收入,保障种粮农民的利益,1958 ~ 1965 年国家统共 4 次提高粮食的收购价格。其中,1965 年的粮食收购价格比 1958 年的统购价格平均提高了 35%,而同时粮食销售价格平均只提高了 9.6%,开始出现了粮食购销价格倒挂现象。[1] 因此,为了减小城镇职工的生活压力,国家分别在 1965 年和 1966 年两度增加对城镇职工的粮食价格补贴。从本质上来看,国家提高粮食收购价的行为是以增加粮食企业的收购成本和经营成本,以及提高城镇职工的生活成本为代价的。因此,提高粮食收购价的政策表面上是补贴农民、提高农民的收入,实质上由于粮食的购买和销售价格是由国家来控制的,国家单方面提高购买价格必然会导致销售价格的上涨,为了减轻粮食企业和城镇职工的负担,国家财政还要同时对粮食企业和城镇职工进行补贴,此举大大加重了国家的财政负担。

---

〔1〕 参见占金刚:《我国粮食补贴政策绩效评价及体系构建》,湖南农业大学 2012 年博士学位论文,第 24 页。

改革开放以后,国家开始重视市场配置资源的作用,努力探索如何在粮食生产、加工、流通等领域发挥市场的作用,并逐步着手建立符合市场价值规律的粮食市场。首先便是对粮食统购统销政策进行改革。从 1979 年 3 月开始,国家在提高粮食收购价的基础之上,统购统销粮食的范围和数量开始逐步减小,开始在小范围内允许粮食的自由贸易。尽管国家已经有意识地要进行市场化改革,且已经开始试点,但由于统购价格的进一步提高,粮食购销价格"倒挂"问题越发严重,市场价格低于统购价格直接导致了市场在粮食生产行业并不能充分发挥出配置资源、提高生产效率的作用。1985 年 1 月党中央和国务院发布了《关于进一步活跃农村经济的十项政策》,其中明确规定取消粮食统购政策,改为合同定购政策。美中不足的是,粮食统购政策改革得并不彻底。在实践中,如果粮食的市场价格低于原来的购销价格,国家为了减轻种粮农民的负担,仍按照原有的购销价格购入。由此可见,统购统销政策仍未被真真正正地触动。

1990 年国家在粮食流通领域进行了重大改革,实行最低保护价制度和粮食专项储备制度。于是,到 1993 年年底,在我国存在三四十年的统购统销政策彻底退出历史舞台。在实践中,最低保护价往往会脱离市场价格,以高于市场价格的形态出现,直接导致了购销价格"倒挂",加大了财政的压力。随着改革开放和经济全球化的进一步深化,国家开始探索农业补贴的改革,尝试将财政支农资金支持从流通领域转向生产领域。从 2003 年开始,我国开始新一轮粮食流通体制改革。一是全面放开粮食收购价格,对粮食实行随行就市收购;二是放开粮食购销市场,鼓励和支持各类经营者参与粮食经营和收购;三是调整粮食补贴方式,将原来在粮食流通环节对农民的间接补贴,调整为对粮食生产环节进行补贴,直接对种粮农民补贴。[1] 目前,我国已经初步形成了以农业支持保护补贴(2016 年起,中央决定全面推开"三补合一"改革,将种粮直补、农业生产资料综合补贴、良种补贴合并为"农业支持保护

---

〔1〕 参见占金刚:《我国粮食补贴政策绩效评价及体系构建》,湖南农业大学 2012 年博士学位论文,第 28 页。

补贴”,并开始在全国范围内全面推开“三补合一”改革)和农业机械购置补贴为主,以及包含产粮大县奖励政策、农业保险保费补贴政策和一般服务支持政策等一系列配套政策的粮食安全的财政法治保障政策体系。

(二)粮食安全的财税法治保障制度的发展趋势

自1949年以来,我国粮食安全财税保障制度呈现明显的阶段性特征。目前,学界对于阶段的分类并未形成统一的看法,主要有两种观点:一种是“二阶段说”,另一种是“三阶段说”。每一个阶段的财税政策都是产生于同时代的政治、经济和文化背景,因而它们背后都具有特定的政策目的。

持“二阶段说”的学者(辛翔飞、王济民,2016年)认为,第一个阶段从中华人民共和国成立初期至2004年,第二个阶段从2004年往后及至今。在第一个阶段,我国当时实行的是“取之于农”的财政政策,最直接的原因是工业基础薄弱,需要农业的支持,而最本质的原因则是国内外的政治局势所迫。“取之于农”的财政政策,通过农业特别是粮食产业的发展,为工业和城市发展提供财力支持和粮食等农产品的供应保障。[1] 随着国内外政治局势的稳定,我国工业发展的迅猛以及财力的增强,这种“取之于农”的格局被2004年中央一号文件打破了。该文件提出,要按照统筹城乡经济社会发展的要求,坚持“多予、少取、放活”的方针,粮食产业作为农村经济的支柱产业,开始逐步进入“予之于农”的发展格局,此为第二个阶段。

持“三阶段说”的学者(赵和楠、侯石安,2019年;占金刚,2012年)在“二阶段说”的基础之上又细分为三个阶段。第一个阶段是1949~1977年,即多取少予、负向保护阶段;第二个阶段是1978~2003年,即调整过渡、有序推进阶段;第三个阶段是2004年起至今,即全面支持、改革完善阶段。如此划分的依据在于,1978年之后,国家财政政策开始综合运用价格、支农专项资金等多项举措对粮食生产及流通环节予以扶持。[2]

---

〔1〕 参见辛翔飞、王济民:《我国粮食补贴政策效果评价及政策优化研究》,中国社会科学出版社2016年版,第33页。

〔2〕 参见赵和楠、侯石安:《新中国70年粮食安全财政保障政策变迁与取向观察》,载《改革》2019年第11期。

虽然学者们对于我国财政政策的阶段分类存在不同的意见,但也存有共通之处,主要有两点:第一,学界对于我国财政政策的阶段性特征存在共识;第二,学界均认可2004年是财政政策发生质的变化的一年。质的变化主要是指我国财政政策的目的发生了根本性转变,从“取之于农”变成“予之于农”。在此,之所以将2004年认定为是一个发生质的变化的一年,主要是因为2004年中央一号文件中提到,要统筹城乡经济社会发展的要求,坚持“多予、少取、放活”的方针,调整农业结构,扩大农民就业,加快科技进步,深化农村改革,增加农业投入,强化对农业支持保护,力争实现农民收入较快增长,尽快扭转城乡居民收入差距不断扩大的趋势。因此,将2004年作为我国粮食安全的财政政策目的发生根本性转变的“分水岭”是具有权威性和准确性的。

综上所述,中华人民共和国成立初期至2004年,我国财政政策是以“取之于农”为主线,目的在于为工业和城市发展提供财力支持。2004年之后,特别是2006年在全国范围内取消农业税之后,我国财政政策的基本方针就是“实行工业反哺农业、城市支持农村”,“加快建立以工促农、以城带乡的长效机制”,“坚持‘多予、少取、放活’的方针,重点在‘多予’上下功夫”,主要目的在于保证粮食的供给和提高农民的收入。因此,在这一趋势的发展下,国家在制定财政政策时要时刻考量是否满足“予之于农”的目的。

二、粮食安全的财税法治保障体系的总体构想

针对粮食安全的财税法治保障问题,应处理好以下3对主体之间的关系。第一,处理好中央和地方的权责关系,合理划分中央和地方在粮食安全财税保障方面的事权和财权,使事权能够有相匹配的财权;第二,处理好产粮区与非产粮区地方政府之间的权责关系,主要是要构建完善的产销区地方政府之间的利益补偿机制;第三,处理好种粮农民和种粮企业之间的关系,加大对具备适当规模种粮主体的补贴力度。这3对主体之间在粮食的生产、加工、流通等环节上存在利益上的冲突,在具体的实践操作中只有处理好这3对主体之间的关系,才能实现保障粮食安全的目标。

处理好上述3对主体之间的关系是完善粮食安全财税法治保障的逻辑

前提。只有在此基础之上,才能全面构建我国粮食安全的财税法治保障体系。本质上,3 对主体之间利益冲突的原因在于,一方因为粮食的生产、加工、流通等环节而在利益上受有损失,另一方则因此而获得利益,但利益受损方却不能从利益获得方获得相应的补偿。由此,在处理好 3 对主体的关系的前提下,才能根据粮食产业链生产、加工、流通等不同环节的特点出台不同的财税支持制度。

检视现阶段我国粮食安全的财税法治保障体系大部分是政策性文件,鲜有法律法规。财税政策直接影响财政的收入和支出,无论是从纳税人的角度,还是从种粮农民和产粮县地方政府的角度,以法律的形式将粮食安全的财税政策固定下来不仅能够保护相关主体的利益,同时也能够增强政策的稳定性。

现阶段,粮食安全财税法治保障的整体构想就是在处理好前述 3 对主体关系的基础之上,依法加大对粮食生产、加工、流通等环节的财税支持。具言之,粮食安全的财税法治保障主要包括 3 个方面,分别是农业补贴、税收优惠和利益补偿机制。农业补贴和税收优惠的作用对象是农民、企业等,是在个体层面上,国家通过补贴和优惠的方式来达到减少个体从事农业生产经营活动成本的目的;利益补偿机制的作用对象是主产区政府,是在政府层面上,中央政府和主销区政府对主产区政府予以资金上的支持。

第二节 农业补贴制度

自 2004 年以来,我国初步建立了以价格支持为基础,各项直接补贴相结合的农业补贴政策体系。从效果上来看,种粮农民能够从狭义的农业补贴中实实在在地感受到补贴的力量,但是价格支持政策使用过多,会给市场经济带来弊端,不能充分发挥市场配置资源的优势作用。因此,在市场经济的大背景下,为了更好地发挥市场的作用,以及更好地适应 WTO《农业协定》的要求,不断提高农业补贴政策的效能,我国的农业补贴开始从以价格支持政策为基础向以直接补贴为核心进行转型。另外,当工业化发展到一定程度的时候,为了避免工农业的不均衡发展,农业补贴的力度开始加大,补贴方式开始从流通领域转向生产领域,补贴的内容开始从粮食直补扩展到与粮食安全相关的方方面面。鉴于农业补贴涉及巨额的财政资金,且关涉种粮农民的切身利益,因此,法律应对与农业补贴相关的内容予以规定,以保障农业补贴能够充分发挥增加种粮农民收入,激发种粮农民的种粮积极性,以及保障粮食数量和质量安全的作用。

同时需注意的是,WTO《农业协议》将农业补贴政策分为“黄箱”政策、“蓝箱”政策和“绿箱”政策三大类。“黄箱”政策,是指容易对农产品生产和贸易产生扭曲影响的补贴政策,包括政府对农产品的直接价格干预和补贴,如按产品种植面积对生产或个人给予补贴,对农民使用种子、肥料、农药、灌溉等投入给予补贴,因此要求缔约成员对其限制和削减使用。“蓝箱”政策属于“黄箱”政策的特例,其与生产限制计划相联系因而免受削减义务。“绿箱”政策,是指以政府提供一般性服务、农业安全和环境保护为主要内容,如对进行农业科研、病虫害防治、基础设施建设、生产者退休计划提供的补贴措施,其对农产品的生产和贸易没有扭曲影响或影响很小,因此各缔约成员“绿箱”政策的使用不受限制或免于削减义务。我国必须按照 WTO 规则制定补贴政策。目前,国内粮食补贴面临 WTO“黄箱”政策上限的约束,进一步增加“黄箱”政策的空间已非常有限,但“蓝箱”政策和“绿箱”政策的使用还不足,因此需要实现由“黄箱”政策向“绿箱”政策的转变。

一、农业补贴基础理论

(一)农业补贴的类型化分析

顾名思义,农业补贴是政府为了农业发展所提供的资金支持。从农业补贴作用的领域上来看,农业补贴可以细分为生产领域的补贴、流通领域的补贴、加工领域的补贴等。

1. 生产领域的补贴

最主要的生产领域的农业补贴是直接补贴。直接补贴包括农业支持保护补贴、农业机械购置补贴以及其他专项补贴,如病虫害防治补贴、退耕还林补贴、产粮大县补贴等。

由于 WTO 对我国良种补贴和农资综合补贴在内的“黄箱”政策使用空间的限制，从 2016 年起，中央决定全面推开“三补合一”改革，将种粮直补、农业生产资料综合补贴、良种补贴合并为“农业支持保护补贴”，这是我国农业补贴制度的一项重大调整。农业支持保护补贴政策目标为支持耕地地力保护和粮食适度规模经营。农业机械购置补贴是为了提高我国农业生产的机械化水平，鼓励种粮农民积极适用先进的农业机械设备从事粮食生产，而对农民进行的补贴。农业机械购置补贴的范围限于在中国境内生产，并获得部级或省级认证的农业机械设备。其他专项补贴包括用于支持农业绿色发展、乡村产业发展、农业结构调整、新型经营主体培育等方面的农业生产发展补贴，如新型职业农民培育补贴、支持新型农业经营主体补贴；为防范农业风险的农业防灾减灾补贴，如农业生产救灾补助、重大疫病防疫补助、政策性农业保险保费补贴等；为实现农业绿色、可持续发展的农业绿色发展补贴，如退耕还林补贴等各类补贴补助政策。[1]

2. 流通领域的补贴

流通领域的补贴主要是价格支持政策，即国家提高或稳定农产品价格水平以支持农业生产者的政策。价格支持包括最低收购价格政策和临时收储政策。这是为了防止粮食的市场价格低于一定的价格水平，造成农民利益受损而实施的价格政策，即在粮食市场价格低于政府规定的最低收购价格时，政府按照最低收购价格购买粮食，再由政府卖给消费者。最低收购价格和临时收储政策避免了“丰产不丰收”现象，确保了粮食产量的有效供给，但仍存在很多问题。我国的最低收购价格执行后，存在政府最低收购价高出合理市场价的现象，使最低收购价格事实上转为最高收购价格，政府价格取代了市场价格。同时，这一政策额外增加了收购和管理库存费用，引发了执行成本高、效率低的现象。为此，2014 年中央一号文件提出，要完善粮食等重要农产品价格形成机制，坚持市场定价原则，探索推进农产品价格形成机制与政

---

〔1〕 参见张天佐、郭永田、杨洁梅：《基于价格支持和补贴导向的农业支持保护制度改革回顾与展望》，载《农业经济问题》2018 年第 11 期。

府补贴脱钩的改革,逐步建立农产品目标价格制度,即由政府设立目标价格,在市场价格低于目标价格时按差价补贴给粮食生产者,切实保证农民收益。[1] 这避免了最低收购价格政策和临时收储政策的弊端,真正将实惠落实到粮食生产者。

3. 加工领域的补贴

国家越来越重视农产品加工领域的发展,因此,粮食加工项目的补贴种类也越来越多。例如,针对粮食产品加工的专项补助项目,农村一、二、三产业融合发展项目,主食加工项目等。目前,各地区的粮食加工项目补贴政策是各不相同的,但均主要是针对规模化经营用户,如农村合作社、粮食深加工企业等。

(二)粮食风险基金制度

1994 年,针对我国大部分地区放开粮食经营主体,市场粮价出现较大波动的现状,国务院决定建立粮食风险基金。粮食风险基金的设立不仅能够为农民在种粮方面提供资金上的支持,提高种粮农民的种粮积极性,而且能够有效推进粮食流通体制的改革,实现了国家意图通过经济手段来对市场粮价进行宏观调控的目的。

《粮食风险基金实施意见》是第一个明确提及粮食风险基金制度的文件。该意见明确了粮食风险基金是中央和地方政府用于平抑粮食市场价格,补贴部分农民因粮食销价提高而增加的开支,是促进粮食生产稳定增长,维护粮食正常流通秩序,实施经济调控的专项资金。从中可知,粮食风险基金的设立基础在于中央和地方政府对市场粮价风险的共同负担,因此,粮食风险基金的资金源于中央和地方政府的财政资金以及地方财政的预算外资金,但中央和地方政府所负担的财政资金比例并不固定,而是依据主产区、主销区财政情况的变化而变化。在实践中,大部分需要粮食风险基金发放农业补贴的地方政府是财政基础较薄弱的主产区地方政府,因此,虽然这些地方政

---

〔1〕 中共中央、国务院《关于全面深化农村改革加快推进农业现代化的若干意见》,载百度百科:https://baike.baidu.com/item/中共中央、国务院关于全面深化农村改革加快推进农业现代化的若干意见?fromtitle=2014年中央一号文件&fromid=12980894,最后访问日期:2020 年 2 月 18 日。

府得到来自中央政府财政资金的数额较大，但是相对应地，配套资金的数额也较大，往往会造成农业补贴资金出现缺口的现象。为了解决这一问题，有效减轻主产区地方政府的财政负担，2009 年中央一号文件明确提出，要逐步取消主产区粮食风险基金的地方财政配套资金，并于两年之后实现了全面取消主产区粮食风险基金的地方财政配套资金的计划。[1]

粮食风险基金作为农业补贴的主要资金来源具有重要意义。现阶段，粮食风险基金制度主要存在以下两个问题：第一，粮食风险基金的总量不足。粮食风险基金的用途之一就是给农民提供补贴资金，提高农民的收入，增加农民的种粮积极性，以保障我国粮食的数量和质量安全。随着国际粮价的持续走低，农民的种粮利润被压薄，种粮积极性被挫伤。为了防止农村务农人口的外流，农业补贴的总量也要同比例增加，但粮食风险基金的总量却没有同比例增加。因此，在未来，加大农业补贴力度应从增加粮食风险基金的总量入手。第二，增加粮食风险基金的透明度。粮食风险基金涉及巨额的财政资金，容易滋生贪腐问题。阳光是最好的防腐剂，要增加粮食风险基金的透明度，接受来自社会各界的监督，让粮食风险基金在阳光下运行。

二、农业补贴面临的挑战及原因研判

我国现行的农业补贴政策，从出台背景、政策目标以及实施方式等都显示出其主要目的，即维持粮食的稳定供给，满足城镇化导致持续快速的粮食消费增加对粮食的需求，从而为整个国家经济社会发展提供有力的基础性支撑。[2] 虽然这一系列补贴政策在特定的历史时刻都发挥了重要作用，但仍存在一些问题，亟待改进。

（一）农业补贴的系统性不足

第一，农业补贴的立法进程仍旧处在初级阶段。农业补贴是“三农”问题的关键，因其所涉资金量庞大，且关涉国之民生，必须纳入法律的规范体

---

〔1〕《中央财政取消粮食主产区粮食风险基金地方配套》，载中国政府网：http://www.gov.cn/gzdt/2011-03/18/content_1827398.htm，最后访问日期：2020 年 5 月 6 日。

〔2〕参见魏玉君、叶中华：《粮食政策研究：问题与对策》，载《宏观经济管理》2019 年第 6 期。

系。但是现阶段，我国关于农业补贴的规定主要散见于相关法规、规章和政策性文件当中，例如，《退耕还林条例》、《关于进一步完善对种粮农民直接补贴的意见》（财建〔2005〕59号）、《关于做好2012年中央财政农作物良种补贴项目实施工作的通知》等，仅在《农业法》《农业机械化促进法》《农业技术推广法》《预算法》中进行了原则性、方向性的规定，缺乏可操作性。例如，《农业机械化促进法》第27条规定："中央财政、省级财政应当分别安排专项资金，对农民和农业生产经营组织购买国家支持推广的先进适用的农业机械给予补贴。补贴资金的使用应当遵循公开、公正、及时、有效的原则，可以向农民和农业生产经营组织发放，也可以采用贴息方式支持金融机构向农民和农业生产经营组织购买先进适用的农业机械提供贷款。具体办法由国务院规定。"虽然政策具有灵活性高的特点，但是，作为关涉国之民生的农业补贴，如均以政策的形式规定之，不甚妥当。具言之，就权威性而言，政策的制定机关主要是行政机关，而法律的制定主体是全国人大及其常委会，政策的权威性自然不如法律。就稳定性和科学性而言，由于政策主要是政府根据当时的形势制定的，并未经过代议机关的讨论和审议，稳定性和科学性上也略有欠缺。就利益保障程度而言，农业补贴本所涉利益主体众多，如果不由法律规定之，易出现朝令夕改的情况，可能会有损农民和其他利益相关者的期待利益。

第二，我国农业补贴政策过于零散。现阶段，我国农业补贴政策涉及粮食生产、流通、加工和储备等环节，而每一个环节又是由不同的部门分头管理，政策难免过于零散，没有体系性，不同环节之间的政策难以衔接，而且在无形之中加大了实践操作的难度。[1]

第三，我国农业补贴政策过于陈旧和原则性。多数规定存在相对比较原则性，具体的条文比较少，较笼统的、方向性的、鼓励性的内容较多的问题，缺乏适用性与可操作性。[2] 现有的法律和政策的内容较陈旧，部分内容已经

---

〔1〕 参见董启锦：《农户分类补贴及政策研究》，经济管理出版社2019年版，第51页。

〔2〕 参见朱福守、蒋和平：《我国农业"四项补贴"政策回顾与建议》，载《中国农业科技导报》2016年第5期。

难以满足现状。农业补贴的直接目的就是保护农民的利益,增加农民的收入。农民收入和市场粮价直接相关,进言之,在种粮成本不变的情况下,市场粮价越高,农民的收入一般会越高。因此,农业补贴的力度应当在考虑市场粮价等其他因素的情况下在一定期间内进行适时调整。

(二)农业补贴的正向效应正在逐步减弱

结合国际上的经验,在保障粮食安全方面,农业补贴属于最有效的方式之一。我国作为人口大国,粮食安全对于经济社会的发展和稳定具有重要的战略意义。自2004年起,在"实行工业反哺农业、城市支持农村"方针之下,我国加大对农业的扶持力度,逐渐制定了种粮直接补贴、农作物良种补贴、农机购置补贴和农资综合补贴为主的一系列农业补贴政策。在政策施行伊始,农业补贴政策确能起到增加粮食产量和种粮农民收入的正外部性作用,但随着时间的流逝,农业补贴带来的政策优势将会缓慢流失。流失的原因与我国粮食种植的实际情况是密切相关。

第一,土地作为一种资源,是具有稀缺性的。当种粮面积作为种粮直接补贴的分配标准时,种粮农民的收入与种粮面积是直接挂钩的。此时,作为一个经济人,种粮农民的理性决策就是增加种粮面积。种粮面积增加的直接结果就是粮食产量的增加,这也是种粮直接补贴政策的运行逻辑。但是从理论上进行分析,前述政策的运行逻辑是存在前提条件的,即只有在种粮土地是可以无限获得的情况下,种粮直接补贴政策才能顺利地运行下去。也就是说,只有在土地的资源是无限的情况下,种粮面积才会与粮食产粮一直呈正相关关系。但是,众所周知,土地本身作为一种资源是具有稀缺性的。具言之,其主要表现在耕地面积总量是有限度的,抛荒的耕地面积和可开垦的荒地面积也有限的,且受非农建设占用耕地的影响,耕地总面积处在减少的趋势中。[1] 因此,将种粮面积作为农业补贴政策的运行逻辑从根本上就决定了农业补贴的政策效应是短期的。

---

[1] 参见黄少安、郭冬梅、吴江:《种粮直接补贴政策效应评估》,载《中国农村经济》2019年第1期。

第二,我国粮食生产的主体主要是小规模经营的农民。从历史上来看,我国数千年来"重农抑商"的传统思想抑制了经济贸易活动的发展,崇尚自给自足的个体生产方式,"小农经济"盛行。直至现代,在我国农业生产中,尤其是在粮食生产中,大部分农民的粮食生产活动都是小规模的,以满足自身粮食需求为目的。在此基础之上,即使我国农业补贴的总额较大,但由于农民的数量众多,且经营规模较小,粮食生产的规模经济无法体现,农业补贴被大大地摊薄了。因此,农业补贴并不能给经营规模较小的农民带来较大幅度的收入增加,难以调动种粮农民的积极性。

(三)农业补贴扭曲了市场的价格规律

在粮食安全价格支持这一方面,基于粮食生产的弱质性和保护种粮农民的利益,我国采取了最低收购价和临时收储等政策等价格支持政策。最低收购价和临时收储政策的制定背景在于我国粮食产量不高,且相较其他经济作物,抑或是其他产业,粮食生产带来的经济效益较低。在此基础之上,为了保护种粮农民的种粮积极性,保障粮食生产的稳定性和可持续性,我国制定了最低收购价和临时收储政策。但从长远来看,最低收购价和临时收储政策并不可取,原因主要有两种。

第一,最低收购价和临时收储等价格支持政策的针对对象是小麦、水稻等主要农作物,形成了政府兜底,农民对于价格有确定预期,实际上也就没有了价格变化引起的市场风险,在一定程度上保证了粮食的产量和农民的收入,防止了"谷贱伤农"的情况发生。[1] 虽然政府的做法在短期之内保护了农民的利益,但是最低收购价和临时收储制度扭曲了市场的价格规律。粮食的价格长期由政府来把控,扭曲了市场的定价功能,不能很好地发挥市场配置资源的作用,导致了粮食生产的不经济和低效率。

第二,随着国际粮价的大幅下降和国内生产成本的高涨粮食的利润被逐步压缩以至于出现国外粮价低于国内粮价的产销"倒挂"的不正常现象。这

〔1〕 参见陈祥云、张慧琴:《我国粮食生产补贴政策的调整取向:基于供给侧改革视角》,载《地方财政研究》2019 年第 10 期。

种现象的背后除增加粮食产量和提高种粮农民收入的战略意义外，还具有保障口粮绝对安全的政治目的。但是，这一机制的维持是以政府财力作为背书的，长此以往，必将加重财政负担。在财政收入有限的情况下，必将压缩其他方面的支出，不利于我国经济社会的可持续发展。

（四）农业补贴的执行效果不佳

自2004年起，农业补贴的数额开始逐渐增加，但是在农业补贴资金的发放和使用等问题上的执行效果不佳，具体如下所述。

关于农业补贴资金的发放问题。现阶段，大部分地方的农业补贴都是以承包面积作为依据发放的。但在具体执行中，出现了种种背离农业补贴政策逻辑的现象。具言之，主要有如下两种表现形式：第一，承包面积在绝大多数情况下是不变的，但是种粮与否则是由农民自身的意愿来决定的，因此，种粮面积的具体数值时刻处在不断的变动当中。出于行政成本的考量，基层政府大多以承包面积作为农业补贴领取的依据且多年未曾变更。在实践中，部分种粮农民会在自家承包地上种植经济效益更高的其他经济作物而非粮食，但却仍然领取农业补贴。此种行为会引发种粮农民的道德风险，导致农业补贴的功能没有得到最大程度的利用。第二，为了农业补贴资金发放上的便利，农业补贴大多会直接发放到承包户的账户中。由于城市有更多的就业机会且酬劳更高，大部分农村人便会到城市打工，然后将土地经营权流转。因此，在实践中就会出现实际种粮者没有得到补贴，而得到补贴者并未实际种粮的情况。一言以蔽之，农业补贴资金的发放标准和发放方式有待改进。

关于农业补贴资金的使用监督问题，如果说农业补贴资金的精准发放是粮食安全财政保障的逻辑前提，那么对农业补贴资金的使用监督则关涉粮食安全财政保障的实施效果。由于农业补贴中涉及财政部门、农业农村部门等多个部门，其在具体操作中，各部门间职责划分不科学，农业补贴相关资源分散，监督机制不健全，政出多门、协调失衡的弊端现象突出，进而导致补贴政策执行过程中的执行成本过高，政策实施过程效率低下，大大降低了农业补贴的政策落实效果。[1] 此外,农业补贴资金监管不足的现象时有发生。据相关研究,"人情补贴"现象普遍存在。[2] 因此,建立健全对农业补贴资金发放的全过程监督,在政府监督的基础之上,强化代议机关监督和社会监督,使补贴发放置于阳光之下是非常必要的。

三、完善农业补贴制度的建议

(一)建立健全的农业补贴体系

我国既有农业补贴制度大多以政策的形式体现,少有以法律法规的形式予以规定。反观发达国家,大部分都已建立了完善的农业补贴法律法规体系。例如,美国农业补贴是以法律为依托进行的,主要反映在农业法案之中,迄今为止,美国的单行农业法多达100多部,涉及农业科研、农村发展、环境保护等各个方面。这些单行农业法与农业法案形成了一个稳定而灵活的农业支持法律体系,确保了其对于农业发展的促进作用。[3] 除美国外,日本也具有较完善的农业补贴法律法规体系。截至目前,日本政府颁布了《农业法》《农业基本法》《粮食·农业·农村基本法》等基本农业法律。与此同时,还通过许多与之相关的配套法律,将政策目标、实施政策的机构及权利范围法律化,形成了一整套法律法规体系。粮食政策法律法规体系的建立使日本粮食安全保障有法可依,保障了各时期农业政策的顺利推行,实现了"以法保粮"。[4]

为了让农业补贴能够有法可依,应当建立健全我国农业补贴法律体系,即可在借鉴他国经验的基础之上,制定与完善立法意旨清晰的农业补贴法律法规,不仅可以实现保护农民预期利益的目的,同时也可以起到保障粮食安全的作用。考虑到改革的现实推进过程,我国农业补贴制度在一定时期内还

---

〔1〕 参见朱福守、蒋和平:《我国农业"四项补贴"政策回顾与建议》,载《中国农业科技导报》2016年第18卷第5期。

〔2〕 参见李冬艳:《农业补贴政策应适时调整与完善》,载《经济纵横》2014年第3期。

〔3〕 参见徐轶博:《美国农业支持政策:发展历程与未来趋势》,载《世界农业》2017年第8期。

〔4〕 参见安琪、朱晶、林大燕:《日本粮食安全政策的历史演变及其启示》,载《世界农业》2017年第2期。

会进行频繁调整,因此,现阶段建立农业补贴的法律体系的条件还不太成熟。可以借鉴美国和日本的做法,即中央政府先就政策实施的原则、方向、手段作出较宏观规定,将具体解释权下放地方。地方政府可结合其具体农情细化农业补贴政策。当然,在发挥政策灵活性的同时,也要注意政策的体系性以及政策的合法性,并及时对相关经验进行总结,在条件成熟时促进政策入法。此外,在建立健全我国农业补贴政策体系的时候,要考虑到地域差异所带来的对政策需求的不同,在实际操作过程中,应赋予地方政府对政策执行在一定程度上的自由裁量权。全国人大及其常委会可审时度势将农业补贴政策体系中一些成熟的具有共通性的内容上升为法律,并逐步建立农业补贴制度体系。

（二）设立多元化的农业补贴目标

美国、欧盟、日本的农业补贴目标越来越趋向多元化,其补贴目标逐渐由增产为导向转向以提高农产品竞争力为导向,旨在提升农业的综合生产能力和农产品竞争力。例如,欧盟现行的共同农业政策目标就涵盖了支持农民,提高农业生产力,保障食物稳定供给;保障欧盟农民合理生活;帮助应对气候变化和自然资源的可持续管理;维持整个欧盟地区的乡村风貌;促进农业、农产品工业和相关部门的就业来保持农村经济的活力 5 个方面。[1]

我国农业补贴目标较单一,一直以来都将粮食增产和农民增收作为粮食补贴政策的目标,这使我国当前的农业支持政策具有清晰的增产导向,并且主要依赖价格政策。增产导向的农业支持政策实施以来,我国农业生产确实取得了粮食产量“连增”,稳定在 6 亿吨以上的辉煌成就,农民的收入也有所提高。但是以粮食增产为导向的农业支持政策过度依赖价格支持政策,导致了部分农产品价格偏高,引致境内外农产品价格“倒挂”问题日趋严重。另外,根据上述分析可知,农业补贴虽然会产生提高农民收入的直接效果,但不宜将其作为一个长期的目标。市场化改革的趋向下,农民作为市场主体要想

---

〔1〕 载 https://ec. europa. eu/info/food-farming-fisheries/key-policies/common-agricultural-policy/cap-glance_en,最后访问日期:2020 年 5 月 6 日。

持续提高收入,必然要摆脱对于农业补贴的依赖,而应依靠于市场。因此,继续将粮食增产和农民增收作为粮食补贴政策的目标不利于我国粮食产业的发展。

此外,改革开放以来,我国经济高速发展,但却是以牺牲环境为代价的。许多地区的耕地遭到工业污染已不再适宜粮食的种植。与此同时,在一味追求产量的政策目标下,过度使用化肥、盲目开垦耕地,造成了严重的水土流失和土地荒漠化现象。这些地区的粮食产量不断下降,修复治理成本极高,致使农民的生产、生活受到了严重影响。因此,对环境予以保护不仅能够保障粮食数量和质量的安全,同时也能实现粮食可持续发展的要求,应将"保护生态环境"作为农业补贴的目标之一。

综上所述,当前我国已基本实现粮食自给,粮食补贴的目标也应该随着资源环境和粮食供给能力的发展进行调整,不应再仅仅是确保粮食安全和农民增收,而应注重综合生产能力和农产品竞争力的培育和提升,以此来不断提高我国农产品在国际市场上的竞争力。因此,我国的农业补贴体系应以提升农产品竞争力为导向,形成确保粮食安全、农民增收,实现农业现代化、农业和农村发展、生态农业等多目标协同的农业补贴政策体系。

(三)提高农业补贴的力度

农业生产的经济效益低于第二、第三产业,因此,如果不提高农业补贴的力度,会导致从事农业生产的农民数量越来越少,不利于保障粮食的数量和质量安全。即使是在发达国家,也会对农民予以补助。对于日本、欧盟和美国等发达国家来说,农业补贴规模和水平普遍高于发展中国家。近年来,各国迫于 WTO 规则的压力而被迫改革农业补贴政策,削减价格补贴、出口补贴等"黄箱"政策,但削减的相当一部分又以收入补贴的方式转移到"绿箱"政策。所以,发达国家改变的仅仅是补贴方式,而补贴的总体水平依然较高。这些国家农业补贴绝对规模非但没有减少,反而呈增加之势。[1] 总体而言,

---

〔1〕 参见高玉强、沈坤荣:《欧盟与美国的农业补贴制度及对我国的启示》,载《经济体制改革》2014 年第 2 期。

尽管近年来发达国家农业补贴在其经济总量中的比重和人均补贴水平有所下降,但补贴规模依然较大。例如,欧盟的收入支持政策惠及整个欧盟近630万个农场。平均而言,在过去的10年里,收入支持政策为欧盟成员国农民的补贴几乎占农民收入的一半。美国产业化农民收入的1/3源于农业补贴。[1] 虽然我国粮食补贴的总量规模呈连年上升的趋势,但由于我国种粮农民的人口基数较大,因此,实际分到种粮农民手上的补贴较少,导致农村劳动力流失严重。因此,我国应借鉴发达国家的经验,加大粮食补贴的力度,调整粮食补贴方式,达到提高农民收入至平衡城乡收入的效果,切实维护种粮农民的利益,以保障我国的粮食安全。

现阶段,人口老龄化趋势的不断加剧,农村青年人口为了谋求更好的发展不断涌入城市,在农村从事农业活动的农民年龄普遍偏大。发达国家也会面临农村劳动力减少的问题。欧盟面对不断老龄化的农业人口,正在加紧努力,鼓励年轻人从事农业活动。这些年轻的农民将会得到启动补助金、收入支持和额外培训等福利之类的帮助。这一政策不仅有助于提高欧盟农业的未来竞争力,也有助于保证未来几年欧洲的粮食供应稳定。我国可以对有意愿参与粮食种植的年轻人给予专项补贴,尤其是在提高生产效力项目和提高劳动力知识水平等项目上可以提供资金予以帮助,诸如提高农业生产机械化的项目、提高劳动力教育水平等项目。通过此类项目,可以增加粮食的生产效益,以保障粮食安全。

(四)优化农业补贴的结构

在20世纪,发达国家为提高粮食产量,保障国内粮食安全,大多采用与产量挂钩的价格政策。一系列的价格政策也使这些发达国家的粮食产量逐步提高,实现粮食自给。但是,持续的产量提高导致产能过剩,随着国际粮食价格的下跌,各国又不得不处理过剩的粮食产品,严重增加了财政负担。为了减少农产品过剩、缓解居高不下的财政支出压力,各国开始逐步放弃实施

[1] 参见高玉强、沈坤荣:《欧盟与美国的农业补贴制度及对我国的启示》,载《经济体制改革》2014年第2期。

造成粮食市场价格扭曲的价格支持政策而逐步使用直接补贴政策。第二次世界大战使欧共体国家农业遭到严重打击,欧共体内部粮食供给不足,为实现粮食自给,维护社会稳定,欧共体逐步建立了统一的市场(共同农业市场),并于1962年出台共同农业政策。其最初的目标是为欧共体成员国的公民提供负担得起的食物,为欧共体成员国的农民提供公平的生活水平,主要通过目标价格、门槛价格和干预价格等多角度的价格支持政策实现。一系列的价格政策使欧共体逐步实现了粮食自给,欧共体成员国农业也不断发展。但是到了20世纪70年代,随着国际粮食价格的下降,价格政策的弊端开始凸显。欧共体价格政策的实施使内部粮食价格居高不下,而且在高粮价的激励下,农民不断扩大生产,粮食市场供大于求,最终导致了粮食过剩的现象,欧共体也为此承担了巨大的财政压力。自此,共同农业政策开在1984年、1992年、2003年和2013年进行不断调整和改革。

在1995年WTO《农业协定》生效后,为适应WTO规则,各国的补贴政策又进行了一系列的改革与调整,削减价格补贴、出口补贴等"黄箱"政策,转而使用"蓝箱"政策、"绿箱"政策。欧盟逐渐减少了造成粮食市场价格扭曲的价格支持政策,开始运用收入支持政策,并且逐渐重视农业农村的可持续发展。目前,欧盟的粮食政策是价格政策、收入补贴政策与结构调整补贴。日本因受其自然条件的限制,本国粮食产量供给不足,因此十分重视农业保护,其农业支持政策也逐步得到完善。日本早期的粮食价格政策以价格支持为主,加入WTO后,按照《农业协定》的要求,开始削减"黄箱"政策,并实行农业基础设施建设、动植物检疫、农业技术研究与推广等"绿箱"政策。[1] 1998年日本开始实行直接补贴政策。补贴政策的调整调动了农户的积极性,促进了农民的增收,保障了日本粮食的有效供给。

我国已全面履行加入WTO的承诺,包括削减关税,逐步扩大农产品准入市场等政策。目前,国内粮食生产补贴面临WTO"黄箱"政策上限约束,进

---

〔1〕 参见安琪、朱晶、林大燕:《日本粮食安全政策的历史演变及其启示》,载《世界农业》2017年第2期。

一步增加补贴的空间已非常有限，因此，可以依据 WTO 规则，调整补贴结构，逐渐减少“黄箱”补贴政策的使用，扩大“蓝箱”和“绿箱”政策的实施范围和规模，加强对农业的支持力度、不断提高我国农产品生产能力以及在国际市场上的竞争能力。建议加大对农业科技创新的整体投入，重点加强对农业科技的基础和原始创新部分的支持力度，增加对农业科技和技术培训的补贴项目和补贴力度，通过强化技术创新为提高我国农业竞争力和绿色发展能力提供科技新动能，构建一个既符合中国基本国情，又符合 WTO 规则的粮食补贴政策体系。

此外，农业补贴的执行作为粮食安全补贴中的重要一环，其在执行上是否具有科学性直接决定政策施行的效果。前已述及，就现行农业补贴政策而言，补贴在资金发放标准上存在不科学之处，导致粮食补贴政策的政策效应并不尽如人意。笔者认为，在发放标准上应以实际种粮面积为依据。为此，我国应建立一系列的配套措施。第一，从技术上要配套建立“农业补贴基础信息管理系统”，内在包含全国各农户土地承包与种植面积等基础性数据，结合前期农户承包地登记、确权及农业普查等工作，利用卫星遥感等现代信息技术，辅以基层政府及农村集体组织对实际耕种面积的核查工作，在粮食主产区率先建立以农户为单位的耕地资源与粮食种植面积基础数据库。[1] 通过技术上的支持，达到将“地补变粮补”的目的。第二，在实践中会存在农村人外出务工将承包地出租的情况，为了确保粮食补贴资金能够下发到实际种粮者手中，基层政府及农村集体经济组织应定期对土地上的实际耕种者进行核查。

（五）强化对农业补贴的监督

农业补贴资金源于政府的财政支持，从性质上属于政府财政转移性支出的重要组成部分。由于涉及农业补贴资金的使用，容易导致权力“寻租”和官员腐败的情况出现。让权力在阳光下运行才能防止腐败。因此，农业补贴

---

[1] 参见侯石安、赵和楠：《中国粮食安全与农业补贴政策的调整》，载《贵州社会科学》2016 年第 1 期。

资金的发放应是被严格监管的,原则上,对于农业补贴资金的发放应实行全过程的公开透明的管理。目前,我国农业补贴资金的使用并非处在透明公开的状态,主要是由于我国的农业补贴政策体制不健全所造成的,尤其缺乏补贴程序方面的制度。现阶段,主要应当增加补贴透明度,加强监督,以及健全程序性制度,为监督提供法律依据。

增加透明度,加强监督的途径就是向社会公开农业补贴资金的具体用途,并接受来自权力机关、上级行政机关、审计机关、种粮农民和社会公众的监督。农业补贴资金作为财政支出的一部分,花费的是纳税人的金钱,将其纳入预算安排并接受人大的监督自在情理之中。上一级机关自然有权对下一级机关的农业补贴资金的用途进行监督,为了防止个别官员的侥幸心理,应加大违法违纪行为的惩罚力度。农民作为农业补贴资金的受益人,理应更加关注和了解农业补贴,但由于我国农业补贴政策复杂繁多,且对于偏远地区的农民来说,信息获取困难,由此造成了农民对补贴政策的不了解、不知道。农民的不知情让这一本应最有效且最有力的监督没有发挥出应有的作用。此外,社会公众的监督是最广泛的监督,公众监督机制的作用需要充分发挥。此外,还要健全我国农业补贴制度的程序性规则,明确农业补贴资金发放的具体程序,让每一笔资金的发放和使用都符合法定程序,增加农业补贴使用的透明度。

第三节　涉及粮食产业的税收优惠制度

一、粮食税收优惠法治保障概述

中华人民共和国成立以来,我国工业基础薄弱,因而实行“以农补工”的工业化道路,通过征收农业税费的形式将农业的产值用以支持工业的发展。值得肯定的是,在农业的“哺育”下,我国工业化取得了瞩目的成就。但长期的农业“哺育”工业,城乡二元的农业税制使农民负担过重,城乡差距也不断扩大。在20世纪末,我国开始实行工业“反哺”农业。党的十六大明确提出,“统筹城乡经济发展,建设现代农业,发展农村经济,增加农民收入,是全面建设小康社会的重大任务”。我国也正式开始了农业税费改革,2000年从安徽省开始实施农村地区税费改革，2004 年起开始试点减征或免征农业税，至 2006 年 1 月 1 日在中国沿袭 2000 年之久的农业税终于被全面取消。但农业税的取消并不意味着从事农业生产的单位个人不再需要纳税，而是要建立统一的城乡一体税制，即农民与城镇居民及农民与城镇居民及从事其他行业的劳动者一样，享受无差别的国民待遇，在统一税制下无歧视地工作与生活，实现税负公平。[1] 从税收制度建设角度来看，单靠取消农业税还不足以改变中国长期以来形成的牺牲农民利益换取城镇工业化发展的格局，因此必须采取有效措施，进一步减轻"三农"领域尤其是粮食生产领域的税收负担。

如前所述，自 2004 年起的中央一号文件均提到了政府应当加大税收优惠措施来保障粮食产量的充足供应和种粮农民收入的提高，例如，2007 年中央一号文件提出，为鼓励农民和社会力量投资现代农业而提供相应的税收优惠政策；2010 年中央一号文件提出，要加强财税政策与农村金融政策的有效衔接，引导更多信贷资金投向"三农"，切实解决农村融资难问题；2014 年中央一号文件提出为拓宽"三农"投入资金渠道，充分发挥财政资金引导作用，通过贴息、奖励、风险补偿、税费减免等措施，带动金融和社会资金更多投入农业农村；2020 年中央一号文件提出，要落实农户小额贷款税收优惠政策，对符合条件的家庭农场等新型农业经营主体可按规定享受现行小微企业相关的贷款税收减免政策等。

二、涉及粮食产业的税收优惠现状

为了支持粮食产业发展，鼓励更多的社会资本进入粮食产业中来，国家出台了诸多优惠政策。我国粮食产业涉及多个税种，如增值税、所得税、资源税等。涉及粮食产业的税收优惠规定在相关的法律、法规和规范性文件当中，如《企业所得税法》，《耕地占用税暂行条例实施细则》，财政部、国家税务总局《关于继续实行农村饮水安全工程建设运营税收优惠政策的通知》等。

目前，我国涉粮食产业的税收优惠政策主要体现在增值税和所得税中，

---

[1] 参见王海滨：《"无税时代"的农业问题及政策措施》，载《经济学家》2005 年第 4 期。

同时在资源税、环境保护税等税种中也有体现。

(一)与粮食产业相关的增值税及优惠政策

增值税是对在中国境内销售的货物以及提供劳务的在流转过程中产生的增值额进行征税。应税货物的增值税分为13%和9%两档。一般而言,农产品(包括初加工的农产品)属于9%的低税率货物,其直接销售按9%的低税率进行征收。农业灌溉用水、农药、化肥、农膜、农机等农业生产资料也是属于9%的低税率货物。在此基础上,生产者销售自产的农产品则享受免征增值税待遇;对承担粮食收储任务的国有粮食购销企业销售的粮食免征增值税,除经营军队用粮、救灾救济粮、水库移民口粮外,其他粮食企业经营粮食一律征收增值税;进口种子免征进口环节增值税。应税劳务的涉粮食生产的优惠政策,如对农业机耕、排灌、病虫害防治、植物保护、农业保护以及相关技术培训业务等服务的提供免征增值税;纳税人为农民借款、发行债券提供融资性担保取得的担保收入免征增值税;等等。

(二)与粮食产业相关的所得税优惠政策

所得税涉及粮食产业的优惠包括:我国对从事粮食种植的企业免征企业所得税,以及灌溉、农产品初加工、农业技术推广、农机作业和维修等项目均免征企业所得税;粮食新品种选育形成的成果,以及这些成果形成的种子等繁殖材料的生产、初加工、销售一体化取得的收入也免征企业所得税;我国对从事种植业取得的收入不征收个人所得税。

(三)与粮食产业相关的其他税种及优惠政策

我国在资源税、契税等税种征收中也对有关农业生产给予一定的税收优惠。例如,在资源税的征收中,农业生产涉及水资源的使用,农业生产者在使用水资源时可享受水资源税的优惠政策,即在规定限额内的消耗的农业生产取用水,可享受免征水资源税的优惠,对超过规定限额的农业生产取用水从低制定税额标准;在环境保护税征收中,对从事农业生产而排放应税污染物的单位和个人,免征环境保护税;在城镇土地使用税征收中,对直接用于农业种植的专业用地(不包括农副产品加工厂占地)、水利设施用地给予免征城镇土地使用税的优惠;在契税征收中,对承包荒山、荒沟、荒丘、荒滩土地使用权,并用于农业生产的单位或个人给予免征契税的优惠等。

三、涉及粮食产业的税收优惠存在的问题

(一)税收优惠不彻底

1. 增值税优惠政策不全面

首先,增值税属于价外税,税款由最终的消费者承担。因此,生产者销售自产的农产品则享受免征增值税待遇对生产者的意义不大。农业灌溉用水、农药、化肥、农膜、农机等农业生产资料虽然属于9%的低税率,对于从事销售的企业可以进行进项税的抵免,并不承担相应的税负,税收负担最终转嫁给作为最终消费者的种粮农民。申言之,我国的农产品增值税优惠政策并没有使农民这一弱势群体得到实惠。

其次,我国对粮食深加工领域的优惠力度不足。随着社会的不断发展,人们对粮食的需求也在不断变化,粮食的意义不再只是填饱肚子,人们既需要营养又需要多样性,粮食产品深加工领域还需要不断发展。虽然深加工的粮食产品的利润高于初加工产品,但总体而言,其利润仍低于一般商品,而且同样会受到粮食弱质性的影响,对于深加工的粮食产品仍按13%的一般货物的税率进行征收,将不利于粮食产业的整体发展。因此,应当对于深加工的粮食产品实施增值税优惠。

最后,我国虽有对应税劳务的涉农优惠政策如对农业机耕、排灌、病虫害防治、植物保护、农业保护以及相关技术培训业务等服务的提供免征增值税的优惠,但仍缺少其他相关服务如粮食产品运输服务的增值税税收优惠。

2. 所得税税收优惠力度不足

由于我国对从事种植业取得的收入不征收个人所得税,所以我国的所得税优惠主要体现在企业所得税方面。如前所述,我国对从事粮食种植的企业免征企业所得税,对于灌溉、农产品初加工、农业技术推广、农机作业和维修等项目免征企业所得税,对于新品种种子等繁殖材料的生产、初加工、销售一体化取得的收入也免征企业所得税,但是许多粮食产业企业的利润较低,而

我国并未对这些企业实行税收优惠。反观法国、西班牙和德国等欧盟国家,都主要通过对企业所得税的减免来达到促进粮食产业稳定和发展的目的。

(二)税收优惠政策稳定性差且信息获取便利性差

我国现阶段税收优惠政策调整频繁,尤其是"营改增"后,过渡性政策繁多,有些免税措施甚至只是为了响应每年的中央一号文件而出台,缺乏政策的严肃性,表现出应急性和盲目性。[1] 而且,面对繁多复杂的税收优惠政策,种粮农民、小微企业以及处于偏远地区的人员获取信息的能力有限,不能及时了解并运用政策维护自己的合法权益。

(三)税收优惠缺少向特殊地域倾斜

我国幅员辽阔,地区差异明显,在气候、水分、土壤等方面完全不同,尤其在贫困地区和偏远山区,普遍存在粮食生产基础设施落后、粮食产业发育缓慢等问题。国家有义务通过税收优惠等方式激励这些地区粮食产业发展。为深入实施西部大开发战略,我国对西部地区的鼓励类产业企业减按15%的税率征收企业所得税,[2]并且优惠的地域范围仅有新疆、青海以及一些民族自治地区,并未惠及全国范围内的偏远贫困地区,前述税收优惠并非单独针对粮食经营企业,也并未惠及其他大量生产粮食但整体贫困的地区。

再者,我国对粮食主产区的税收激励也不够。如前所述,粮食主产区要保证一定的粮食产量,承担确保粮食安全的重要任务,因此,将区内过多的土地资源用于粮食生产产业,从而导致了主产区政府第二、第三产业发展缓慢,从业者不得不选择经济效益并不高的粮食产业,相对主销区以及主销区其他产业的从业者,其收入一直处在一个较低水平。对于主产区与主销区实行相同的税收政策也有碍公平。同时,由于缺少税收激励使粮食主产区也将难以吸引外来投资者投资于粮食产业,不利于主产区的发展。

---

〔1〕 参见李文欢:《完善我国农业税收政策的相关建议》,载《中国农业会计》2019年第5期。

〔2〕 参见财政部、海关总署、国家税务总局《关于深入实施西部大开发战略有关税收政策问题的通知》(财税〔2011〕58号)。

四、对于涉及粮食产业税收优惠的完善建议

(一)加大涉及粮食产业的税收优惠力度

1. 加大对粮农的税收优惠力度

在所得税方面,我国未对种粮农民征收个人所得税,减轻了农民负担。但在增值税方面,农民作为农药、化肥、农膜、农机等农业生产资料以及农用工具的最终消费者承担了过重负担。因此,笔者建议,对农药、化肥等农业生产资料以及其他用于农业生产的工具免征增值税,切实减轻农民负担。

2. 加大对粮食企业的税收优惠力度

(1)对于粮食产品生产企业的税收优惠

在增值税方面,我国对初加工企业生产的产品按9%的低税率征收,但对深加工企业生产的产品仍按13%征税。虽然生产企业并非增值税的最终承担者,但对深加工产品按较高税率征收不利于我国粮食产品向深加工发展和向粮食产业链延伸,不利于满足当前居民对精品和深加工粮食产品的需求。为促进农产品向深加工、精加工方向的发展,应当给予深加工粮食产品增值税优惠,着眼于税收公平考量,其优惠力度可以小于未经加工的粮食产品和初加工粮食产品。

在所得税方面,我国只对从事粮食种植企业、农产品初加工、提供农业技术推广、提供农机作业和维修等服务的企业免征企业所得税,但对其他涉农企业并没有所得税优惠,受益范围过窄,不能有效缩小粮食产业与其他工商业的收益差距。笔者建议,通过对涉粮食企业所得税的减免,促进粮食产业稳定和发展。

(2)对于粮食产品运输企业的税收优惠

粮食产品运输是粮食产业链的重要一环。我国对运输企业提供的粮食产品运输服务征收增值税,但税率与提供其他运输服务的相同。因此,可以对提供粮食产业运输服务的企业给予税收优惠,实现增值税税收优惠覆盖粮食产业生产、销售、运输、储备、加工以及深加工的各个领域,切实将增值税优

惠落到实处。在所得税方面,同样应当对提供农产品运输服务的企业所得进行所得税的减免,促进粮食运输产业发展,进而促进粮食流通。

(3)对于粮食产品储备企业的税收优惠

粮食储备作为粮食"蓄水池",有利于调节粮食供给和平抑粮价波动。我国对粮食储备企业及其直属库承担商品储备业务自用的房产、土地,免征房产税、城镇土地使用税;储备管理公司及其直属库资金账簿免征印花税;对其承担商品储备业务过程中书立的购销合同免征印花税。[1] 但在增值税、所得税等方面,对于粮食储备企业的优惠较少。建议通过增值税、所得税税收优惠激励粮食储备企业发展,进而推动粮食安全保障。

3. 加大对农民农业合作社的税收优惠力度

农民专业合作组织是在农村家庭承包经营基础上,农产品的生产经营者或者农业生产经营服务的提供者、利用者,自愿联合、民主管理的互助性经济组织,[2]它将大市场和小农户连接在一起,大大提高了粮食的规模化生产,进而十分有效地解决了农民增收以及粮食增值的问题。[3] 近年来,我国的农业合作社取得了突飞猛进的发展,数量年年增加,但我国缺少对农民专业合作组织的政策支持,农民专业合作社的税收问题应该引起政府的足够重视。因此,政府应当制定一个有别于其他类型企业的税收支持体系。[4] 尽管财政部、国家税务总局《关于农民专业合作社有关税收政策的通知》(财税〔2008〕81 号)规定,对农民专业合作社销售本社成员生产的农业产品,视同农业生产者销售自产农业产品免征增值税;增值税一般纳税人从农民专业合作社购进的免税农业产品,可按 9% 或 10% 的扣除率计算进项税额;对农民专业合作社向本社成员销售的农膜、种子、种苗、农药、农机免征增值税;对农民专业合作社与本社成员签订的农业产品和农业生产资料购销合同,免征印

---

〔1〕 参见财政部、国家税务总局《关于部分国家储备商品有关税收政策的通知》(财税〔2016〕28 号)。

〔2〕 我国《农民专业合作社法》第 2 条。

〔3〕 参见乔荣:《农业税收优惠政策现状及优化建议》,载《农业经济》2016 年第 10 期。

〔4〕 参见李文欢、李建宁:《借鉴国外涉农税收政策 完善我国涉农税收优惠政策》,载《中国管理信息化》2017 年第 24 期。

花税。但我国给予农民农业合作社的税收优惠政策,并没有涵盖合作社成员之间开展的服务活动,如培训、技术服务等。但这些优惠范围过窄,不利于农业的进一步发展。为推动农民专业合作社发展,建议加大对农民专业合作社的税收优惠力度。一是对合作社成员之间开展的服务活动,如培训、技术等服务等免征增值税和所得税;二是对农民专业合作社成员的股息、红利等个人收入免征个人所得税;三是可以降低农民专业合作社所得税税率或是免征所得税。

(二)提高税收服务水平

首先,我国涉粮食产业税收优惠政策内容复杂、条款众多且分布在不同的税收文件中,对此税务机关应当对相关政策文件进行及时的整理更新,便于粮食企业和粮农进行查询了解。其次,为应对复杂多变的税收优惠政策,政府以及税务机关应当加大税收政策的宣传力度和广度,特别是对偏远地区和一些中小企业,促使其及时了解税收优惠政策,加快其对国家粮食产业发展方向的把握,促进其发展。[1] 再次,政府应当特别针对农民开展税收政策、减免税申请等相关知识的教育与培训,使农民可以及时掌握最新的税收优惠政策并充分运用,切实达到减轻农民负担的效果,真正使相关税收优惠政策为农民带来福利。最后,税务部门可以设立专门的涉农服务窗口,为其减免税申请相关业务的办理提供方便,尤其可以对其中的小微企业和农民提供更加细致的咨询服务和帮助。

(三)税收优惠向特殊地域倾斜

税收优惠应当秉持公平正义的原则,向特殊地域倾斜。为不断缩小地区间差异,帮助农业落后地区发展,在同等条件下,应当适当加大对该地区的税收优惠力度。同时,为平衡协调粮食主产区和主销区利益,实现粮食生产外部收益内部化,应当加大对粮食主产区税收优惠力度,进一步减轻粮食主产区及其粮食生产者的负担。

---

〔1〕 参见钱娜:《基于产业化导向的农业税收政策研究》,载《农业经济》2018 年第 2 期。

第四节　主产区利益补偿机制

从国际经验上来看,一个国家为了保障本国的粮食安全,往往会在综合考虑国内各地地理条件等因素的前提下,发展出专门以粮食生产、加工、流通等为主要产业的粮食主产区(县),而与粮食主产区(县)相对应的便是粮食主销区。作为一个人口大国,粮食安全问题的重要性毋庸置疑。因此,我国在保障粮食安全的做法上与国际经验是相一致的。

在我国,粮食主产区(县)和粮食主销区的划分源于2001年粮食流通体制改革。截至目前,全国被划分为13个粮食主产区、7个主销区和11个基本平衡区。[1] 粮食主产区粮食生产的核心区,其粮食生产状况直接关涉国家粮食安全。据初步统计,全国75%的粮食产量、80%以上的商品粮、90%以上的调出量来自13个主产省。从中可知,粮食主产区(县)对于保障粮食安全是具有重要意义的。由于粮食主产区(县)常年以农业为主要产业,粮食主产区(县)的财政收入基础相对于东南沿海的粮食主销区而言,会较薄弱。因此,为了保障粮食主销区(县)能够提供足量优质的粮食,对粮食主产区(县)进行利益补偿自在情理之中。

早在2008年颁布的《国家粮食安全中长期规划纲要(2008—2020)》中,国家就明确强调要建立健全我国粮食主产区利益补偿机制。2019年中央一号文件强调发挥粮食主产区优势,完善粮食主产区利益补偿机制,健全产粮大县奖补政策,压实主销区和产销平衡区稳定粮食生产责任。2020年中央一号文件强调加大对产粮大县的奖励力度,优先安排农产品加工用地指标。

---

[1] 我国粮食主产区为黑龙江、吉林、辽宁、河南、内蒙古、河北、安徽、山东、四川、湖南、湖北、江苏、江西13个省份。主销区为北京、天津、上海、浙江、福建、广东、海南7个省份。平衡区为山西、广西、贵州、重庆、云南、西藏、陕西、甘肃、青海、宁夏、新疆11个省份。

一、主产区利益补偿机制概述

(一)粮食主产区利益补偿的缘起

粮食主产区(县)政策安排是一把“双刃剑”。一方面,粮食主产区(县)的确定能够从生产源头上保证粮食产量的稳定性和连续性,有利于保障粮食安全;另一方面,粮食生产、加工、流通等环节的经济效益相对较低,不利于维持或者促进粮食主产区(县)的地方政府和种粮农民的积极性。具言之,第一,相较其他经济作物,粮食的经济效益较低,不仅不能给种粮农民带来较高的收入,而且对粮食主产区(县)地方政府的税收贡献也不大,甚至会使其陷入“产粮大县、财政穷县”的财政困境。第二,随着粮食生产、加工、流通等环节的成本升高和市场上粮食价格的持续走低,种粮农民和粮食企业的利润被压薄。长此以往,将会打击粮食主产区(县)地方政府发展农业的热情,抑制种粮农民的积极性,破坏我国粮食生产、加工、流通等环节的稳定性和可持续性,有损我国粮食安全目标的实现。

积极性问题背后的症结就是利益分配上的失衡。对粮食主产区(县)地方政府和种粮农民来说,他们为了实现国家粮食安全的目标均作出了不小的牺牲,承担了巨大的粮食安全责任。前者放弃了发展产值更高的第二产业和第三产业,将财政资金的大部用于与粮食相关的产业,而后者放弃了种植经济效益更高的经济作物,以及外出打工挣钱的机会,将自己“困”在了一亩三分地上。国家有必要对粮食主产区(县)地方政府和种粮农民予以经济上补偿,具体表现为财政政策和税收优惠等一系列措施。另外,粮食生产的基础性、弱质性与粮食安全的公共性、外部性,客观上也要求政府通过必要的制度安排予以支持,而作为宏观经济调控和资源配置的有效工具,财政政策成为各国共同政策选择。[1]

(二)主产区利益补偿机制的提出

出于维护粮食安全的目的,各国都会根据自身的情况相应地确定粮食主

---

〔1〕参见赵和楠、侯石安:《新中国70年粮食安全财政保障政策变迁与取向观察》,载《改革》2019年第11期。

产区。实践证明,确定粮食主产区有助于保障该国粮食产量的稳定性和连续性。但如前所述,粮食主产区往往会伴随"产粮大县、财政穷县"的现象出现。这主要是由于以下两点原因:第一,粮食生产在经济效益上的产出比种植经济作物或者发展第二、第三产业更低,因而粮食生产对财政收入的贡献较低。第二,土地资源是最具稀缺性的。无论是粮食生产还是种植经济作物或者发展第二、第三产业都需要一定的土地资源。随着人口的增多和土地用途的多样化,主产区政府为履行保障一定粮食产量的责任,将辖区内大量土地资源用于粮食生产,从而导致了主产区第二、第三产业发展缓慢。简而言之,主产区政府在资源有限的前提条件下,着眼于粮食安全保障责任的承担,将大量资源分配到粮食生产的产业当中,再加上粮食生产的经济效益并不高,相对于其他非主产区政府而言,尤其是主销区政府,主产区政府的财政收入一直处在较低水平。从粮食安全激励的角度而言,长此以往,不仅将打击主产区政府发展农业的积极性,同时也将挫伤种粮农民的种粮积极性。以经济学的角度来分析,利益损失的根本原因是粮食生产的效益外部化。易言之,着眼于粮食安全的外部性,主产区政府和种粮农民为了承担粮食安全保障责任牺牲了自身经济利益,但是粮食安全保障的利益是由全社会分享的。由此,将粮食生产的效益内部化是弥补主产区政府和种粮农民损失的唯一解决方案。另外,出于公平正义的理念的考量,主产区政府和种粮农民也应该得到与因为从事粮食生产产业遭受的损失相对应的补偿。

主产区利益补偿机制正是在此背景下被提出来的,涵括为了弥补粮食主产区在耕地、财政收入等方面的损失,促进当地经济发展、保障粮食安全,而对粮食主产区采取的转移支付、发展支持等一系列措施。[1] 从定义中也可以看出,利益补偿机制的逻辑前提是要存在利益损失,且机制的运行必须具有可操作性。机制的可操作性,主要是指利益损失额度应当是可以被测算

---

〔1〕 参见丛胜美:《粮食主产区利益补偿机制研究——以河南为例》,中国农业大学 2016 年博士学位论文,第 27 页。

的，相对应的，利益获取方获得的利益也是可以通过计算得出的。具言之，利益补偿机制的运行主要体现在两个维度，从主产区政府和种粮农民的角度看，损失了多少利益；从中央政府和主销区政府的角度来看，获得了多少利益以及各自应当负担多少的补偿份额。

（三）主产区利益补偿机制所涉及的主体

粮食安全的利益补偿机制主要涉及下列主体，分别是中央政府、主产区政府、种粮农民和主销区政府。这4个主体分别处在粮食安全的利益补偿机制的不同位置，发挥不同的作用。其中，在政府这一层面，要特别注意区分中央政府和地方政府在利益补偿机制中发挥的作用。

1. 中央政府

从我国《宪法》第85条、〔1〕第95条〔2〕和《预算法》第3条第1款〔3〕中可知，我国有五级政府，分别是中央，省、自治区、直辖市，设区的市、自治州，县、自治县、不设区的市、市辖区，乡、民族乡、镇。其中，除去中央政府之外的均是地方政府。中央政府作为全国最高一级的政府，在涉及全民利益的粮食安全利益补偿机制方面，发挥统筹性和全局性的作用。承担制度供给责任和必要的转移支付责任，应从全方位、多层次对粮食安全的利益补偿机制进行设计，并及时出台相关的法律和规范性文件。

2. 主产区政府

顾名思义，主产区政府，是指粮食主产区的地方政府，主要分为主产区省级政府和产粮大县县级政府。之所以有此区分，主要是因为两者在粮食安全的利益补偿机制中发挥的作用和分工不同。2015年11月3日《关于印发粮食安全省长责任制考核办法的通知》（国办发〔2015〕80号）明确规定了粮食

---

〔1〕 我国《宪法》第85条规定，中华人民共和国国务院，即中央人民政府，是最高国家权力机关的执行机关，是最高国家行政机关。

〔2〕 我国《宪法》第95条规定，省、直辖市、县、市、市辖区、乡、民族乡、镇设立人民代表大会和人民政府。地方各级人民代表大会和地方各级人民政府的组织由法律规定。自治区、自治州、自治县设立自治机关。自治机关的组织和工作根据《宪法》第三章第五节、第六节规定的基本原则由法律规定。

〔3〕 我国《预算法》第2条规定，国家实行一级政府一级预算，设立中央，省、自治区、直辖市，设区的市、自治州，县、自治县、不设区的市、市辖区，乡、民族乡、镇五级预算。

安全省长责任制。因此,在利益补偿机制中主产区省级人民政府负有保障本地区粮食安全的主体责任,是作为利益的第一分配人的身份出现的,即主产区省级人民政府对于省内哪一些区域应当获得更多的转移支付享有自由裁量权。而产量大县县级人民政府负责将上级政府粮食政策及补贴落实到种粮农户,并组织开展生产技术服务和农业生产条件建设,帮助解决储粮难问题,是粮食生产的直接组织者和管理者,同时也是因组织粮食生产而产生的机会选择的最大损失者,因而是主产区利益补偿的第一执行人和受益者。[1]

3. 主销区政府

与主产区政府相对应,主销区政府,是指粮食的主要销售区的地方政府。齐海山和郭翔(2014 年)通过对吉林省粮食生产的调研分析指出,产粮大县每年对粮食生产的大量投入主要用于农业基础设施建设、农业生产补贴、农业要素补贴等,这些投入最终物化并分摊到粮食产品中,并随着商品粮的调出而逐年外流,但这些投入却未被计入粮食生产成本中,实际造成落后地区补贴发达地区的局面。[2] 因此,对于主销区地方政府来说,出于公平合理的理念,要对主产区地方政府的利益予以补偿。换言之,也就是主销区政府不仅作为粮食生产利益的输入主体存在,而且也作为利益补偿主体一方存在于粮食安全的利益补偿机制之中。

4. 种粮农民

种粮农民作为粮食安全的直接贡献者,是粮食安全保障利益补偿机制中的重要一环。种粮农民作为直接耕种土地的人,种粮的绝对经济效益和相对经济效益是种粮农民是否继续种植粮食的直接动因。只有保持较高的经济效益,才能提高种粮农民的种粮积极性,间接促进粮食的产量增长。在实践中,种植粮食的经济效益一般比种植经济作物和从事工业商业要低。为了防止劳动力的流失,政府有必要通过为种粮农民发放补贴,增加种粮农民的收

---

[1] 参见辛翔飞、王济民:《我国粮食补贴政策效果评价及政策优化研究》,中国社会科学出版社 2016 年版,第 121 ~ 122 页。

[2] 转引自齐海山、郭翔:《我国粮食补贴政策效果评价及政策优化研究》,中国社会科学出版社 2016 年版,第 122 ~ 123 页。

入,提高种粮农民的积极性。从"补偿"的意义上来看,给种粮农民发放补贴是对种粮农民对保障粮食安全奉献的一种补偿,可以通过利益补偿机制来实现的。

二、主产区利益补偿机制的实施现状

主产区利益补偿机制的主要实现方式是在政府层面加强对产粮大县的奖励补助,从宏观层面上对主产区的利益补偿。主产区地方政府获得补偿后,一般主要投向对农业基础设施建设的补贴和农民的补贴等。具言之,中央财政根据实际情况,统筹全局,将资金下拨至各个省级财政部门,而后各个省级财政部门再往下拨付资金至县级财政部门。县级获得补偿资金的多少,是由粮食播种面积、粮食产量和粮食商品量 3 个因素来决定的,为了争取财政奖励必然要提高 3 个指标的总量,因而调动了地方政府的种粮积极性,促进粮食增产。[1]

从某种程度上来讲,利益保障机制补偿了主产区地方政府的税收收入的减少,激发了种粮农民的种粮积极性。但在现阶段,我国粮食安全的利益补偿机制在补偿标准、补偿资金来源、补偿资金使用效率等诸多方面还存在问题,亟待完善。

三、主产区利益补偿机制的完善建议

(一)设置公平合理的利益补偿标准

利益补偿机制的精髓就在于"补偿"二字,补偿必须遵循公平合理的原则。具言之,在宏观层面上,所谓公平合理是指相较非主产区地方政府,主产区地方政府不会因为发展粮食生产行业而导致地方财政收入的过分减少。在公平合理原则之下,产粮大县县级财政的补偿目标应是通过综合补偿,使产粮大县的人均财政支出水平逐步达到全国平均水平,能够基本弥补其发展

---

〔1〕 参见丛胜美:《粮食主产区利益补偿机制研究——以河南为例》,中国农业大学 2016 年博士学位论文,第 97 页。

粮食生产的投入,满足其发展必需的社会事业和改善民生的基本需求。[1]在微观层面上,利益补偿的标准应当以种粮面积、粮食产量和粮食销量作为补贴依据,[2]且与物价水平、农资价格、粮食生产人工成本及其他农产品价格的上升保持同步性增长。[3]

(二)完善主产区利益补偿机制的资金来源

1. 完善中央财政的转移支付

中央政府作为最高行政机关,在财政统筹上具有最高地位。中央政府应当将关于利益补偿机制的标准以及补偿的额度制度化,让主产区政府和种粮农民能够对转移支付的资金有所预期。同时,在转移支付的力度上,考虑到现今主产区政府和种粮农民的积极性并没有因此得到较大提高,中央政府在今后的财政转移支付中应加大转移的力度。

2. 完善粮食主销区对主产区的补偿和产销协作机制

在利益补偿机制中,除中央政府的转移支付外,在中央政府组织协调下,粮食主产区与主销区建立以财政经济为纽带的产销协作关系,主销区向主产区提供粮食输入规模相适应的财政补贴资金,或者投资粮食生产建设。中央政府作为统筹全局的主体,当粮食主产区政府为了国家粮食安全的战略而主要以粮食生产为业时,中央政府享受到了由此带来的政治、经济和社会上的好处;而主销区作为粮食的主要销售地,正是由于主产区政府为主销区提供了粮食,让主销区政府能够集中辖区内的所有资源来大力发展经济效益高的第二、第三产业。因此,粮食主销区应当按照"谁受益,谁补偿"的原则对粮食主产区政府的利益损失予以一定程度上的补偿。

我国《农业法》第32条规定,国家支持粮食主产区与主销区建立稳定的购销合作关系。《粮食流通管理条例》也规定了建立粮食产销协调制度。应当鼓励主销区与主产区建立长期稳定互利互惠的区域合作机制。一方面,将

---

〔1〕 参见辛翔飞、王济民:《我国粮食补贴政策效果评价及政策优化研究》,中国社会科学出版社2016年版,第126页。

〔2〕 参见吴珍彩、张军民:《粮食生产中利益相关者之间演化博弈分析》,载《统计与决策》2015年第22期。

〔3〕 参见王守祯:《完善粮食主产区利益补偿机制的思考》,载《中国财政》2013年第8期。

粮食储备向主销区转移，减轻主产区粮食储备负担；另一方面，粮食加工企业尽量建在主产区，延长生产链条，把粮食增值收益留在主产区。

3. 设立专门用于粮食主产区利益补偿的政府性基金

为弥补政府财政资金的不足，拓宽资金的来源渠道，建议在现有粮食补贴体系下由中央政府、主销区政府、社会组织以及粮食消费者等粮食安全受益主体共同出资设立粮食主产区利益补偿基金。补偿基金主要用于粮食主产区的基础设施建设、公共服务投资及对种粮农户的直接补贴。并设立严格的监督管理制度，保证资金的专款专用。因此，应当构建以粮食补偿基金为核心的利益补偿机制，补偿基金由中央政府、粮食主销区政府和社会组织等粮食安全受益主体共同出资设立，主要用来补偿粮食主产区利益，以提高粮食主产区粮食生产间接投入和提高居民公共服务水平，具体投放领域是粮食主产区的基础设施建设、公共服务投资及对种粮农户的直接补贴。[1] 需要注意的是，在现有粮食补贴体系下建立粮食补偿基金，粮食主销区应成为粮食基金资金的主要来源，因为粮食主销区是粮食主产区粮食的最终目的地。

（三）明确主产区利益补偿资金的投入领域

1. 投入农业基础设施领域

中央政府和主销区政府对主产区政府的利益补偿资金主要有两种补偿用途：一种是专项转移支付资金，必须用于粮食生产行业，主产区政府对于这一部分资金的使用没有裁量权；另一种是一般转移支付资金，主产区政府对这一部分资金的使用享有一定的裁量权。历史经验证明，拥有完备的农业基础设施是提高生产力的物质基础。因此，主产区政府可将转移支付资金用于涉农方面的农业基础设施领域，主要是加强农田中的水利建设、推广高科技的灌溉技术等，以上种种均能起到提升粮食生产效率、提高粮食生产数量和质量的作用。

---

〔1〕 参见王守祯.：《完善粮食主产区利益补偿机制的思考》，载《中国财政》2013 年第 8 期。

2. 投入保护农业环境的领域

以往,由于环境保护意识不足,一些种粮农民为了提高粮食的亩产量,使用了过多剂量的化肥和农药。化肥的使用虽然在一定时期内能够提高粮食的单产量,但随着时间的推移,化肥会改变土壤的酸碱性,导致土壤的板结和水资源的污染,不仅破坏了粮食生产的物质资源状态,同时也破坏了农业生产的环境,不利于保障粮食安全。因此,利益补偿资金应当投入保护和修复农业环境的领域中。

第七章　粮食安全的金融法治保障

金融是经济的血液。在金融法层面，我国业已架构起包含《商业银行法》《证券法》《外汇管理条例》等各层次法律法规在内的较完善的法律框架。相对地，与粮食安全相关的金融立法尚不成熟，直接影响金融对粮食安全的支持保障作用的发挥，也进一步限制了我国粮食安全状况的改善。

第一节　粮食安全的金融法治保障概述

随着近些年普惠金融的发展，粮食金融在现代金融系统中的重要作用日益凸显。粮食金融不能被认为是粮食的金融，也不仅仅包括与粮食生产、流通和消费等环节相关的金融机构。如果从金融的本质属性来看，粮食金融反映的是被粮食货币资金运动所掩盖的信用关系的流通。如果从法与社会学的角度来看，粮食金融因为关涉粮食安全这一国家战略而需要特别的关注。因此，粮食金融有区别于一般金融活动的特质，需要我们在立法上给予充分的保障，并且进一步引导粮食金融的有序发展。

一、粮食安全的金融法治保障的研究范畴

目前，我国的粮食金融体系的"支柱"主要是由农业信贷、农业保险、粮食期货和政府性基金构成。其中，粮食期货和政府性基金相比农业信贷和农业保险来说体量又比较小。从实践上来看，农业信贷是农村金融体系的主力。信贷，是指以偿还和付息为条件的价值运动形式，通常包括银行存款、贷

款等信用活动,在狭义上仅指银行贷款。对于粮食生产经营者来说,由于对金融工具的认识具有不同程度的局限性以及所形成的习惯等原因,更偏好于利用农业信贷来发展粮食生产。农业信贷虽然具有门槛低、普及率广等特点,但也在信贷结构、从业人员等方面存在各种问题。农业保险可以为农村金融活动提供必要的经济保障,能够促进农业资源的合理配置以提高生产或流通效率,也是粮食金融发展过程中的重要环节。农业保险问题是我国经济发展过程中的"短板",能否在立法上顺应市场的需要和经济环境的变化补齐这一"短板",不仅攸关农村和农民的利益,还关系我国粮食安全的保障,更关系未来我国在国际粮食金融市场上的竞争力。粮食期货是连接农产品现货市场和农产品期货市场的重要金融工具,从目前来说,其所发挥的最主要的功能是规避农业风险,特别是价格风险。同时,粮食期货还可以在粮食价格的发现以及国际贸易定价权方面发挥一定的作用,是粮食金融体系中必不可少的一环。而政府性基金通常是在促进信贷、保险和期货等金融市场的发展、减少金融风险和保护作为金融弱势群体的粮食生产经营者的利益方面扮演了重要角色。此外,农业信托、农业资产证券化等金融工具的发展尚不成熟,粮食金融市场的建设也不完善。但是农业信托作为粮食金融体系中新兴的增长点,依然具有非常大的潜力。

总体来说,我国的粮食金融体系与其他金融体系相比过于单一且缺乏活力,资金的流通和资源的配置效率还有待提高。在这种环境下,要想从金融层面上保障粮食安全,必须要在立法上重视粮食金融体系的独特价值,完善农业信贷、农业保险、粮食期货等基本制度的同时,加强土地、财政、监管等方面配套制度的建设。因此,本章将研究的重点放在包括农业信贷的融资担保、农业保险、粮食期货和农业信托上,意在通过对具体制度的剖析探寻完善粮食安全金融法治保障制度之路。

二、粮食安全的金融法治保障的地位和价值

金融法治保障在粮食安全的法治保障体系中处于较特殊的地位。首先,金融法治保障不同于生产、流通和储备等具体领域的法治保障。金融可以打

通粮食从生产到消费的整个链条,金融工具的多样性和金融市场的广泛性使金融手段在粮食安全保障的各个环节都游刃有余。在生产领域,农业信贷和农业保险能够为粮食的种植提供资金来源和收入保障;在流通领域,农业信托可以为粮食的流通提供更灵活便捷的选择;在储备领域,粮食期货对储备粮的价格和轮换也产生了较大影响。质言之,金融是贯穿粮食安全各方面的不可或缺的保障手段。其次,金融法治保障也不同于财税法治保障。虽然财税法治保障也可以存在于粮食安全的各个环节之中,但是财税更注重政府在其中的积极作用,以及不同的农业政策对于粮食安全的影响。相对来说,金融更偏向在私法层面上,更多地利用市场的力量保障我国的粮食安全。所以,金融法治保障在整个粮食安全保障体系中发挥了不可或缺的作用。

金融与粮食行业存在一定程度的冲突,但金融的法治保障对于粮食安全又具有独特价值。金融与粮食行业的价值目标是相冲突的,资本是逐利的,而粮食行业的发展社会意义要高于经济意义。举例言之,粮食的生产周期较长,生产成本比较高而产品的附加值低,同时风险又比较大。粮食的生产受多种因素的制约,其价格也因地理、气候、技术等原因在各地区、各时间存在较大波动,并且粮食市场还与能源市场紧密相关。粮食作为必需品,需求的价格弹性小,对市场变化的反映和市场的敏感度也较低,这些都与金融产品的特性相去甚远。粮食产业的发展,主要是由社会效益支撑。即使我国将粮食安全提升到了国家战略的高度,仍然主要是从粮食安全对于人们基本生活需要的满足和社会秩序的稳定等方面考虑的。可以说,金融与粮食存在天然的、难以调和的矛盾。这一矛盾的表现是多方面的。具言之,粮食生产者和经营者想要从银行获取资金变得越来越困难。首先,银行的贷款会考虑到上述成本与收益的情况,在收益远远弥补不了所带来的风险时,银行不会主动选择为粮食产业提供贷款。其次,即使选择抵押贷款,由于缺乏抵押物或抵押物的价值难以评估,仍然存在贷不出款的问题。甚至,有的时候还会产生虹吸效益引发资金流失,向利润率高的行业“输血”。这些从表面上来看,似乎是我国制度建设和法律规范的问题,但归根结底是金融资本的逐利性与粮食产业经济效益畸低之间矛盾的体现。另外,如果从更宏观的层面上来看,我国粮食的主产区和金融中心大多不是重叠的。这是因为粮食的生产需要土地、人口、设备等生产要素,而在一个区域内的要素是相对有限的,如果用于粮食生产,必然会产生替代效应,阻滞当地其他行业的发展。从目前来看,我国粮食主产区多是按照农业生产的禀赋分布,而金融中心则集中在东部沿海的几个点上,这种离散程度也是其他行业一般所不及的。因此,粮食行业的发展如果单纯依靠市场机制自主发生作用,前述鸿沟基本是不可逾越的。但是,政府在粮食行业发展中的决策也易受农业与金融内在张力的影响。对于政府官员来说,粮食行业的发展所带来政绩的提升远不如其他行业,所以必然缺乏发展粮食行业的动力。而且,粮食行业的发展需要一个较长的周期,政府工作人员受任期的影响也不会愿意寻求粮食行业的发展。虽然我国近些年推出了"粮食安全省长责任制",但这仅仅是从义务与责任的角度强制地方政府更多关注粮食安全,地方政府仍缺乏足够的保障粮食安全的动力。当粮食金融制度联结政府与市场,才具有提供这一动力的可能性。

金融法治保障之于粮食安全又有其独特的价值。《中国的粮食安全》白皮书以及《粮食行业"十三五"发展规划纲要》都提出,要创新完善粮食市场体系,拓宽投融资渠道,引进多元主体和各方面的社会资本参与粮食行业建设。粮食安全战略的基本支撑点就是粮食市场的建设和农业资金的投入,在粮食的生产、流通、储备等环节,利用充分的资金和灵活的机制有效配置粮食产业资源、打通粮食产业链条,这些都离不开法治的保障。

三、我国粮食安全的金融法治保障的现状

随着粮食金融问题的地位近年来越来越得以彰显,与粮食安全相关的金融立法进程也在不断推进。2013 年第十二届全国人大常委会审议通过了《关于农村金融改革发展情况的报告》,提出适时启动农村金融立法程序;2014 年中共中央、国务院发布《关于全面深化农村改革加快推进农业现代化的若干意见》,强调金融机构和农业保险的作用;2014 年全国人大正式启动了农村金融立法程序;2015 年中央一号文件首次明确提出推进农村金融立法;2015 年国务院出台《关于印发推进普惠金融发展规划(2016—2020 年)的

通知》，明确了普惠金融发展的基本原则是“市场主导、政府引导”“防范风险、推进创新”；2017 年中央一号文件再次强调积极推进农村金融立法。这些都意味着我国粮食金融发展过程中原有的“政府主导，政策推进”的指导原则已不复存在，粮食金融立法迫在眉睫。

然而，我国粮食安全相关金融立法的现状不容乐观。在狭义的法律层面上，我国并没有专门关于农村金融、粮食金融法律关系的立法，目前仅有《农业法》第 45 条确定了“建立健全农村金融体系，加强农村信用制度建设，加强农村金融监管”的指导原则，《保险法》中并无针对农业保险的特别规定。在行政法规层面，《中央储备粮管理条例》第 9 条规定，农业发展银行应当保证储备粮和政策粮的信贷资金需要，这种规定体现了政府主导的色彩，其性质接近于政府的补贴。《粮食收购条例》中规定的保护性收购价格制度也属于政府财政补贴的一种。农业保险方面，仅有国务院 2012 年出台、2016 年修订的《农业保险条例》，其中也仅仅确定了政府引导、市场运作、自主自愿和协同推进的原则，其他的多属于宣誓性条款。在部门规章和地方性文件层面，有人民银行为改善农村地区金融生态环境发布的《关于改善农村地区支付服务环境的指导意见》，有中国人民银行、发改委、财政部等关于印发《吉林省农村金融综合改革试验方案》的通知，有原银监会为规范农村金融机构出台的《村镇银行管理暂行规定》，以及财政部、国家税务总局《关于延续支持农村金融发展有关税收政策的通知》等。此外，广东、浙江等省份也都出台了关于粮食保障和土地经营权流转等方面的条例，其中有部分涉及粮食金融的措施。总体来说，涉及粮食领域金融法律效力层级较低，也较零散和杂乱。

四、粮食安全的金融法治保障面临的问题

粮食安全的法治化势在必行，但在实践过程中也遇到了重重阻碍。目前，关于粮食安全金融法治保障方面的法律尚未构成一个完整的体系，在信贷、保险、信托等具体金融制度的完善和金融监管层面均有所缺失。

（一）法律位阶较低

如上所述，目前我国关于农村金融、粮食金融尚无专门的法律，只有一部

行政法规和众多规章。整体来说，这些法规和规章的位阶都比较低，对于粮食金融的发展不足以提供有效的指引，当然也缺乏有效的约束力。另外，无论是法规还是规章，都是对于金融机构、税收、保险等的零散规定，没有从整体上架构一个法律框架，因此其难以实际性地发挥作用。就当前而言，政策而非法律仍在发挥主要作用，但是政策的执行在实践中很容易发生异化，与政策目标相背离，其责任也难以落实，因此效果会大打折扣。如果不实现粮食金融的法治化，粮食生产、流通、储备和消费等环节资金的供给就缺乏法律依据和规范指导，我国粮食安全的实现也就缺乏坚实的基础。

（二）配套法律制度不完善

举例言之，就土地经营权的融资而言，我国《农村土地承包法》已经确立了权利分置的原则，但如何实施还没有具体的规定。比如，用土地经营权作抵押如何实现担保物权，即抵押物的流通问题就是实际操作中的法律障碍。另外，粮食生产经营中普遍存在的一个问题就是抵押物的价值和质量较低，或者说是难以估计，因此很难被银行或其他金融机构、公司所接受，在融资上就会出现困难。而且农业贷款成本高、周期长、风险大，以盈利为目的的商业银行和公司缺乏足够的动力去支持粮食金融的发展。粮食金融是一个整体的体系，不仅需要农业信贷、农业保险和粮食期货等方面法律的支撑，也要同既有的法律框架相整合。因此，需要完善与粮食金融相关的配套法律制度，使粮食金融的发展具有实践上的可操作性，也使粮食安全的金融法治保障体系更为周延。

（三）农村信用建设缺乏法律支撑

信用体系是金融系统的血液，完善的征信制度和信用数据是金融系统良好运行的基础。在我国农村地区，由于存在一些旧有的思想观念的影响，很多人并不愿意积极配合征信管理部门搜集信用信息或是提供虚假的信息。而征信工作人员也会由于客观条件较差、对农村征信工作认识不足等原因，没有很好地完成征信任务。农村信用数据的缺乏，使信贷、担保等金融活动的成本上升，金融机构、金融合作组织参与农村金融的积极性下降，直接或间接阻滞了粮食金融市场的发展。同时，农村信用建设不完善也会对粮食金融活动的监管造成困难,不利于金融风险的预测和防范。农村信用体系建设的不完善,阻滞了粮食生产经营中信用信息的流通,也不利于粮食金融活动的开展,使其进一步影响了我国粮食安全的保障。因此,对于农村信用体系需要在立法上予以保障。

(四)农业保险法律规范不健全

农业保险可以降低农业活动的风险,促进农业资源的合理配置,为粮食金融的发展提供支持。但从目前来看,我国农业保险的险种较少,主要集中于巨灾保险。而且保险机构参与农业保险的意愿较低,因为相对于其他险种来说,能获得的保费较少,能获得的收益不高,而且风险较高,一旦需要出险则会带来巨大负担。出于自身利益的考虑,保险公司很少参与农业保险的业务。如果单纯靠政府财政来补贴,农业保险也很难长久持续下去,这必将影响粮食生产经营风险的分散和转移,甚至可能会使粮食金融风险传导到粮食实体经济中,不利于我国粮食安全的保障,因此需要法律来规制农业保险的发展。

(五)农村金融监管法律制度缺失

一方面,对于一些小额贷款公司、融资担保公司等尚未纳入国家整体监管框架范围的机构、组织所开展的针对粮食金融的活动,并没有相应的方式进行有效监督。这些机构是否具有粮食金融主体资格,甚至是否存在以参与粮食金融为名从事违法犯罪活动都缺乏专门的审查,这样可能会损害粮食生产经营者的根本利益,不利于社会秩序的稳定。另一方面,农业资金流向非农领域的情况也非常严重。农村"反哺"城市、农业"反哺"第二产业和第三产业,形成一个恶性循环,如何能确保农业资金能够投入农业实体经济中也是监管法律应当解决的问题。通过立法建立良性的金融监管制度是粮食金融发展的有力保障,必定会使粮食金融在保障我国粮食安全方面发挥更积极的作用。

五、粮食安全的金融法治保障体系的总体建构

针对粮食安全的金融法治保障问题,要明确 3 项基本原则:一是坚持"市

场主导、政府引导”,同时探索政企合作等新的发展模式;二是确立弱势群体金融权利倾斜保护的原则,为之后的立法和政策的出台提供法律依据;三是倡导政策性金融、合作性金融和农业保险共同发展,为粮食金融立法厘清方向。

完善我国的粮食金融框架,始终要贯彻的一条主线就是农村信用体系建设的法律保障。良好的征信系统的建立无论是在金融方面还是法律方面都能够极大地便利土地权益的保护和粮食安全的保障,提高交易效率。因此,必须在法律上确保农村信用体系的建设,以免政策执行的异化,必要时也可以出台专门的法律。

鉴于我国粮食金融立法工作起步较晚,粮食金融市场环境和需求日新月异,农村金融法律体系的建设应该循序渐进、有步骤地去进行立法规划。第一步是修改现行的法律,如我国《民法典》《商业银行法》《保险法》等,对土地经营权融资、农业信贷管理、农业保险保障等问题给予法律回应,为相关法律的出台扫清障碍。由于新出台单行法周期较长,且在立法过程中市场需求等有可能发生重大变化,因此,先在现行法中对一些亟待解决的关键问题进行修改是比较符合实际情况的。第二步是创制单行法,在金融市场方面如我国《农产品期货期权法》《土地银行法》《土地信托法》《农村融资租赁法》《农业保险法》等,在金融机构方面如我国《政策性银行法》《农村合作金融组织法》等,在金融监管方面如我国《农业信贷监管法》《地方性金融监管法》等。第三步是各个地方出台相应的地方性法规、规章等,鼓励其根据自身的特点发展地方性农村金融、粮食金融,并将其纳入国家整体金融监管范围内,防范和化解金融风险的发生。

第二节　粮食安全的融资担保法治保障

要保障粮食安全,特别是最前端的粮食生产的安全,规模化生产经营就显得额外重要,而制约规模化生产经营主要的因素之一就是资金的供给不足。对于农业生产经营者来说,获得资金的传统渠道多为信贷或抵押担保,但在现行环境下其融资仍面临诸多问题。融资困境的成因是多方面的,既有前一节所提到的金融与农业存在内在性张力的原因,也有农民基础信用数据不全、抵押物难以接受和流通等方面的原因。故本节关注的是农村信用体系的建设,以及土地经营权融资担保和抵押物处置的法律问题。配套制度方面,将讨论如何用法治保障土地经营权流转市场的建设。在此基础上,本节会探讨粮食安全背景下农村合作性金融发展中的法律问题。

一、农村信用体系建设的法治保障

一直以来,农村信用体系建设在我国处于较尴尬的地位。随着近年来公民对于信用的认知程度愈加深入,社会信用越来越受重视。然而,农村信用体系作为支撑农业信贷的主体却陷入困境。在农业信贷发展滞后的背景下,农村信用体系也存在较多漏洞,亟须法律规范的弥补。农村信用体系建设的滞后,直接影响了粮食生产的资金供给,对于粮食金融的发展和粮食安全的保障都会产生不利影响。

(一)农村信用体系法治保障概述

信用是金融的生命线。一个良好的信用体系能够为目标的选择、风险的评估、资产的管理等提供必要的信息支撑,提高资金的安全性和流动性。从我国农业信贷来说,非正规渠道的贷款仍占有相当比重。而尽管有政策的支持,正规信贷还是受到一定程度的抑制。之所以如此,一个重要的原因就是存在信息的不对称问题。借款人在贷款人处未能留下足够的信用痕迹,又难以提供自身偿还能力的证明信息。对于贷款人来说,对此类借款人放贷的收益与管理该笔贷款的成本不成比例,也就没有动力去经营这种贷款业务。如果能够建立完善的农村信用体系与信用制度,不仅能够减轻农村金融市场的交易成本,缓释交易过程中暴露的风险,也能扩大农村金融覆盖面并显著提升惠及程度。用法治保障农村信用制度的建设,是粮食安全金融法治保障的前提和基础环节。

党的十七届三中全会通过的《中共中央关于推进农村改革发展若干重大问题的决定》中提出,要“加快农村信用体系建设,建立政府扶持、多方参与、市场运作的农业信贷担保机制”,但是对于农村信用体系建设的指导原则和基本制度并未提及。2013年国务院通过了《征信业管理条例》,这是迄今为止信用管理方面效力层级最高的法律文件,仍未单独涉及农村信用体系建设的问题。此后,无论是2014年的《社会信用体系建设规划纲要(2014—2020年)》,还是2016年国务院《关于建立完善守信联合激励和失信联合惩戒制度加快推进社会诚信建设的指导意见》,抑或是国务院《关于个人诚信体系建设的指导意见》均未对农村信用体系建设的特殊性予以足够的重视。

农村信用体系之于社会信用体系或其他信用体系的建设有其特殊性。首先,农村收入水平与城市相比还有较大差距,加之普惠金融的发展尚未成熟,这就导致农村地区的信用活动有限,也因此制约了信用规模的进一步扩张。其次,农村信用呈现圈层结构的特征,也就是说,以家庭为核心,逐层辐射延伸至宗族、村镇和县等。[1] 这种圈层结构有些类似于费孝通先生在《乡土中国》中提出的差序格局,也可以说是这种乡土文化在信用方面的体现。圈层之间的壁垒往往是限制农村信用发展的主要障碍。最后,各地对于农村信用体系建设的实践并不相同,出现了多种信用建设模式,这些模式采用了不同的架构,既有政府部门主导的模式,也有涉农组织和金融机构主导的模式,在实践中也很难统一起来。

实践中的农村信用体系建设大致有如下模式:一是由政府部门主导,这也是农村信用体系建设实践中的主要模式。比如,丽水模式,政府部门建立农户信息管理系统,定期更新金融、农业、国土、扶贫、市场监管等部门的信用信息,并且将关心公益事业、遵守社会公德等都纳入农户信用评价体系;青海模式则是率先以省为单位,依托村委会和大学生村官等精准建立农户信用档案,并在县级区域设立"三农"小额信用贷款财政担保基金和农户小额信用贷款风险补偿资金;宁波模式是建立农户信用档案移动互联平台,农户自己可以实时更新相关信息,并可授权金融机构查询非银行信用信息,能够实现良好的互动。二是由涉农组织如农业互助合作社等主导建立农户信用档案。

---

〔1〕 参见顾宁:《基于普惠金融发展的农村信用体系创新研究》,载《财经问题研究》2018年第2期。

三是由金融机构主导,在从事涉农业务时利用搜集到的数据建立农户信用信息档案。

(二)农村信用体系建设的实践问题

虽然在实践中,农村信用体系的建设有多种模式,但也暴露出了很多问题。首先,政府部门建设农村信用体系的职责不明晰。农村信用体系的建设并没有具体归为哪一部门的职责,也没有明确为哪些部门共同负责。因此,作为政府部门,最通常的做法就是消极负责而不是主动承担责任。另外,涉农优惠政策多是直接惠及到村,有能力建设农村信用体系的县和乡镇并没有享受到明显和直接的优惠政策,也间接影响了其积极性。其次,各机构之间的信用信息未能共享。不同机构搜集到的信用信息是不同的,并且由于各机构面对的群体和自身职能的不同,信用信息的覆盖面也有局限性。从目前来说,这些机构之间共用共享信用信息的机制尚不完善。再次,守信激励和失信惩戒机制缺失也是农村信用体系建设的一个问题。虽然我国在 2016 年就出台了关于完善守信联合激励和失信惩戒制度的文件,但是其中的措施在农村信用体系建设上的针对性不强。关于信用修复问题,尽管国家发展改革委办公厅《关于进一步完善"信用中国"网站及地方信用门户网站行政处罚信息信用修复机制的通知》(发改办财金〔2019〕527 号)对信用修复制定了具体的措施,但是在农村信用体系的建设中缺乏适用性。最后,农村信用信息评价体系缺乏统一的标准。由于较客观的第三方信用评价机构比较缺乏,各机构对农户信用评价的偏好不一,不同的机构会形成信用评价的不同标准,而且评级结果之间也不互相认可。在农村信用体系建设的实践中已经暴露出来的这些问题,需要通过法律来规制才能保障农村信用制度的良好运行。

(三)完善农村信用体系的建议

完善农村信用体系可以从两个方面着手:一方面是直接在立法中明确农村信用体系建设的地位和职责等;另一方面则是从后端的信贷管理方面加强对信贷机构的约束和管控。

1. 完善农村信用体系的法律规范

鉴于农村信用体系建设的相关规范比较匮乏,并且在实践中的具体做法不一,可以考虑将现有的《征信业管理条例》升格为征信业法,就信用信息的搜集和管理作出原则性的指导,并就农村信用体系建设单独设一章规定信用信息的主管机构、奖惩机制和评价体系等。

第一,确立人民银行在农村信用体系建设中的主导作用。如上所述,实践中不同模式下农村信用体系建设的主导者包括政府部门、涉农组织、金融机构等。而涉农组织作为征信主体的身份是否符合相关制度规定尚不明确,其职责也缺乏精准的定位,并且对其监管也存在一定难度,金融机构作为征信主体存在同样的问题。由是,政府部门主导农村信用体系的建设不仅在职能上具有正当性,而且在具体实施和监管中也较便利。从横向来看,不同的政府部门中,则应当以中国人民银行及其分支机构为主导。人民银行已经设立征信中心,对于相关的工作比较熟悉,并且人民银行也是连接政府部门和金融机构的桥梁,更适合在现有的基础上着重加强农村信用体系建设。在征信业法中应当明确各政府部门的义务和责任,包括人民银行在农村信用信息完善上的义务以及其他政府部门积极配合的义务,以及不履行义务时应当承担的责任。

第二,确立政府各部门之间农村信用信息的共享和互认机制。由于政府各部门只是在自己负责的范围内搜集信用信息,并且通常只认可本单位的信用信息,这就阻滞了信用信息的交流和分享。并且,有时候搜集到的信用信息是重复的,甚至是相冲突的,这样也增加了信用信息使用的成本,使农户融资更加困难。所以,政府各部门之间应当依法共享和互认农村信用信息。

第三,确立政企合作建设农村信用体系的原则。从政府部门来说,搜集到的农户信息并不是完整的,而且由于政府部门机构设置和人员所限,对于农户信用信息的直接采集有一定难度,信用信息的传递也会降低本身的精确性。如果全部由政府负责农村信用体系的建设,将会极大增加行政负担,从经济上来说也是不利益的。鉴于目前移动支付、社交、理财等软件或手机应用发展迅速,这些软件或应用一般要求用户实名认证并完善相关信息才能正常使用,甚至有些应用(如支付宝)已经有自己独立的信用体系,而且这些应用在农户中的普及度也很高。因此,政府部门可以尝试同这些企业合作,将这些企业的信用信息数据库和政府部门的信用信息对接，政府有关部门则可以协助企业甄别这些信息的真伪。政企合作能够提高建设农村信用体系的效率，在现行法律体系下也没有阻碍，但是需要在法律法规中予以明确和承认。

第四，明确设立农户信用评价机构。客观的信用评价机构的缺乏是农村信用体系建设的一个大问题。各个机构对于农户信用的评价标准不一，互相之间不认可评价结果，这样对于农户来说若想在不同机构融资，就要通过不同的信用评价测试，加重了农户的负担。因此，应当在法律中明确规定由政府设立农户信用评价机构，该机构原则上应与人民银行相互独立，以保证农户信用评价的客观性和权威性。农户信用评价机构的职责是制定农户信用评价的标准和向相关政府部门或金融机构出具农户信用评价意见。

2. 完善农村信贷管理的法律支持

在信贷管理的法治保障方面也需要加强支持。以美国为例，美国对于农业信贷的支持也有较完善的法律制度。在资金支持上，成立了联邦农业信贷银行融资公司，发展农业抵押二级市场；在组织支持上，农业信贷银行成立了农业信贷金融合作伙伴公司、农业信贷基金会公司等向合作社、农业生产者提供技术、设施、人员管理的专业服务；在利率支持上，农业信贷系统机构利率由美国《农业信贷法》作出排他性规定，不适用其他法律关于利率的规制；此外，还有税收方面对农业信贷的支持。在农业信贷制度中，对农民借款人有特别的保护，尤其是年轻农民（young，beginning，small，YBS），如在收回合格借款人股票时应按面值回购；保留借款人合作社成员资格，取消借款人股票时应至少保留1股份额等。对于YBS借款人，农业信贷系统机构还为其指定了合理、建设性信贷及服务计划，并向农业信贷银行报告，银行需要向农业信贷管理局汇报。在控制农业信贷系统风险方面，美国《农业信贷法》提出了资本充足率要求、减资限制、联合贷款额度限制、贷款重组要求、农业抵押二级市场风险控制和农业信贷管理局的监督等措施。联邦的农业信贷管理局不仅可以颁布规章，还可以随时检查银行及协会，其拥有包括一般性权力、检查权和执行权在内的广泛职权，是农业信贷系统良好运行的有力保障。

从农村金融机构来说,目前我国主要是由商业银行和政策性银行构成。对于商业银行,我国《商业银行法》中并没有规定其有发展农业信贷等的义务,而且涉农贷款利率也比较低,所以商业银行缺乏足够的动力去参与农村金融活动。在市场主导的原则下,应当通过立法来发展农村信用体系,为商业银行参与农村金融提供良好的市场环境和法律保障,鼓励商业银行发展新的农村金融业务形式。对于政策性银行,现在只有原银监会出台的三大银行的管理办法,需要用法律来规定其扶持农村金融发展的义务。并且可以由一家银行(如农发行)作为主导,对接各商业银行的农业信贷部门,为其提供政策指引,同时这一银行也可以在一定程度上充当最后贷款人的角色。而且可以适当简化相关行政审批手续,放宽条件限制,让政策性银行积极发挥作用。除银行等金融机构外,农村集体也可以在现有农村合作组织的基础上成立农村金融合作(互助)组等并在法律上予以承认。农村集体金融组织的主要职能是发展成员间的金融合作关系,根据供需关系更好地配置资源,以及作为一个整体参与贷款、抵押、入股、保险等金融活动。农村集体组织更容易深入农村成员中,将零散的需求集中起来,提高议价即保护其成员利益的能力,同时也便于对金融活动的管理。

二、土地经营权融资担保的法治保障

自土地“三权分置”改革以来,中央农村工作会议提出“落实集体所有权、稳定农户承包权、放活土地经营权”,促进土地经营权的流转成为政策导向。在此之前,我国《物权法》规定,家庭承包的土地承包经营权是不得进行抵押的。而在我国《农村土地承包法》修改之后,从土地承包经营权中分离出土地经营权,后者已经被明确规定可以进行融资担保。虽然我国《农村土地承包法》第47条中尚未言明“融资担保”具体包括哪些方式的担保,并且将融资担保限制为仅能与金融机构进行,但是这也为农户提供了一个重要的融资渠道,进而为粮食的生产和粮食安全的保障打下坚实的基础。目前,我国关于土地经营权的融资担保尚未有部门出台具体规则,就融资担保的形式、方式、效力以及担保物的处置等在法律上还有诸多模糊之处。解决好这些问题,不仅是农户的现实需要,也是粮食安全法治保障的前提条件。

(一)土地经营权融资担保概述

土地经营权融资担保权能的实现,经历了一个相当长时间的政策演进过程。2013 年党的十八届三中全会中央首次提出要赋予农民对承包经营权的抵押担保权能;2014 年中央一号文件首次提出农地“三权分置”的思想,要放活土地经营权,允许承包土地的经营权向金融机构抵押融资;2015 年在农村承包土地的抵押贷款试点地区赋予“两权”抵押融资的功能;2016 年中国人民银行等五部委首次以部门规章的形式规定抵押贷款的客体是土地经营权,同年,中共中央办公厅、国务院办公厅也发布意见要求充分维护承包农户抵押承包地等各项权能,同时强调要“依法依规”设定抵押;2017 年党的十九大报告提出,保持土地承包关系稳定并长久不变;2018 年中央一号文件提出土地经营权可以依法向金融机构融资担保;2019 年中央一号文件进一步明确允许承包土地的经营权担保融资;2020 年中央一号文件则要求稳妥有序推进农村承包土地的经营权和农民住房财产权抵押贷款试点。从政策的演进中可以看出,中央对于土地经营权融资担保是明确支持的,政策目标也是保持土地承包关系的长久稳定,但是在具体用语上“融资担保”和“抵押融资”有时会混用,造成了一定程度的不确定性。在法律层面上,我国 2018 年修改后的《农村土地承包法》第 47 条规定,承包方可以用承包地的土地经营权向金融机构融资担保,并向发包方备案。可以看出,对于“融资担保”的性质是什么仍然没有定论。而且我国《农村土地承包法》中也明确土地经营权融资担保办法由国务院有关部门规定,但目前尚无相关的法律文件出台,这就使土地经营权融资担保的实践缺乏相应的法律法规指导。

农户对于土地经营权的融资担保是有现实需求的。有学者在实践研究的基础上提出,部分农户有持续经营农业的需要,但囿于资金的短缺,愿意通过抵押的方式获得额度高于小额信贷的资金支持。[1] 这些农户多是规模农业生产经营者,如果能够有更多的融资渠道,对于粮食的规模化生产以及粮

〔1〕 参见邹新阳:《农地金融制度构建研究》,科学出版社 2015 年版,第 69 页。

食安全的保障具有积极意义。金融机构之所以不愿意向农户发放抵押贷款,一个重要的原因就是农户缺乏抵押物。在土地经营权抵押贷款试点之前,由于农业生产经营中可用作担保物的资料较少,且所获得的贷款额度不高,在一定程度上限制了农业规模化的发展。虽然现在法律中对于土地经营权融资担保的具体规程仍未明确,但所释放的政策信号已经让人充满信心,农户特别是规模农业生产经营者对土地经营权能的充分利用有巨大的现实需求。

在讨论土地经营权的融资担保具体机制之前,还需解决一些相关的法理问题。"三权分置"改革提出以后,不少学者都在探讨"三权"之间的关系。按照2014年中央一号文件的说法,"三权"分别为集体所有权、农户承包权和土地经营权。那么,这个新的土地经营权与其他权利有什么关系?修改后的我国《农村土地承包法》第9条中规定:"承包方承包土地后,享有土地承包经营权,可以自己经营,也可以保留土地承包权,流转其承包地的土地经营权,由他人经营。"由此可以看出,土地经营权是土地承包经营权派生出来的权利。总体来说,土地承包经营权是土地所有权派生的,而土地经营权又是土地承包经营权派生的。土地经营权与土地承包经营权相比,只是没有了身份属性的限制。因此,不能将土地承包经营权拆分为土地承包权和土地经营权,而且土地承包权的说法本身也容易造成混淆。

关于土地经营权的性质,学界主要有"物权说""债权说""两权说""总括权利说"4种主要观点。有学者主张,宜将土地经营权定性为债权,但是通过登记来使其物权化。[1] 理由有三点:一是现行法上将具有移转物权效果的互换、转让在土地承包经营权的流转方式中单独分离出来。如修改后的我国《农村土地承包法》第33条、第34条、第35条分别规定了土地承包经营权的互换、转让以及登记对抗的效力,而在该法第36条规定土地经营权的流转方式为出租(转包)、入股或其他方式。二是土地经营权人改良土壤、建设农业生产、附属、配套设施等需征得承包人同意,再流转或抵押土地经营权要征得承包人书面同意之外,并且向集体经济组织备案。这种关系从本质上来说

〔1〕 参见高圣平:《承包地三权分置的法律表达》,载《中国法学》2018年第4期。

更接近于债权关系，政策文件的导向也是将土地经营权定性为债权。三是虽然将土地经营权定性为债权其效力仅存在于当事人之间，但是可以借助登记使其可以对抗其他债权人和恶意第三人。可以看出，由于物权法定的限制，物权类型是强制的，而在新的《民法典》物权编中仍然只规定了土地承包经营权作为用益物权，并没有单独规定土地经营权。如上所述，政策的导向似乎是将土地经营权作为债权处理。但是，仍有两个问题需要解决。其一，土地经营权的登记问题，登记作为一种重要的公示方法能够为权利提供充分的保护。在《民法典》第 341 条中规定，流转期限为 5 年以上的土地经营权，自流转合同生效时设立。当事人可以向登记机构申请土地经营权登记；未经登记，不得对抗善意第三人，我国《农村土地承包法》第 41 条也有类似的规定。[1] 根据这些规定，土地经营权的登记似乎只适用于流转期限 5 年以上的土地经营权，而且是“可以”登记。在这种情况下，如果将土地经营权作为债权处理，对其保护是不周延的。其二，土地经营权的流转在程序上仅仅只是要求“向发包方备案”，并未让土地经营权人有稳定的经营预期，并且会使利用土地经营权进行担保融资时遇到金融机构贷款审查等方面的障碍。而受让方通过流转取得的土地经营权在向金融机构融资担保时，需要经承包方书面同意并向发包方备案。这固然是出于土地经营权乃土地承包经营权之派生权利的考量而需要同意意思表示，但是却不利于规模化生产。因为规模农业生产经营者从多个农户取得土地经营权后，如果需要向金融机构担保融资，则需要取得所有农户的书面同意，其负担是显而易见的。实际上，土地经营权虽然脱胎于土地承包经营权，但是其本身对承包地的占有、使用、收益使其接近于土地承包经营权的类所有权地位，由是其融资担保也应独立于承包经营权人的意思表示。

那么，土地经营权的融资担保具体是指什么担保方式？根据我国《民法典》物权编的规定，担保物权包括抵押权、质权和留置权等。我国《农村土地

---

〔1〕 我国《农村土地承包法》第 41 条规定：“土地经营权流转期限为五年以上的，当事人可以向登记机构申请土地经营权登记。未经登记，不得对抗善意第三人。”

承包法》第47条只是规定了可以向金融机构融资担保,没有明确担保的方式;该法第53条则规定通过招标、拍卖、公开协商等方式承包农村土地,经依法登记取得权属证书的,可以依法采取出租、入股、抵押或者其他方式流转土地经营权。《民法典》第342条也只作出了和《农村土地承包法》第53条同样的规定,对于家庭承包和受让的土地经营权融资担保方式没有具体规定;但是《民法典》第418条规定,以集体所有土地的使用权依法抵押的,实现抵押权后,未经法定程序,不得改变土地所有权的性质和土地用途。而在“质权”一章中没有出现相关的规定。有学者认为,就土地经营权定性的体系效应而言,债权性质的土地经营权不能作为抵押财产,因为权利抵押权的标的通常是用益物权,而土地经营权作为具有财产属性的债权,其上仅可以设定权利质权。也有学者指出,土地经营权之上设定担保之后,土地经营权人并未丧失其对土地的利用权,在担保期间仍然行使土地经营权。因此,在体系定位上,土地经营权担保权应属抵押权。[1] 从中央政策性文件的表述来看,土地经营权融资担保的含义常常与土地经营权的抵押等同,就其倾向而言似更偏好抵押。如果能够将土地经营权明确列在《民法典》第395条可以抵押的财产之中,并且将《农村土地承包法》第47条规定的担保物权合同生效时设立、登记对抗的效力在《民法典》“抵押权”一章中予以确认,减少模棱两可的法律表达,也会降低土地经营权融资中的交易成本和法律风险。

(二)土地经营权融资担保的实践问题

土地经营权的抵押融资面临的一个重要问题就是抵押的实现和抵押物的处置问题。出现这一问题主要是基于两个方面的原因:一是我国对于土地用途的管制相对较严,《土地管理法》第4条规定,“严格限制农用地转为建设用地,控制建设用地总量,对耕地实行特殊保护”;该法第30条规定,“国家保护耕地,严格控制耕地转为非耕地”;《农村土地承包法》第38条规定,“不得改变土地所有权的性质和土地的农业用途,不得破坏农业综合生产能力和

---

〔1〕 参见高圣平:《论承包地流转的法律表达——以我国〈农村土地承包法〉的修改为中心》,载《政治与法律》2018年第8期。

农业生态环境”;《民法典》第418条也作出了上述类似的规定。二是对于土地经营权流转受让人的规定,我国《农村土地承包法》第38条规定,受让方须有农业经营能力或者资质。对于农业经营能力或资质尚无明确规定,而这一条件可能会使《民法典》第410条“协议折价、拍卖、变卖”抵押财产的规定在实践中具有一定的局限性。

1. 抵押物处置的实践问题

针对这一问题,各地在实践中也有不同的做法。《东方市农村承包土地经营权抵押贷款抵押物处置办法(暂行)》第7条规定,金融机构可以采取4种措施处置抵押的土地经营权,分别为经土地所有权人同意后转让、通过交易平台再流转、拍卖和仲裁、诉讼。《上海市农村土地经营权抵押贷款试点实施办法》第20条规定,乡镇农村经营管理部门在收到抵押权人提出协助处置抵押物的请求后,于10个工作日内发布该农村土地经营权的转让信息,启动农村土地经营权流转程序,但是对于流转程序没有作进一步的规定。《运城市全面推行农村承包土地经营权抵押贷款指导意见》则提出要建立多种风险补偿机制,由各县(市、区)财政出资设立承包土地经营权抵押风险补偿专项基金。《襄阳市农村土地经营权抵押贷款管理办法(试行)》第29条规定,抵押权人有权依法公开处置农村土地经营权,发包方要协助银行做好处置工作。至于如何“公开处置”,文件中亦无相关规定。总而言之,在实践中,对于土地经营权抵押的实现问题仍有很大的模糊性,上位法的缺失固然是一个因素,同时这也与土地经营权抵押处置整体机制不健全、风险的缓释和分担制度不完善有关。

2. 抵押物处置的理论探索

除协议转让、拍卖、交易平台再流转外,《农村承包土地的经营权抵押贷款试点暂行办法》还规定,可以通过贷款重组的方法处置抵押物。贷款重组,一般是指金融机构在借款人无力偿还到期欠款时对贷款合同的还款条款作出调整的行为,通常是由双方重新签订贷款合同及其从属合同,对不良贷款的偿债主体、担保方式、期限、利率等进行调整。对于土地经营权抵押的贷款重组,应始终以安全性为主要考量,不能对逾期贷款一律重组,而是要选择具备一定偿还能力、生产经营活动基本正常的"积极农民",[1]将该贷款损失纳入重组的范畴。贷款重组可以借鉴破产重整的做法,银行等金融机构应积极参与对借款人农业生产经营的支助,帮助借款人制定可行的还款计划,对欠款的偿还给予一定的优惠,为借款人积极争取政策的扶持等。贷款重组作为一种现代的抵押物处置措施,不仅能降低不良贷款率,而且能够使农业生产经营者获得持续经营的动力,对于保持土地承包关系的长久稳定也起到了重要的作用。另外,有学者提出,可以通过强制管理的方式处置抵押的土地经营权。[2] 强制管理,是指以不动产的收益为执行对象的换价方法,由执行法院选任管理人对被执行人的已查封不动产实施管理,并以其所得收益满足债权人的金钱债权。土地经营权的管理人可以依法取得其土地经营权,并在利用土地经营权产生的收益可以抵偿债务之时,土地经营权即消灭,土地承包经营权也恢复其圆满状态。强制管理的方式可以避免土地承包经营权人的失地风险,并且是由法院依靠其司法强制力保证实施的,对债权人的利益也是一种保障。但是这种方式的程序相对复杂,银行等金融机构需要负担很多额外的成本,如适格管理人的选任需要时间,而且有可能法院找不到合适的管理人,法院执行的负担也会转嫁到金融机构身上。管理人费用的支付,管理人的地位、权利义务、与各方当事人的法律关系等都未明确,存在比较大的法律风险。基于这些考虑,银行等金融机构很可能不会接受农户的土地经营权作为抵押财产。因此,运用强制管理这一方式在处置土地经营权时还有很多问题亟待解决,需要以明确的法律规定或类似制度的法律作为依托。

3. 风险缓释和分担制度

土地经营权的抵押融资还需完善风险的缓释和分担制度。上已述及,在一些土地经营权抵押融资的试点地区,由政府财政出资设立农村承包土地的经营权抵押贷款风险补偿基金,用于分担地震、冰雹、严重旱涝等不可抗力造

---

〔1〕 Regulation(EU) No 1307/2013 Chapter 1 of Title Ⅲ.

〔2〕 参见高圣平:《承包地三权分置的法律表达》,载《中国法学》2018 年第 4 期。

成的贷款损失,或根据地方财力对农村承包土地的经营权抵押贷款给予适当贴息,增强贷款人放贷激励。有些地方针对风险补偿基金的使用作出了较细致的规定,如风险补偿基金的申请条件、审批程序、监管报告等。风险补偿基金虽然名为基金,但实际上相当于从财政资金中划出来用于补贴金融机构土地经营权抵押贷款损失的拨款。从风险补偿基金来说,在实践中仍然会存在一些问题。首先,风险补偿基金的规模受到财政规模的限制。由于各地财政状况不同,土地经营权抵押贷款的风险也不同,是否设立风险补偿基金以及补贴的比例是多少难以确定一个统一标准。况且金融机构进行土地经营权抵押贷款的规模一般比较大,假设在极端情况下贷款逾期率会非常高,则对于财政来说是一个沉重的负担。其次,风险补偿基金的行政审批程序较繁杂。由于风险补偿基金是动用财政资金,对于其审批也有严格的要求。从一些地方已制定的细则来看,往往需要经过申报、初审、审核、公示和拨付等流程,对申报也有条件限制,审批时间比较长并需要提交大量材料。而且每笔贷款损失的补贴都有最高限额,这一限额相对较低。对于注重效率的金融机构来说,申请风险补偿基金也许不是一个较好的选择,这就使风险补偿基金的设立没有发挥应尽的作用。最后,风险补偿基金的运作缺乏规制。综观对于风险补偿基金作出规定的各种法律文件,均未涉及风险补偿基金的运作规则,只是在有的文件中提到风险补偿基金的构成包括"风险补偿账户的利息收益"。风险补偿基金能否市场化运作,允许投资的比例是多少,投资范围是否有限制等仍需要进一步详细规定。

与风险补偿基金类似的风险缓释制度是存款保险制度。根据《存款保险条例》第 3 条的规定,存款保险,是指投保机构向存款保险基金管理机构交纳保费,形成存款保险基金,存款保险基金管理机构依照本条例的规定向存款人偿付被保险存款,并采取必要措施维护存款以及存款保险基金安全的制度。存款保险是一种强制性的保险,凡商业银行、农村合作银行、农村信用合作社等吸收存款的银行业金融机构均应当投保存款保险。对于土地经营权抵押贷款,也应建立类似的强制保险制度。金融机构根据发放的贷款规模按照一定费率向保险机构投保,一方面,可以作为财政性风险补偿基金的有益补充;另一方面,保险金的运用效率比较高,管理和监督机制也比较完善,不会给行政系统带来额外负担。除风险补偿基金和强制保险制度外,还可以制定专门的规章规定政策性银行如农业发展银行对土地经营权抵押贷款的支持,借助政府性担保公司为抵押贷款增信,以及加强税银互动、给予借款人税收政策支持等。风险缓释和分担制度的完善,能够降低土地经营权抵押贷款的交易成本,增强金融机构放贷的意愿,为粮食的专业化、规模化生产以及粮食的安全提供可靠保障。

(三)完善土地经营权融资担保制度的法律建议

土地经营权融资担保不仅需要处理好担保物的处置这一首要问题,亦需要在其他方面共同发力,多措并举以弥补现有法律法规的漏洞,更好地完善土地经营权的融资制度,为粮食的生产提供充足的资金和活力。

1. 健全土地经营权价值评估制度

土地经营权融资时需要对担保财产的价值进行评估。土地经营权的价值评估影响金融机构的放款额度,科学高效的评估机制能够提高土地经营权融资的效率,也能减少借款人无力偿债的风险。关于土地经营权的价值评估,目前还没有出台专门的法规或规章,只是散见于土地经营权融资担保的规定中。如《农村承包土地的经营权抵押贷款试点暂行办法》第 12 条规定,借贷双方可采取委托第三方评估机构评估、贷款人自评估或者借贷双方协商等方式,公平、公正、客观、合理确定农村土地经营权价值。但是无论贷款人自评估还是借贷双方协商,农户无疑都是弱势的一方。而第三方评估机构对于土地经营权价值的评估可能也会缺乏专业性,并且由于评估过程的复杂性,农户还会承担一笔不小的费用。对于这一问题,各地进行了不同的尝试。《上海市农村土地经营权抵押贷款试点实施办法》第 12 条规定,乡镇农村经营管理部门对抵押物价值进行评估并出具评估建议书,不收取费用;金融机构也可指定专业评估机构对抵押物价值进行评估并出具评估报告,自行承担费用。但是,对于价值评估的参考因素是什么并没有载明。《襄阳市农村土地经营权抵押贷款管理办法(试行)》第 21 条确定了政府指导价格制度,土地经营权抵押价值可以根据农业部门发布的指导价格由借贷双方协商认定,登记机构予以认可。必要时,也可以聘请专业评估公司进行价值认定。与其他地方不同的是,该办法中给出了土地经营权价值确定的一般原则,即“农村土地经营权评估价值 = 年租地平均净收益 × 经营期限 + 地上(含地下)附着物价值”。相对来说,该规定在实践中有一定的参考价值。

为解决这一问题,完善土地经营权价值评估制度,笔者建议从 3 个方面着手。其一,在出台土地经营权融资担保的行政法规或部门规章时应专门规定土地经营权价值评估的参考因素,如土地所在区域、租金实际支付剩余期限、地面作物的预期收入等因素,并可制定具体办法对这些因素的量化标准详细规定。这样既可以为贷款人自评估提供范围的参考,也可以作为第三方机构出具评估意见书效力的一个依据。其二,土地经营权的价值评估原则上应以双方协商的价格为准。因为土地经营权的融资主要涉及的是私法上的关系,应尊重双方的意思表示,公权力不宜过多干涉。此外,当事人之间协商也是比较有效率、成本较低的做法。为了减少贷款人故意低估价值损害借款人利益的风险,可以将当地土地经营权融资担保评估的信息及时发布到土地产权交易平台上供当事人查阅,也可以由政府部门根据当地土地经营权融资担保情况定期公布指导价格。其三,政府部门应与第三方评估机构一致,为土地经营权的价值评估做好托底保障。在双方未能协商一致的情况下,可以聘请第三方评估机构出具专业的价值评估意见,政府相关部门对评估意见的合法性、客观性和有效性予以确认。但需要注意的是,政府部门只应对评估意见进行形式性审查,谨防以此为由操纵土地经营权的评估价格。

2. 土地经营权流转市场建设的法治保障

无论是土地经营权的流转还是价值的评估,都离不开土地经营权流转交易市场的建设。流转市场不仅是联结农户、合作社和金融机构的媒介,也是土地经营权流转交易信息公开和农村信用建设的重要平台。自党的十七届三中全会明确提出“建立健全土地承包经营权流转市场”以来,我国在政策指导和地方实践方面均对流转市场的建设进行了有益探索。

2014 年国务院办公厅印发《关于引导农村产权流转交易市场健康发展

的意见》指出,农村产权流转交易市场是政府主导、服务"三农"的非盈利性机构,可以是事业法人,也可以是企业法人。流转交易市场的定位是集信息发布、产权交易、法律咨询、资产评估、抵押融资等为一体的为农服务综合平台。由于该意见发布时对家庭承包的土地承包经营权的流转还有法律限制,所以目前土地经营权的流转尚不如流转交易市场的发展成熟。农业部 2016 年印发了《农村土地经营权流转交易市场运行规范(试行)》,规定了土地经营权流转的条件、交易的品种、提交的材料和交易的中止及终止等相关事项。由于土地经营权流转的地域特色较明显,规范中没有过多涉及交易的具体规则。

在实践中,主要形成了两种土地经营权流转市场建设的模式,分别是以武汉市为代表的企业法人模式和以鄂州市为代表的事业单位法人模式。[1] 企业法人模式,是指流转市场完全按照现代公司的体制建立,有自己的名称、组织机构和场所,有独立的财产并能自行承担法律责任的组织模式。事业单位法人模式,是指流转市场由政府出资主办,由政府编制委员会批准,享有一定行政级别的公益性机构。两种模式的共同点是,都是依行政命令而设立、政府出资主办、运行费用源于财政资金和具有非盈利性的机构。土地经营权流转交易市场的建设也存在一些问题。首先是法律规范的缺位,现有的规范效力层级较低,并且缺乏统一明确的原则指导。其次是流转形式较单一,限制了当事人流转土地经营权的渠道。在实践中主要采用转包和出租两种方式,采用入股、抵押、信托等资本化流转方式的流转率较低,并且二次流转的发生概率极低。不仅如此,土地经营权流转市场提供给交易双方的流转模式主要包括协议、竞价、拍卖、挂牌、招标等方式。但在实际流转中,流转双方选用的流转模式主要为协议模式。最后是存在底层逻辑缺失的问题。制度底层的交易双方仍然更倾向在"隐形市场"通过私下交易的方式完成土地承包经营权流转,因而造成了政府的制度供给不被交易双方接受,交易双方内生的"隐形市场"式流转模式又不被政府所认可的困境。

---

〔1〕 参见丁文:《论"三权分置"中的土地经营权》,载《清华法学》2018 年第 1 期。

对于土地经营权流转市场的建设,可以尝试以下建议:第一,明确土地经营权流转市场建设的基本原则。固然各地在实践中的变动性很大,但是应当提炼出必须遵循的基本原则,如政府主导、避免强制交易和政府部门协调配合等,将其规定在专门的法规、规章中。流转市场的建设必须由政府主导,虽然有些学者认为应当给予流转市场独立的主体地位,但是考虑到国家对于土地的管制以及流转市场建设非盈利性的目的,政府的公信力也是土地经营权流转市场为流转当事人所接受的重要原因,采取政府主导的原则才能便于对土地经营权流转的监管,确保其依法、有序进行。土地经营权流转市场不能脱离政府的规制,走上完全市场化的道路。由此也衍生出一个问题:流转市场的运行费用从何而来。如果一味地靠财政"输血",流转市场的服务效率和质量很难有所提升。在实践中,流转市场对集体经济组织和农户作为转出方通常是免收费用的,对其他主体只按成本收取一定服务费。可以规定在一定时期内对农户和集体经济组织免费,以吸引其通过流转交易市场而非"隐形市场"进行流转;随着交易量增加,对交易额按一定百分比收取服务费,符合政府部门规定的经济状况困难的农户可以酌情减免。第二,完善流转市场的争议解决机制。流转交易市场既是当事人订立土地经营权流转合同的平台,也是引导当事人协商解决争议的平台。《关于引导农村产权流转交易市场健康发展的意见》中提出可以引入财会、法律、资产评估等中介服务组织以及银行、保险等金融机构和担保公司,为农村产权流转交易提供专业化服务。如果充分利用这些引入的专业机构,在流转市场的主导下促进土地经营权流转纠纷的协商和调解,可以多元化解决争端,减少司法资源的浪费。

第三节　粮食安全的保险法治保障

粮食作物的生产对自然条件具有较强的依赖性,自然风险很高;同时,在市场经济体制下,农业的市场风险也逐步加强。在现代粮食农业生产体系中,农业保险对生产稳定、经营效益提升和风险化解都有至关重要的作用。尤其是在2018年中央一号文件中提出要"探索开展稻谷、小麦、玉米三大粮食作物完全成本保险和收入保险试点,加快建立多层次农业保险体系”,进一步凸显了农业保险对于粮食安全的重要作用。

一、粮食安全的保险法治保障概述

农业保险不仅是农业保险,更是国家农业发展政策的重要组成部分,担负许多重要的制度功能和使命。[1] 农业保险制度能保障农业的可持续发展、确保粮食供给、促进农业现代化进程,以实现国家粮食安全。

(一)粮食相关保险制度的界定

现阶段,关于粮食的保险制度主要被涵盖在农业保险制度之中。因此,首先要对农业保险的概念予以明确。值得注意的是,农业保险由于其以农业为对象,而农业的内涵和外延又是随着社会的发展而不断变化的,因此,农业保险是一个不断发展的概念。通常而言,狭义的农业保险是指仅包含种植业和养殖业保险,而广义的农业保险除前述两者外,还包括农户及其家属的人身保险以及农户的其他物质财产保险。[2] 目前,我国学术界和实务界对农业保险的研究一般侧重狭义的农业保险,即种植业和养殖业保险。诚然,由于保险的经营范围和保险责任的发展,除传统意义上的种植业外,还有经济作物、特种作物也逐渐纳入其中。

从联合国贸易与发展委员会对农业保险的定义来看,农业保险应扩展到农业生产的整个过程,还包括收获后的存储、加工和将产品运输到最终市场。[3] 并且认为,虽然农业保险和农村保险在理论上可以区分,但是在许多方面具有相似性,可以一起对待,因此还建议将保险服务扩展至农村从事经济活动的个人与企业。我国也从制度层面对农业保险进行了界定,2007 年中国保险监督管理委员会出台的《农业保险统计制度》和 2012 年国务院颁布

---

〔1〕 参见庹国柱、张峭:《论我国农业保险的政策目标》,载《保险研究》2018 年第 7 期。

〔2〕 参见董玉凤、戴丽主编:《财产保险》,中国金融出版社 2014 年版,第 277 页。

〔3〕 UNCTAD:Agricultural Insurance in Developing Countries, June 1994:https://unctad.org/en/PublicationsLibrary/unctadsddins1Rev.1_en.pdf,Feb.13,2020.

的《农业保险条例》中都对农业保险的概念进行了界定。[1] 比较两者中农业保险的定义可知，农业保险的概念内容得到了发展，承保范围得到了扩展并细化，不再仅是种植保险和养殖保险，扩展到种植业、林业、畜牧业和渔业等类别，同时在赔付条件上除自然灾害、意外事故、疫病的原因外，还加入了被保险人疾病等内容。从某种程度上而言，现有对于农业保险的界定实际上相对突破了狭义的农业保险的定义，向更广义上的定义发展。

作物保险是农业保险中讨论范围最广的，同时亦是保障粮食安全的重要手段。基于此，粮食安全的保险法治保障也将着眼于粮食作物保险制度。作物保险作为一种保险政策，涵盖农业生产者的生产过程，确保作物生产者免受自然灾害造成的作物损失，也保障生产者免受意外造成的预期作物产量或市场上农产品销售利润损失。在通常情况下，作物保险分为作物产量保险和农作物收入保险。作物产量保险的保护范围包括由于意外情况而造成的预期作物收获量的损失，其中涵盖的引渡包括火灾、干旱或洪水等自然灾害。而作物收入保险的保护范围则包括由于作物销售价格的市场波动而造成的预期收入损失。

（二）粮食相关保险的主要模式及特点

各国的经济发展水平和社会制度各异，社会背景和政策目标不尽相同，进而形成了不同的农业保险制度模式。国际上粮食相关保险制度模式主要有4类：[2]一是以美国、加拿大为代表的政府主导型模式。该模式下政府对经营政策性农业保险业务提供统一的制度框架，各级政府和授权组织主要在这个框架中经营农业保险和保险业务，同时政府对于其保险予以财政支持。二是以日本为代表的政府支持型相互保险模式。不同于美国的政策性保险制度，在这种模式下政府不直接提供保险，而是通过立法予以经济上和行政上的支持。同时，经营保险的组织通常是不以盈利为目的的保险相互社。三

---

〔1〕 2007年中国保险监督管理委员会《农业保险统计制度》规定，农业保险，是指由保险机构经营，对农业产业在生产过程中遭受约定的自然灾害、事故或者疫病所造成的经济损失承担赔偿金责任的保险，分为种植业保险和养殖业保险两大类。2012年国务院颁布的《农业保险条例》规定，农业保险，是指保险机构根据农业保险合同，对被保险人在种植业、林业、畜牧业和渔业生产中因保险标的遭受约定的自然灾害、意外事故、疫病、疾病等保险事故所造成的财产损失，承担赔偿保险金责任的活动。

〔2〕 参见张祖荣：《建立有中国特色的农业保险制度模式》，载《农村经济》2007年第10期。

是以西欧国家为代表的民办公助模式。顾名思义，农业保险主要是私营保险公司、保险互助社或者保险合作社经营，未形成全国统一的农业保险制度。在此基础上，政府以立法的方式对投保人予以经济和行政上的支持，其中包括经营费用补贴、保费补贴等。四是以亚洲部分发展中国家为代表的政府选择性重点扶植模式。在这种模式下，所保农业保险往往具有强制性，主要承保的是农作物，通常承包的作物主要是水稻和小麦。此外，这些国家中农业保险主要是由政府专门设立的农业保险机构提供。

从以上4类模式中，无论是哪种模式都离不开政府这只手的作用。农业生产条件的不确定性，保险的市场失灵难以有效保障粮食安全，这也为政府介入农业保险提供了必要条件。[1] 为保障粮食安全，其实大多数国家的农作物保险制度是具有一定的强制性的，尤其是关于自然灾害的保险。

二、我国政策性农业保险制度发展现状与存在的问题

新中国成立伊始就开展了农业保险试点工作。我国农业保险制度历经试验起步、停办萎缩、停止等阶段，整体发展较缓慢，直至2004年中央一号文件的出台，才使我国农业保险制度逐渐步入新一轮发展高潮，并最终初步建立政策性农业保险制度。

（一）政策性农业保险的概念与特征

2004～2020年中央连续发布了17个关于国家农业和农村发展的中央一号文件，分别从不同角度对“三农”问题进行规划，其中也都涉及对农业保险制度建设的指导性意见。其中，2004年中央一号文件中就提出“加快建立政策性农业保险制度”。自2007年开始，中央政府决定使用公共财政补贴农业保险费，并对政策性农业保险的试点范围、险种和覆盖面进行指导。2017年财政部发布的《中央财政农业保险保险费补贴办法》（以下简称《办法》）中更是对玉米、水稻、小麦三大粮食作物保险加大力度支持。由此可见，从粮食安

---

〔1〕 参见施红：《中国农业保险效率评价与机制优化研究》，浙江大学出版社2016年版，第15～17页。

全角度来看，目前我国关于粮食作物的保险制度主要是政策性农业保险制度。

政策性农业保险是与商业保险相对的概念，是指中央政府为了稳定农业生产和农村经济的健康发展，而采取的一种财政补贴农业保险保费的保险制度。[1] 与商业保险相比，政策性农业保险是依据政策目标建立的，在通常情况下是由政府直接组织经营，或由政府专门成立的机构经营，或是在政府财政政策支持下，由其他保险供给主体经营。[2] 其产生是因为在农业发展的过程中，农民面临自然灾害的可能性较高，保险公司承保这类保险的损率较高，是一种受自然灾害制约较大的高风险保险业务，商业性保险公司往往不愿意承保这类保险。为了分散农业风险，尤其是粮食作物的风险，保证农民从事农业的积极性，就需要通过产业政策和补贴等手段扶持作为准公共产品农业保险的发展。

政策性农业保险有以下几个主要特征：首先，最突出的是其具有一定的强制性。因为农业保险存在市场失灵的问题，国家需要对其进行干预，并通过立法来规定强制达到条件的保险经营者以及其投保人参与政策性农业保险，从而达到降低农业风险，保障粮食安全的目的。[3] 其次，具有高风险性。我国地域广阔，不同地区农业发展具有多样性，同时也面临多种自然灾害的威胁，因此，农业保险是有高风险的，一旦受灾面积广大，受灾期长就会导致高额的赔付，这是一般的商业保险公司难以承担的。最后，政策性农业保险关系社会公共利益。农业保险准公共产品的性质和政策性，要求政府在构建该制度时必须要将社会公共利益放在首位。因为保费的缴纳和保险的赔付，中央和地方财政的占比都是极大的，甚至在有些情形下保费或者赔付的保险金完全是由政府承担的。

---

〔1〕 参见袁连升：《吉林省政策性农业保险发展问题研究》，吉林农业大学2015年博士学位论文，第19页。

〔2〕 参见朱俊生：《中国保险业转型发展研究》，首都经济贸易大学出版社2008年版，第178～180页。

〔3〕 参见周英强：《我国农业保险的困境与出路》，载《产业与科技论坛》2012年第3期。

(二)我国政策性农业保险法律制度发展现状

目前,我国政策性农业保险法律制度在不断发展中形成了主要以《农业法》《保险法》《农业保险条例》为基础,以地方性行政法规、规章以及部门规章等政策法规为具体指导的政策性农业保险法律体系。

我国现行《农业法》于1993年颁布,在2002年进行修订,此后于2009年和2012年历经两次修订。该法中涉及农业保险的条款主要是第46条。在2002年全国人大常委会对《农业法》进行的修正中,首次对农业保险制度作出规定,并明确我国实行政策性农业保险制度的目标。此后两次修正,在农业保险条款上并未有进一步调整。我国《保险法》于1995年颁布施行,历经2002年、2009年、2013年和2015年4次修订。现有的保险法条款主要针对的是商业保险,关于农业保险的条款只是在我国《保险法》的附则中采取准用的方式进行规定。因此,与政策性农业保险相关的内容在我国《保险法》中并没有明确具体的规定。2012年发布的《农业保险条例》是农业保险制度发展重要的里程碑。该条例在2016年得到修订,其目的是保护农业保险活动当事人的合法权益,提高农业生产抗风险能力。该条例的第3条首先就明确我国要健全政策性农业保险制度,要实行"政府引导、市场运作、自主自愿和协同推进"的原则,并首次从法学层面对农业保险的概念进行了界定,确立了农业保险的监督规则和法律责任等,从中也体现出政府引导的重要作用。

一直以来,原保监会基于国务院授权,履行根据法律、法规规定统一监管全国保险市场的职责,其中也包括对政策性农业保险的监管。[1] 此外,农业农村部门和财政部门也是政策性农业保险的重要管理部门。2012年以前,各部门出台与政策性农业保险相关的部门规章及文件数量较少,多数文件主要针对的是常规性工作,如《关于规范政策性农业保险业务管理的通知》《关于进一步做好农业保险费补贴工作有关事项的通知》等。自2012年以来,政策性农业保险的需求结构发生了较大变化,市场主体对政策性农业保险需求

---

[1] 2018年国务院机构改革将中国银行业监督管理委员会和中国保险监督管理委员会的职责整合,组建中国银行保险监督管理委员会。

呈多元化趋势，由此也推动我国政策性农业保险的发展。[1] 相关部门规章和文件数量增长，并且对政策性农业保险的保费补贴、保险险种、理赔等方面的内容有更具体的规定。

地方性法规、规章主要是基于《农业保险条例》中规定我国政策性农业保险制度由中央和地方协同推进，省、自治区、直辖市人民政府可以确定适合本地区实际的农业保险经营模式，因此，各地具体实行规则包括财政补贴比例等内容都可以因地制宜，有所差异。

（三）我国政策性农业保险制度存在的问题剖析

虽然上述多层次的政策体系、法律法规等支撑着我国的政策性农业保险，但《保险法》《农业法》等位阶更高的法律中过于原则性的规定对具体实践运作的指导作用微乎其微。相对具体的部门规章和地方性的规范文件也不能满足实际需要，由此也产生一些问题。

1. 政策性农业保险发展缺乏法律支撑

我国《农业法》虽然有 3 次修订，但是仅在 2002 年的修订部分提出国家要逐渐建立和完善政策性农业保险制度的目标，尚缺乏对政策性农业保险的概念、范围、承保方式、责任、义务等内容的详细规定。同时，政策性农业保险应具有强制性的特征，但从我国现有的农业保险的体系来看，政策性农业保险属于农业保险的范畴，必须遵循自主自愿的原则。[2] 并且在《农业保险条例》中的表述也为任何组织和个人不得强制农民和农业生产经营组织参加农业保险，进而减弱了将政策性农业保险的推动与社会保障相结合的作用，削弱了政策性农业保险本应具有的强制性。

2. 政策性农业保险种类较少且农业保险经营者缺乏多元化

从我国各省的政策性农业保险实施办法中可知，保险品种基本是由各省份自主确定的，主要包括基本险和大灾险。在三大粮食作物试点中，我国也在积极推进农作物完全成本保险和收入保险。即便如此，相较其他政策性农

---

〔1〕 参见周帮扬、李攀：《政策性农业保险的失衡与调试》，载《人民论坛》2018 年第 14 期。

〔2〕 参见中国人民银行宜宾市中心支行课题组：《我国政策性农业保险制度演变历程及国际比较研究》，载《西南金融》2017 年第 9 期。

业保险发展较快的国家而言,保险的种类仍待完善。美国通过立法构建了一个具有弹性的农业制度框架,以巨灾保险作为基础,提供多种可供选择的农业保险以提高风险保障。现保险范围已涵盖150余种农作物。目前,我国政策性农业保险制度的承包范围眷注于种植业保险和养殖业保险。就粮食种植而言,从2007年的数据来看,各省政策性农业保险有中央财政补贴和省财政补贴的主要是水稻,2018年中央财政开展三大粮食作物完全成本保险和收入保险试点,因此,补贴范围扩展到水稻、小麦、玉米三大粮食作物。在试点地区,原则上风险保费不低于80%,费用附加不高于20%,同时试点产品不得设置绝对免赔,相对免赔不得高于30%。就补贴标准而言,在农户自缴比例不低于30%的基础上,中央财政对中西部地区和东北地区的补贴为40%,对东部其他地区的补贴为35%。[1] 即便如此,目前也主要是在部分地区进行三大粮食作物的政策性农业保险试点,此外,考虑到我国地域广阔,不同地区气候、土壤等自然条件不同,因此,并不是所有地区都能种植水稻、小麦和玉米,如马铃薯也是非常重要的粮食作物。

相较其他农业保险制度发展较好的国家,我国目前农业保险经营者也缺乏多元化。我国政策性农业保险由政府直接组织并参与经营,或指派并扶持保险公司经营。而考察域外经验可知,美国FCIC可以承保在美国生产的任何农产品商品;私营保险公司可以在政府政策性农业保险的框架下经营农作物一切险保险,政府鼓励私营保险公司参与FCIC的农作物保险计划,承保或代理FCIC的农作物一切险保险和再保险。而日本的农业保险则是建立在各市町村农业生产经营者的互助事业基础上,以非营利组织农业互助组合联合会为主,政府经营为辅,并由政府提供再保险和补贴的全面支持模式。

3. 大灾风险分摊机制和再保险制度不健全

2007年中央一号文件就提出要“完善农业巨灾风险转移分摊机制”。2013年年底财政部正式出台了《农业保险大灾风险准备金管理办法》,对农

---

〔1〕 参见《中央财政开展三大粮食作物完全成本保险和收入保险试点》,载《农业机械》2018年第10期。

业保险大灾风险准备金制度进行规范和要求。2019 年 2 月《关于金融服务乡村振兴的指导意见》中，进一步强调“落实农业保险大灾风险准备金制度，组建中国农业再保险公司，完善农业再保体系”。但是从现有的实践来看，我国政策性农业保险分摊机制是不够完备的，参与政策性农业保险的保险机构自身分散大灾风险的能力比较弱。[1] 主要体现在两个方面：一是大灾风险分摊和再保险机制缺乏有力的制度支撑，现有的对于这方面规定的文件主要还是指导作用和原则性的规定，只是提出要建立中国农业再保险公司，落实大灾风险准备金制度，尚缺乏具体内容的制度安排。二是财政对于大灾风险分散机制的支持不足。我国的农业巨灾风险分散机制内容主要包括中国农业再保险共同体（以下简称农共体）的再保险业务、经营农业保险机构计提的农业保险大灾准备金和各级政府成立的农业巨灾风险准备基金，但是这些主体在分摊风险方面的作用是有限的。此外，目前未建立起全国性的大灾保险制度，财政也未能给予足够支持以对农业巨灾风险进行财政兜底。

三、完善我国政策性农业保险制度的建议

粮食安全的重要性和农业生产的脆弱性，促使世界上大多数国家采取保险的方式积极保障粮食生产。因此，国际对政策性农业保险制度的建设已有一定的经验，尤其像美国、日本这样的农业保险制度建立较早、发展较完善的国家。立足我国政策性农业保险制度现存的问题，借鉴域外经验，能够更好地完善现有的政策性农业保险制度。

（一）在基本法的基础上建立完备的政策性农业保险法律体系

从日本和美国的粮食安全保障的经验来看，在基本法的基础上建立各专门法有利于建立完备的粮食安全法治保障体系。相较而言，我国目前已将粮食安全保障法列入第十三届全国人民代表大会常务委员会立法计划第一类项目，该法应当是中国粮食安全法治保障体系的基本法，同时也是指导建立

---

〔1〕 参见田耿文：《农业保险需落实大灾风险准备金制度》，载《农村金融时报》2019 年 4 月 1 日，A8 版。

完备的政策性农业保险法律体系的重要基础。

从我国政策性农业保险的历史发展来看，我国政策性农业保险历经探索、萎缩等时期，以政府政策为基础引导和发展政策性农业保险是否能够有效监管和产期稳定发展是存有疑问的。借鉴域外经验结合我国政策性农业保险历史沿革，我国应在政策性农业保险试点和现已实行的《农业保险条例》的基础上推动农业保险法的专项立法，同时也应积极促进《政策性农业保险条例》的完善与实施，在此之中尤其要明确政策性农业保险的运行机制，政府的职权和责任，进而为我国推进政策性农业保险的稳定发展提供有力的制度支持。

（二）拓展保险险种并建立多层次的保险体系

我国农户规模小、数量众多是发展全国性政策性农业保险所需应对的问题，因此在保险提供的原则上，我国采取的是广覆盖、低保障的策略。但随着近年来各类型的经营主体的出现，包括农业合作社、家庭农场等，业已成为发展现代农业的重要力量。现有的政策性农作物保险的险种实际上也难以满足现实的需求，需要走向"提标、扩面、增品"之路。因此，未来我国政策性农业保险发展可以从以下几方面入手：一是增加政策性农业保险的覆盖面，我国的政策性农业保险的覆盖作物主要是粮食作物，可考虑结合区域性因素，将更多的粮食作物纳入保险范围。二是扩大政策性农业保险的受益主体，从联合国贸易与发展委员会对于政策性农业保险的界定来看，政策性农业保险应当惠及农业发展的各环节以及政策性农业保险的提供者，因此，不仅是农作物生产的主体，还应包括基层提供农技、农机、农经主体，也应包括经营政策性农业保险的公司等。三是将强制险与选择险相结合。美国和日本在农作物保险制度架构中，为保障粮食安全，实质上存在强制险和选择险的划分。强制险是政策性农业保险的重要内容，能有效保障农作物生产者基于灾害、意外等情况的损失，也是为农民注入"强心剂"。因此，我国也可将政策性保险中的一些基础性作为强制险，如巨灾保险，而其他的完全成本保险或者收入险的内容可作为能够选择的险种供农民自主选择。基于此，实际上也就逐步划分出农业保险层次。同时，在国家基于适当的支持和纳入商业险的考量下,可进一步设计出满足更高层次需求的保险,提供更多档次的风险保证水平的保险,如以农民专业合作社为对象的区域性保险等。

(三)健全大灾风险分摊机制和再保险制度

目前,我国已探索建立农业大灾风险分摊机制和农业再保险制度。2019年五部门联合印发的《关于金融服务乡村振兴的指导意见》中进一步明确,要落实农险大灾风险准备金制度,组建中国农业再保险公司,完善农业再保险体系。农业巨灾风险基金制度也是诸多国家农业保险制度体系中重要组成部分,是农业风险分散的枢纽和依托。[1] 考虑到以保险机构计提风险准备金和农业保险再保险为基础的商业化风险分担机制实际上其承载能力是不足的,因此,我国须落实农业保险的大灾风险准备金制度,以履行最后保险人的职责。就农险大灾风险准备金制度而言,首先要明确其职能定位。具言之,一是作为实现农业巨灾再保险制度的途径,为农业保险机构提供再保险;二是为农业保险公司和农业再保险公司提供应急贷款。其次是基于目前部分省份对于大灾风险准备金制度的建立进行了有益探索和实践,形成资金缴存、使用、管理等不同方面的规定,为明确形成国家和省级的大灾风险准备金制度规范提供借鉴,尤其是能够推动在额度计提标准、缴存程序和使用流程规范上的统一标准。[2] 此外,随着农业保险规模的扩大和农业大灾风险发生的特点以及农业经营的变化,准备金的提取比例也应当有所提高。

2019年五部门发文要求组建中国农业再保险公司,实际上也是应对农业大灾风险的分担迈出的重要一步。由于农业风险容易发生系统性风险,一场大灾往往影响范围很广,而且会直接影响保险机构的稳定性,间接影响保险机构对高风险地区的承保积极性。[3] 因此,农业再保险公司的成立有助于让农业保险的大灾分担机制更加健全,我国的保险体系也将更加完善。

---

〔1〕 参见张长利:《农业巨灾风险基金制度比较研究》,载《农村经济》2013年第4期。

〔2〕 参见中国人民银行宜宾市中心支行课题组:《我国政策性农业保险制度演变历程及国际比较研究》,载《西南金融》2017年第9期。

〔3〕 北京商报:《中国农业再保险公司将组建　引保险机构下沉服务重心》,载中国经济网:https://www.sohu.com/a/294376366_120702,最后访问日期:2020年2月16日。

(四)发挥合作组织在政策性农业保险中的作用

农村金融发展的难题之一就是农业生产经营者对金融服务认识不足,人员分散导致严重的信息偏在和资金分散。日本农业保险通过将一个或两个以上的农业生产经营者作为农业互助组合的组合员集中起来,经农业互助组合的干部的指导,可以在经济发展水平及受灾风险因素相类似的地区形成较一致的合意,以全体组合员形成的农业互助组合为投保人与保险人达成公平、有效率的农业保险合同,保证了农业保险规避灾害风险的全面和公平。同时,都道府县内的所有农业互助组合作为会员形成农业互助联合会,其既不是政府部门也不是商业行保险机构,而是非营利组织。相较商业性保险机构而言,作为非营利组织的农业互助组合联合会具备不分配约束特质,有利于约束民营经营者的机会主义行为,从而纠正市场失灵。[1]

就我国政策性农业保险的发展而言,发挥农村合作经济组织是值得考虑的。农村合作经济组织主要是通过共同所有和民主管理来满足共同的经济、社会需求的经济自治组织,主要包括专业合作社、专业经济协会、农业行业协会等形式。[2] 农村合作经济组织开展政策性农业保险具有优越性,一是能够降低农业保险的经验成本,农村合作经济组织可以根据所在地的农业风险程度、生产力水平以及自然灾害状况等内容,因地制宜,提供最合适的农业保险。相较农民个人而言,农村合作经济组织更具有信息优势以及专业性。二是能够降低道德风险。处于熟人社会之中,农户彼此熟悉,有利于监督农村合作经济组织的运作,减少信息不对称的情形,避免在理赔中出现骗保、套保等道德风险的发生。

第四节　粮食安全的期货法治保障

粮食期货在目前我国粮食金融体系中占据了重要的位置,粮食期货市场

---

〔1〕 See Henry · B. Hansmann:"The Role of Nonprofit Enterprise",89 *Yale Law Journal* 835,845 (1980).转引自李蕊:《公共服务供给权责配置研究》,载《中国法学》2019 年第 4 期。

〔2〕 参见李鸿敏、庹国柱:《农村合作经济组织经营政策性农业保险问题探讨》,载《中国合作经济》2008 年第 6 期。

与现货市场相对应，共同构成了粮食金融市场的重要组成部分。期货的特点在于“期”，即未来一段时间的市场趋势，因此，期货与期权、保险等带有未来合约性质的金融工具有天然的契合性。利用粮食期货市场不仅可以有效缓释粮食金融体系中的风险，也为粮食安全提供了充分的保障。

一、粮食安全的期货法治保障概述

粮食期货，就是以粮食期货合约为标的的交易活动。按照《期货交易管理条例》第 2 条第 3 款的规定，期货合约，是指期货交易场所统一制定的、规定在将来某一特定的时间和地点交割一定数量标的物的标准化合约。期货是相对于现货来说的，通常认为，期货具有价格发现、风险规避和套期保值的功能。粮食期货即属于商品期货中的农产品期货。

利用粮食期货，或者说农产品期货套期保值的操作方法为：作为生产者，在粮食收获之前担心粮食的售价会降低损害其利益，可以卖出以收获日为到期日的若干份期货合约。这样，如果粮食现货价格降低，生产者就买入相同数量的期货合约，以期货市场的盈利来对冲现货市场的损失；反之，作为消费者或收购者，在粮食收获之前担心粮食的售价会上涨，可以买入以收获日为到期日的若干份期货合约。如果粮食现货价格上涨，生产者再卖出相同数量的期货合约，同样能够达到套期保值的目的。当然，套期保值的交易成本费用也应考虑在其中。

粮食期货市场与粮食现货市场的关系密不可分，使其在整个粮食市场中占据了重要位置。利用粮食期货市场的功能进行套期保值和价格发现，可以为国家制定宏观的粮食政策提供现实的依据。具体来说，粮食期货市场会在以下方面对我国的粮食安全产生影响：第一，粮食期货可以将粮食自给率维持在合理水平。需要注意的是，粮食自给率是国际公认的与粮食安全相关的指标之一，但是粮食自给率并不是越高越好。因为土地的产能是有限的，在土地产出率较高的情况下再提高粮食自给率可能会引起生态环境风险。利用粮食期货市场进行价格调节来调控国内粮食的生产供给，同时掌握主要粮食交易品种的国际定价权，能够更好地维护我国的粮食安全。第二，粮食期货市场可以促进农户增收,激发农户种粮积极性。除去不可抗因素,农户面临的风险主要为市场风险。通过参与粮食期货市场,积累市场经验,不仅能够规避现货市场的损失,更能预判粮食现货市场的供求信息和价格走向,促进其收益的增长。第三,粮食期货市场对提高粮食储备和流通效率具有积极影响。由于粮食储备并不是规模越大越好,同时也要考虑成本,但粮食价格的波动通常又比粮食储备的轮换要频繁,而政府就要为其中的损失买单。如何将粮食储备保持在合理的规模水平就需要粮食期货市场的价格导向机制发挥作用。与粮食流通体系直接对接的是粮食现货市场,但是粮食期货市场却能够影响粮食流通的品种结构、主产区与主销区之间购销关系的衔接等方面,有力地推动了粮食流通体制的改革。

二、粮食期货市场的实践路径及问题

我国的粮食期货市场起步较晚,专门交易粮食期货的交易所数量也有限,而且粮食期货的上市品种也是从近些年开始慢慢增加,整体来说,粮食期货的交易体系和制度运行并不成熟,粮食期货也未能与其他金融工具相耦合从而充分实现其价值。可以适当参考国外粮食期货市场的发展经验,以期促进粮食期货制度的完善。

(一)粮食期货市场的实践路径

我国主要的期货交易所包括郑州商品交易所、上海期货交易所、大连商品交易所和中国金融期货交易所。其中,涉及农产品的有郑州商品交易所和大连商品交易所。郑州商品交易所和大连商品交易所都于 1993 年成立,前者的交易品种主要为小麦,后者主要上市交易品种有大豆、豆粕等。虽然期货交易市场的成立已经有相当长的时间,但是规制期货市场的法律法规仍待完善。

目前,与期货市场有关的行政法规只有 2017 年修改的《期货交易管理条例》,这也是其他规范性文件的依据。而在部门规章层面,则主要有证监会出台的《期货交易所管理办法》《期货公司监督管理办法》《证券期货经营机构私募资产管理业务管理办法》《期货投资者保障基金管理办法》等。期货市场与证券市场都是金融市场的重要组成部分,都能在一定程度上反映实体经济发展和供求状况。但是期货市场的发展却不如证券市场成熟,其参与程度也较证券市场相去甚远。因此,对于证券市场有《证券法》作为管理规范,而期货却没有相关的法律。随着期货这种交易方式的蓬勃发展,对期货市场法律法规的需求也会增大,现有的法律法规体系难以满足其需求,这就需要在期货市场管理基本法律的框架下整理统合各个部门规章,为期货市场的建设提供明确的法律依据,从而促进粮食期货交易制度的完善,保障我国的粮食安全。

(二)粮食期货市场的法律问题

除缺少期货法作为规制粮食期货市场的基本法律规范外,我国粮食期货市场最大的问题在于与其他金融工具的耦合程度偏低,例如,粮食期货和期权之间发展不协调、"期货 + 保险"模式不健全等。粮食期货与其他金融工具的联动,不仅对于期货市场的发展至关重要,对于粮食安全的保障也尤为关键,因此这些问题亟须妥善解决。

1. 粮食期货和期权之间发展不协调

与粮食期货相似,粮食期权也是规避粮食市场风险的重要金融工具。期权,仅从名字上来看,可以理解为对未来的一种选择权。期权分为看涨期权(认购期权)和看跌期权(认沽期权)。看涨期权给予买方将来一定期间内按照事先约定的价格和数量买或者不买某种商品或期货合约的权利,而卖方则负有相应的义务。与之相反,看跌期权的买方则被赋予在将来一定时期内按约定卖或不卖某种商品和期货合约的权利。具体到粮食市场,如果临近收获时生产者担心未来粮食价格会下跌,可以买入相应数量的看跌期权,在粮食价格下跌以后按照原先约定的价格卖出,以获取约等于其中差价的利润。而消费者或收购者担心粮价的上涨,可以买入看涨期权,待粮食实际价格上涨后行权获利。

但是,粮食期权与粮食期货在许多方面又有所不同。首先,也是最主要的,利用粮食期货进行套期保值交易的时候只是"保值",而不会有盈利;但是粮食期权在行权时必定会有所收益,而且最大的损失也是有限的。其次,粮食期权的买方需要支付购买期权的费用,也就是权利金,这一费用是独立于交易费用之外的。期权费作为买方的成本,在计算行权收益时需要予以扣减;相对地,如果选择不行权,最大的损失也是期权费。最后,买卖期权的标的不仅包括商品,也包括期货合约。

从 2016 年中央一号文件提出"开展农产品期权试点"开始,历年的中央一号文件中对于农产品期权的重视程度不亚于农产品期货。而且自 2017 年起,郑州商品交易所、大连商品交易所已经开始上市白糖、豆粕、玉米等品种的期权。农产品期权市场的发展,对于保护粮食交易相关方的利益、完善我国的农村金融体系以及保障我国的粮食安全都有非常重要的意义。由于我国农产品期权市场的发展较晚,对于农产品期权市场较成熟的国家,我们可以借鉴其发展的经验。

世界期权市场的开端可以追溯到 17 世纪的荷兰郁金香交易,而农产品期权的开端则可以追溯到 1984 年的芝加哥期货交易所。美国对农产品期权支持的方式,概括来说就是政府补贴期权权利金和交易费用。农户在购买期权(多数为看跌期权)时,可以在财政补贴支持的目标价格水平中选择合适的价格进行购买,而由政府支付部分权利金以及相关交易费用。通过这种补贴的方式,农户基本上可以避免农产品价格波动带来的损失,并且可以在价格波动中获益。而对于政府财政来说,对权利金和交易费用的补贴既能够对生产农产品的农户进行扶持,也能够以此促进农村金融市场的发展,提高财政资金的利用效率。同时,与补贴措施相捆绑的,还有农户按照政府计划休耕、参加培训等要求。墨西哥的"农产品期权支持计划"与美国的方式相类似,也是由政府对参与农产品期权交易的农户直接补贴,但是实际操作起来要复杂一些。政府制定农产品期权补贴的相关项目,每个项目的基础补贴金额为其权利金的 33.33% ~100% 。如果现货市场对农户有利,到期时农户不行权,则该补贴额为最终补贴金额。反之,如果农户需要行权来弥补亏损,则由政府弥补农户在现货市场的亏损,并且收回部分或全部权利金补贴,剩余净利润归农户所有。这种做法一方面能够降低农户使用期权工具的成本,另一方面也会节省财政的支出。相较美国的方式,墨西哥的做法更能减轻政府的财政负担，也能够间接鼓励农户学习相关期权知识，对农产品市场有较准确的预判。巴西对于农产品期权的支持方式略有不同，其农产品价格支持政策主要是由农业部下属的一家公司执行。政府通过交易所对外竞价出售看跌期权，当买方行权时，该公司有两种方式执行合约：一是由农户销售农产品，但市场价格与期权执行价格之间的差额由政府直接补贴给农户；二是由第三方以期权执行价格购买农产品。

2."期货+保险"模式不健全

保险与期货的结合在粮食的领域尤为突出。2020年中央一号文件提出，要优化"保险+期货"试点模式，继续推进农产品期货期权品种上市。"保险+期货"模式，是指粮食的生产经营者或收购者向保险机构购买期货价格保险产品以应对市场价格变化产生的风险。而保险机构为对冲风险，会通过购买场外期权的方式将风险转移给期货经营机构，期货经营机构再利用期货市场对冲自身的风险敞口。需要注意的是，粮食风险包括产量的风险和价格的风险，而保险机构大多只提供价格保险，故其实际未承担风险，只是充当规避监管的通道作用而已。从理论上来说，保险的机制是处理相互之间相关性不强的独立性风险，衍生品市场的机制是处理有强相关性的系统性风险，故期货在处理价格风险上比保险更有优势。

"保险+期货"的模式对于粮食经营者有重要价值。通常来说，粮食经营者的期货市场参与经验较少，对利用期货交易管理市场风险，特别是农产品价格变动的风险缺乏专业的知识以及充足的资金保障。而保险机构能够克服这一障碍，使粮食经营者不必直接参与期货市场，也不必考虑保证金占用、强行平仓等期货交易规则，因此更有利于粮食经营者的普遍参与。该模式对于粮食的储备也有积极影响，我国储备粮的轮换主要是在现货市场完成的，难免会由于价格反映滞后和交易的不及时遭受利益损失。而利用粮食期货和保险的双重保障可以避免损失扩大，何况粮食承储企业也有较强的金融市场参与能力，利用农产品期货市场可以有效解决国家储备粮管理中面临的难题。从宏观上来说，"保险+期货"模式的发展可以大大繁荣我国的期货市场，使我国在国际市场上加大粮食定价的话语权。我国虽然是粮食进出口大国,但由于期货市场发展滞后,进出口粮食的定价权掌握在其他国家手中,造成了在国际贸易中高买低卖的被动局面。发展农产品期货市场可以降低国外农产品市场对我国农产品市场的冲击,改变在国际贸易中的被动局面。

三、完善粮食期货和期权制度的法律建议

完善粮食期货和期权制度,为粮食安全提供法治保障,最重要的就是制定期货行业的基本法律规范,并且将相关的条例加以吸收,在期货交易所的设立、交易品种的上市、保证金制度和期货交易规则等层面上作出具体的规定。除此之外,还需要做到以下几方面内容。

(一)加强粮食期权法律制度建设

粮食期权与农业保险、农业信贷均具有良好的相适性,能够互相配合,发挥重要的支持作用,也会减轻政府的财政补贴支出。对于我国粮食期权市场制度的完善,可以着眼于以下几个方面:首先,制定期权交易制度的行政法规或规章。虽然期权与期货有许多相似性,但在一些方面其规则并不能通用,而我国目前尚无关于期权交易的专门法规、规章,这对于保障粮食期权市场的秩序是不利的。因此,我国应加紧制定期权市场相关法律规范,为粮食期权的有序交易提供法律依据。其次,对于期权交易品种上市的规定也需进行调整。《期货交易管理条例》第 13 条规定,期货交易所上市交易品种,应当经国务院期货监督管理机构批准。《股票期权交易试点管理办法》第 5 条规定,"证券交易所经中国证监会批准可以开展股票期权交易,股票期权交易品种的上市、中止、取消或者恢复应当经中国证监会批准"。因此,实际中期权品种的上市是由证监会进行审批的,而这种审批对于品种较多的粮食期货来说负担的行政成本较大,也限制了粮食期货发展的规模。最后,可以借鉴国际上发展农产品期权的经验,由政府设立专项基金,对经过培训的农户、合作社参与粮食期权交易提供权利金和交易费用的补贴,以鼓励其积极运用粮食期权工具,降低其风险管理的负担。

(二)为"保险 + 期货"模式提供制度保障

从实践来看,"保险 + 期货"模式仍有一些法律障碍。以光大期货、中华

财险和大商所联合在内蒙古自治区托克托县针对玉米开展的“保险 + 期货”项目试点为例，该项目保费总额约 5147 万元，作为主险的收入险部分保费约 4547 万元，其中，中央财政支持部分约 1819 万元，自治区财政支持部分约 1364 万元，农户自缴的部分约 1364 万元。[1] 作为附加险的价格险部分保费约 600 万元，全部由大商所支持。从上面可以看出，农民支付的保费只占总体的很少一部分，主要由政府财政承担，而政府财政的补贴能否持续提供支持关系“保险 + 期货”模式的长久稳定发展。为此，政府可以设立由农业农村主管部门负责的农业保险扶持基金，在财政预算中专门列出并进行市场化运作。这种方式与直接补贴的方式相比能够提高补贴转化率，并且有利于确保农业保险的规范性。此外，根据《期货交易所管理办法》第 92 条的规定，期货交易所制定或者修改章程、交易规则，上市、中止、取消或者恢复交易品种，应当经中国证监会批准。由此可见，我国期货交易品种的上市实行的是审批制。在证券市场上市制度改革的背景下，期货品种的上市也可以适当进行修改。将来在制定期货法时可以考虑将审批制改为核准制，加快期货品种特别是农产品期货交易品种的开发，并可根据市场的需要及时作出调整。

第五节　粮食安全的信托法治保障

一、粮食安全的信托法治保障概述

2019 年中央一号文件，即中共中央、国务院《关于坚持农业农村优先发展做好“三农”工作的若干意见》中强调了“确保谷物基本自给、口粮绝对安全”的新粮食安全观，确立了以我为主、立足国内、确保产能、适度进口、科技支撑的国家粮食安全战略。近年来，尽管国家对于粮食安全的重要性有越来越深刻的认识，然而我国的粮食安全形势仍不容乐观。在经济环境的压力比较大的情况下，要想进一步保障国家的粮食安全，就要最大限度地释放农业生产潜力，提高资源的利用率，也更需要借助金融工具和金融市场的作用。

---

〔1〕 参见张田苗：《“保险 + 期货”试点模式加速升级》，载期货日报网：http://www.qhrb.com.cn/2020/0106/267832.shtml，最后访问日期：2020 年 1 月 6 日。

信托作为一种金融工具,在粮食安全的保障中有重要意义。

信托作为粮食安全的保障手段有其独到的价值。仅以土地信托为例,与土地经营权的融资担保相比,土地信托最明显的优势是能够保持土地的社会保障机能,土地承包经营权人没有失地风险。而且由于信托财产的独立性,信托公司即使破产也不会波及土地经营权,不会因为流转加剧土地本身的风险。此外,由于农地用途的限制,进行抵押担保后如果要实现担保物的价值,在流转上会非常困难,因此很多金融机构不愿意以土地经营权为抵押物,而使用土地经营权的信托就能够解决这一问题。信托与其他金融工具最大的不同,就是信托具有高度的灵活性。有学者认为,“如果说设定信托受有限制的话,那只能说明法律家和实务家缺乏想象力”。[1] 由于信托的灵活性,信托能够对粮食的生产、流通、消费等环节作出更高效的配置。

关于粮食安全的信托保障问题,国内外鲜有专门的阐述,但能够为这一问题提供很多思路。从国内层面来说,与粮食安全相关的信托中,研究主要集中在土地信托上。粮食安全保障首要的就是合理配置土地资源,促进粮食产能的提高,可以说,土地是粮食安全保障的重要起点。土地信托在促进规模化经营方面发挥了积极作用。特别是在农地“三权分置”改革以后,放活土地经营权成为研究的热点。在土地信托的流转及作用方面,当前的研究多集中在土地经营权的可信托性、信托要素以及信托财产的法律性质等方面,而对于如何让信托服务于粮食安全保障的目标鲜少有具体的探讨。目前,我国的农村金融体系主要是由农业信贷、农业保险和农产品期货和一些政府性基金构成,发展信托有利于拓宽农业生产的融资渠道,分散和缓释金融风险。从国外层面来说,国外关于信托的研究重在探讨委托人与受托人之关系,兼及受托人之义务。其思路的演进体现为从侧重委托人权益的保障到向受托人倾斜。由此可以看出,在研究信托的过程中,不仅要关注对受托人权利的限制和义务的规范,也要注意对受托人利益的保护。另外,国外的信托中公益信托所占的比例较大,其运作原理也可为我国所借鉴。

---

〔1〕 四宮和夫『信託法』(有斐閣,1989 年)15 頁参照。

综合以上研究可以看出，信托工具的运用在粮食安全的保障中仍具有重要的价值。首先，我国的粮食安全形势严峻，也许能够在一定时期内保障粮食的供应，但是由于供应结构和需求结构的错配，个别种类的粮食对进口的依赖度仍较高，这就需要进一步提高土地的产能和释放增长潜力。除农业科技的运用外，农村金融体系的建设能够提高资金的利用效率，调动农业生产者种植的积极性，对农业生产起极大的促进作用。在农村金融的体系中，农业信贷、农产品期货和农业保险是最主要的金融工具，占有相当大的比例。相对而言，农产品信托特别是粮食信托的体量较小，但这并不意味着粮食信托在农村金融市场上没有发展前景。随着知识的普及和信息的膨胀，农业生产者对金融服务的需求也在不断变化。从一开始被动接受农村金融服务到影响农村金融服务模式的转型，可以预见，其将引领农村金融业务的发展。特别是在大力实施粮食安全战略、乡村振兴战略和城乡一体化发展的背景之下，金融服务实体的本质将更加凸显，这也为粮食信托的发展提供了较好的契机。

就粮食安全的信托保障而言，当前的研究多集中在可信托性、信托要素以及信托财产的法律性质等方面，对于如何让信托服务于农业生产和粮食安全保障鲜有具体的探讨。信托的法律属性的确十分特殊，再加上一些信托财产涉及的对象如土地也比较特殊，必然会导致信托流转过程中出现法律问题。但从研究的目的来看，对信托法律关系的探究是为利用信托保障粮食安全扫除法律障碍，因此对粮食相关信托业务实际运行不产生影响的一些问题可以直接忽略。我国虽然有《土地承包法》和《土地管理法》的规制，但如何保证土地用于粮食生产而不是其他诸如种植经济作物、建设生态园等用途也是一个问题。从消费信托的视角来说，消费信托视角由于兼具消费属性和理财属性，既有可能解决粮食的流通问题，同时也会解决融资难题，再加上消费信托面向的群体也与农业生产者较契合，因此亦不失为一个研究粮食安全的信托保障的角度。随着生产和消费趋势的变化，相信粮食消费信托也能够满足各参与者的需求。此外，粮食相关信托的发展还需考虑农业生产者的接受程度、推广方式等问题，不仅要服从政策的指导，更要结合不同农村地区的实际情况。

二、粮食安全的土地信托法治保障

广义上的土地信托,是指委托人为有效利用土地,而将土地委托于受托人,由受托人利用其专业规划与管理,将开发经营的利润作为信托受益分配金交付给受益人,这里专指与粮食安全相关的农地信托。土地信托与“三权分置”的改革相互呼应,在促进土地经营权的流转和提高土地生产质量上发挥不可替代的作用,也是保障我国粮食安全的重要金融工具。

(一)粮食安全的土地信托法治保障概述

土地信托是粮食安全信托保障的开端。具体而言,土地信托有以下优势。

第一,保障粮食的规模化生产。粮食安全保障首要的就是合理配置土地资源,促进粮食产能的提高,可以说土地是粮食安全保障的重要起点。《中国的粮食安全》白皮书(2019 年)中提出要“培育新型经营主体和服务主体,发展土地流转型和服务引领型规模经营”,而土地信托可以整合闲置土地资源进行充分利用,并且能够引入适格的规模农业生产经营主体,无疑是促进规模化经营的有力工具。

第二,信托的金融属性更有利于保障粮食安全。土地信托对于粮食安全保障来说有其独到的价值。与土地经营权的融资担保相比,土地信托最明显的优势是能够保持土地的社会保障机能,土地承包经营权人没有失地风险。而且由于信托财产的独立性,信托公司即使破产也不会波及土地经营权,不会因为流转加剧土地本身的风险,这与我国土地立法的原则相符。而土地经营权的融资担保目前法律空白较多,仅在我国《土地承包法》第 47 条中有概括的规定,而且当土地承包经营权人无法清偿贷款时会面临担保实现的问题,更易诱发金融风险。对于粮食安全来说,土地信托是现行体制下更适宜的保障方式。

第三,土地信托有利于在源头上保障粮食安全。土地信托针对的是土地的经营权,相应地更注重粮食的产能,加强对粮食供应环节的保障。在与粮食相关的信托中,不仅有前端的土地信托,还有后端的粮食消费信托。相较而言,土地信托更能够从源头上控制对土地资源的利用,吸引规模经营者的参与以提高粮食的生产能力,是信托保障粮食安全的重要基础。

（二）土地信托的实践模式及问题分析

我国的土地信托流转的模式主要有安徽宿州的"层层委托"模式和江苏无锡的"双合作社"模式,其他模式大都是这两种模式的"变体"。"层层委托"的模式,是指农民委托村委会,村委会再委托镇政府、区(县)政府等,最终由政府与信托公司签订土地经营权信托的合同。"双合作社"模式,是指农民以土地经营权入股农村土地股份合作社,再经由信托公司流转给农村种植专业合作社。在这种模式中,两种不同性质合作社的参与能够极大提高土地经营权利用的专业性。

"层层委托"模式的优点在于,可以由政府归集某一地区的土地经营权共同信托,吸引适格的规模化经营者的参与。其不足之处是多层委托极大地增加了代理风险,不利于土地承包经营权人利益的保障和权利的救济。"双合作社"模式的优点在于相比前一种模式效率更高,土地承包经营权人的利益也能得到保障。但其出现的问题是,法律关系较复杂,一般的农民较难接受,并且在实践中其所归集的土地经营权规模相比前一种模式范围较小,在农业规模化经营程度上表现不足。

（三）完善土地信托制度的建议

我国土地信托的法治保障适宜与土地银行制度相结合。土地银行制度在国外的发展较成熟。有学者研究了土地银行和土地信托合作的重要性,指出土地银行和土地信托基金是相辅相成的,特别是相对于贫困地区的人口来说。[1] 然而,目前能够将二者联系起来的结点很少。从弱势市场和稳定市场两种不同的情况下去分析土地银行与土地信托的不同组合,可以得出当土地银行与土地信托发生错位时,需要调整土地银行与土地信托的商业模式以

〔1〕 FujiYasuyuki, "Putting the pieces together: How collaboration between land banks and community land trusts can promote affordable housing in distressed neighborhoods", *Cities* 56, 2016, p. 1 - 8.

及公共政策。此外，使用土地信托基金也提供了土地银行财产处置的一种方法，而政府需要明确二者之间的政策选择以展示一个清晰的未来前景。

我国的学者基于国情也提出过在我国构建土地银行制度的方案，即以农业发展银行为主导，以基层农业合作组织为土地存贷主体，经营土地抵押借款等业务。[1] 基于此构想，可以将信托同土地银行的体系结合起来。农业合作组织作为土地承包经营权人的代理人将土地经营权信托给信托公司，同时农业发展银行为该信托计划提供资金支持。一方面，可以利用土地银行的基层组织体系，减少不必要的组织的设立；另一方面，政府也可以通过政策性银行为粮食生产提供专项资金，提高资金的利用效率，同时也能在一定程度上参与土地经营权的流转。

如果以商业银行为主导构建土地银行体系，则银行与信托更加契合。二者的经营理念具有一致性，而且在一些方面可以利用互相的优势，提高土地经营权的流转效率。这种模式从某种程度上来说也符合商业银行混业经营的趋势。但与此同时，商业银行与信托的结合更容易将土地经营权的流转掩埋在复杂的资本设计之下，加大了监管风险，也更难以保障土地用于粮食生产目的的实现。

三、粮食安全的消费信托法治保障

消费信托是受托人接受委托人的委托，以保护并实现某种消费权益为主要目的而设立，并以上述消费权益作为受益权的组成部分，由营业性信托机构进行管理的金融信托产品。[2] 简而言之，消费信托就是委托人将财产信托给受托人后，享有包括消费商品和消费权益在内的受益权。消费信托的实质是以消费权益为核心，以消费和融资为目的，对接消费投资与生产融资多元需求，实现资源的有效整合、金融扶持和共享增长。消费信托是连接生产者和需求者之间的桥梁，以此强化对生产经营的金融供给。

---

〔1〕 参见朱大旗、李蕊：《论我国土地银行制度的构建》，载《法学杂志》2016 年第 7 期。
〔2〕 参见鲁长瑜：《消费信托的新蓝海》，载《中国金融》2016 年第 19 期。

消费信托有其自身的特点。首先，消费信托兼具消费和理财的特征。对于投资者来说，消费信托不只是理财产品，更重要的是能够获得消费权益；消费信托与其他理财产品不同之处也在于投资者是以某种消费权益而非投资收益为目的的。其次，消费信托具有单一事务管理类信托的特征。与资金信托相比，事务管理类信托的门槛较低，因此，理论上是普及程度较高的一种信托服务。最后，消费信托具有产销联结的特征。以农产品的消费信托为例，对于农业生产经营者来说，消费信托能够帮助其拓宽融资渠道，并且可以针对不同的需求制订相应的生产计划。不仅农产品的销路有保证，而且也能保持适当的生产规模，避免浪费产能。对于投资者即农产品的需求方来说，其能够在保证集中收购农产品的产量和质量的同时，获得不同类型的消费权益，如以折扣价格购买农产品。消费信托的这种特点与农业生产经营者相契合，农业生产经营者本身的融资渠道比较狭窄，通过信贷和担保取得的贷款数额也不能完全满足需要，而且面临较大的还款压力，消费信托则能够以消费权益的形式助力农业生产经营者的融资。可以说，消费信托通过匹配生产者的融资需求和投资者的消费需求，降低了农产品流转的成本，提高了生产者的效率。

农产品的消费信托在实践中也有一定的发展。2017 年云南信托成立"云南信托会泽 32 号农之家集合资金信托计划"，发起农业种植贷款信托项目。云南信托将供应链的交易逻辑应用到农业种植的产业链当中，由核心企业推荐农户贷款，并以其信用为农户担保增信。农户从核心企业处购买所用农资，并与核心企业达成粮食采购协议。通过这种信托，农业生产实现了产销一体化。随着"互联网 +"概念的兴起，消费信托类型的互联网金融产品也应运而生。例如，"大家种"网是一个农产品的众筹网站，用众筹模式来销售农产品。用户通过预先众筹的方式来预定所需商品，众筹完成后农场才开始种植。又如，耕地宝是"首个互联网定制私人农场"，投资者不仅可以获得私人农场一年四季的无公害蔬菜，还可以获得当地旅游的免费门票和住宿等。需要注意的是，应当区分消费信托和事先销售型的众筹。前者是由三方形成的信托关系，而后者是由双方形成的预售性质的买卖合同关系，众筹平台只具有类似居间人的地位。[1]

农产品消费信托也存在法律上的障碍。消费信托属于事务管理类信托,参考2014年银监会发布的《关于调整信托公司净资本计算标准有关事项的通知(征求意见稿)》规定,事务管理类信托,是指委托人自主决定信托设立,信托财产运用对象、信托财产管理运用处分方式等事宜,自行负责前期尽职调查及存续期信托财产管理,资源承担信托投资风险,受托人仅负责账户管理、清算分配及提供或出具必要文件以配合委托人管理信托财产等事务,不承担积极主动管理职责的信托业务。而2019年的最高人民法院印发的《全国法院民商事审判工作会议纪要》(以下简称"九民纪要")指出,当事人在信托文件中约定,委托人自主决定信托设立、信托财产运用对象、信托财产管理运用处分方式等事宜,自行承担信托资产的风险管理责任和相应风险损失,受托人仅提供必要的事务协助或者服务,不承担主动管理职责的,应当认定为通道业务。根据中国人民银行、中国银行保险监督管理委员会、中国证券监督管理委员会、国家外汇管理局《关于规范金融机构资产管理业务的指导意见》第22条的规定,金融机构不得为其他金融机构的资产管理产品提供规避投资范围、杠杆约束等监管要求的通道服务。虽然在实践中消费信托涉及其他金融机构的可能性不高,但是仍然存在被认定为通道业务的可能性,具有潜在的法律风险。

为完善粮食消费信托制度,保障粮食安全,可以尝试采取如下建议:第一,将消费信托明确列为"九民纪要"中认定的通道业务的例外。首先,这样做的法律成本并不高,因为消费信托本身与规避投资范围等约束无关,而且消费信托大多没有其他金融机构的参与。其次,按照目前的规定,消费信托服务很容易被认定为通道业务。虽然当前消费信托并没有违反资产管理的规定,但是不排除有对通道业务进一步严格限制的可能,这种不确定性必然会影响农产品消费信托制度的完善。因此,必须彻底消除这一隐患。第二,

---

[1] 参见李蕊:《京津冀农业产业协同发展信托机制的法律构造》,载《中国政法大学学报》2018年第1期。

在资产管理的法规和规章中鼓励信托公司为消费信托投保。由于信用机制的不健全,以及政府设立的风险补偿基金存在种种弊端,可以鼓励信托公司投保,以降低交易中产生的风险,同时也可以防止金融风险的传递和扩散反过来影响实体经济的发展。信托公司同保险机构的合作也可以在一定程度上完善对风险的事前、事中和事后的管理,增强生产者和消费者之间的互信,为粮食的生产和粮食安全提供重要的保障。

后　　记

粮食安全事关基本人权。“五谷食米,民之司命也。”但是囿于贫穷、自然灾害、战争等诸多因素,人类获取粮食的权利是不平等的。在本书即将付梓之际,世界粮食计划署发表了《全球粮食危机报告》。报告指出,由于新冠病毒的影响,2020 年预计将有 2.65 亿人陷入粮食危机,而 2019 年这一数字是 1.35 亿人,这就意味着 2020 年陷入严重饥饿问题的人口可能翻倍,预计会有大约 30 个国家出现饥荒。此外,由于关键的健康和营养服务中断,未来 6 个月内,每天可能有多达 6000 名儿童由于本可避免的原因而夭折。作为粮食安全的法律表达,粮食权乃是国际人权法承认的一项权利,也是对粮食安全的制度回应。正如马克思在《资本论》中指出的,“最文明的民族也同最不发达的未开化的民族一样,必须保证自己现有食物,然后才能去照顾其他事情”。着眼于粮食权之保障,粮食资源分配必须根据人的具体情况,即法律权利义务上的差别对待,其目的是要给予那些在粮食分配中处于不利地位的人一定的补偿和救济。

于国内而言,尽管国家统计局发布的最新数据显示,2020 年中国夏粮总产量为 14,281 万吨,比 2019 年增长 0.9%。但是这并不意味着在粮食安全层面可以“高枕无忧”。新冠疫情持续再叠加南方洪灾,必然衍生对于中国的粮食生产安全的不利影响。耕地、水资源、劳动力、资金等要素资源的缺乏和不足更始终掣肘中国的粮食安全。不宁唯是,检视我国粮食生产、流通、储备与应急等领域,依然存在政府与市场无法有效协同、中央与地方缺乏有效合作、主产区与主销区利益难以平衡、国际国内两个市场没有有效利用等诸多层面的问题。秩序总是意味着某种程度上关系的稳定性、结构的一致性、行为的规则性、进程的连续性、事件的可预测性以及人身财产的安全性。粮食安全乃是一种特殊的法律秩序,其所表达的并不是法律调整具体结果的法律关系,而是表达法律调整之整体结果的一种有序状况。作为体系化、结构化的制度设计和渐进式的制度变迁,粮食安全法治保障任重且道远。

本书对于粮食安全法治保障的思考尚处于初始探究阶段,目前所做的还主要是先导性、总括性的框架研究。对于粮食安全法治保障的理论基础、国家粮权与公民粮食权之平衡协同、粮食安全立法的统合协调、粮食安全法治保障体系化建构路径等诸多维度的研究都亟待深入展开。受新冠疫情影响,原计划的田野调查、个案分析并没能如期顺利展开,希冀在后续研究的推进中,能够对诸多问题予以延展分析,对前述遗憾予以纾解弥补。

感谢陈小君老师拨冗为拙作作序!我是学习陈老师等前辈学者的著述成长起来的。老一辈学者不计名利、躬耕田野,“用脚步丈量华夏故园寻求真学问,将论文写在中华大地成就实研究”的治学精神深深感染着我、影响着我,也始终激励着我。陈老师作为法学界女学者中的翘楚,一直以来更是我敬仰学习的楷模和典范。当我鼓起勇气询问陈老师百忙之中可否作序时,她不仅欣然应允,还挤出休息时间全面阅读书稿,高屋建瓴挥笔写就满满 3 页纸的序言。字里行间所浸润饱含的是对于后辈学人的眷眷之情和殷殷期待。

感谢我的团队成员程新睿、林中天、陆璐、王园鑫、聂建义、袁华萃、李晓棠、王安然在本书的资料搜集整理以及写作修改中付出的努力、贡献的智识。尽管由于疫情所致,难以聚首言谈切磋,但是现代通信技术使我们得以跨越时空随时沟通交流。犹记得,大家通过视频会议对于全书的体例结构、内容安排,甚至标点使用展开的一次次激烈讨论;犹记得,临近交稿,大家深夜忙碌于对文稿进行逐字校对……本书最终得以成稿,绝非一己之功,其中凝结着团队成员的大量心血和汗水。能够带领这样一个优秀团队,与勤奋笃学者一同思考进步,于我而言是莫大的荣幸,亦是巨大的鞭策!期待未来继续携手在粮食安全法治保障研究领域砥砺前行。

感谢诸多前辈师长在研究中所给予的勉励和指点！感谢同事们给予的支持和帮助！回望将近20年的学术成长之路,上天对于资质愚钝的我是何等眷顾,让我有幸遇到了那么多宽厚、通透、智慧的良师益友,大家给予了我无限的包容、襄助和勉励,这将是我学术成长进步的不竭动力和宝贵源泉!

感谢法律出版社法治与经济分社沈小英社长、毛镜澄编辑等诸位老师的辛勤付出。本着强烈的社会责任感和使命感,法律出版社对于本书选题高度重视,伍彪社长亲自指导斟酌拟定本书书名,沈小英社长带领分社团队成员多次专门开会研讨书稿出版工作,从书稿编校到美工设计……每个环节都细致打磨、精益求精。这些推动书稿得以顺利付梓的无名英雄深深感动着我。他们的职业、敬业、乐业更深深感染着我。

李蕊

2020 年 7 月 26 日于育新花园

图书在版编目(CIP)数据

民之天：粮食安全法治保障体系研究／李蕊著. --
北京：法律出版社，2020
ISBN 978-7-5197-4688-9

Ⅰ. ①民… Ⅱ. ①李… Ⅲ. ①粮食安全－法律保护－
研究－中国 Ⅳ. ①D922.44

中国版本图书馆 CIP 数据核字(2020)第108348号

民之天:粮食安全法治保障体系研究
MINZHITIAN:LIANGSHI ANQUAN FAZHI BAOZHANG TIXI YANJIU

李 蕊 著

策划编辑 沈小英
责任编辑 沈小英 毛镜澄
装帧设计 李 瞻

出版 法律出版社
总发行 中国法律图书有限公司
经销 新华书店
印刷 中煤(北京)印务有限公司
责任校对 晁明慧
责任印制 吕亚莉

编辑统筹 法治与经济出版分社
开本 710毫米×1000毫米 1/16
印张 18.5
字数 282千
版本 2020年8月第1版
印次 2020年8月第1次印刷

法律出版社/北京市丰台区莲花池西里7号(100073)
网址/www.lawpress.com.cn
投稿邮箱/info@lawpress.com.cn
举报维权邮箱/jbwq@lawpress.com.cn
销售热线/400-660-8393
咨询电话/010-63939796

中国法律图书有限公司/北京市丰台区莲花池西里7号(100073)
全国各地中法图分、子公司销售电话：
统一销售客服/400-660-8393/6393
第一法律书店/010-83938432/8433
西安分公司/029-85330678
重庆分公司/023-67453036
上海分公司/021-62071639/1636
深圳分公司/0755-83072995

书号:ISBN 978-7-5197-4688-9
定价:86.00元
(如有缺页或倒装,中国法律图书有限公司负责退换)